U0918153

千古智圣诸葛亮

襄阳市政协文化文史和学习委员会　编

中国文史出版社

《千古智圣诸葛亮》编委会

作　者：甘忠银

诸葛亮画像

襄阳古隆中

古隆中三顾堂

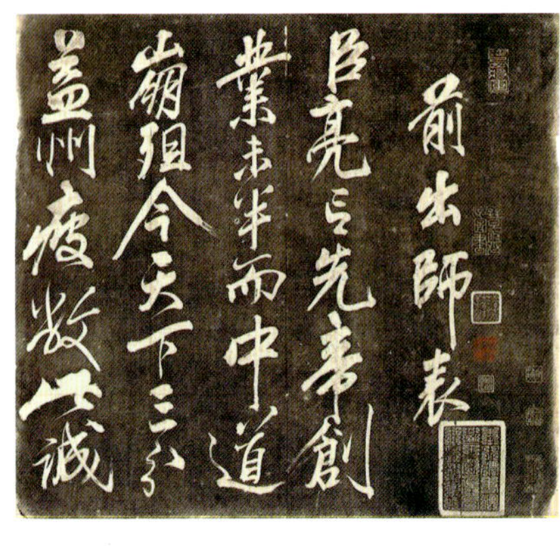

岳飞手书《出师表》(局部)

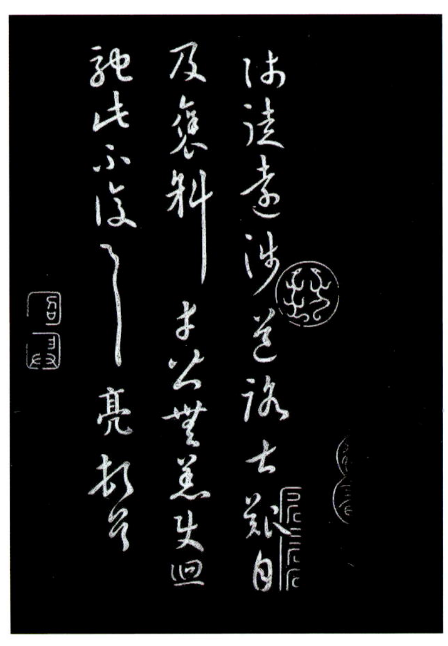

诸葛亮《远涉帖》

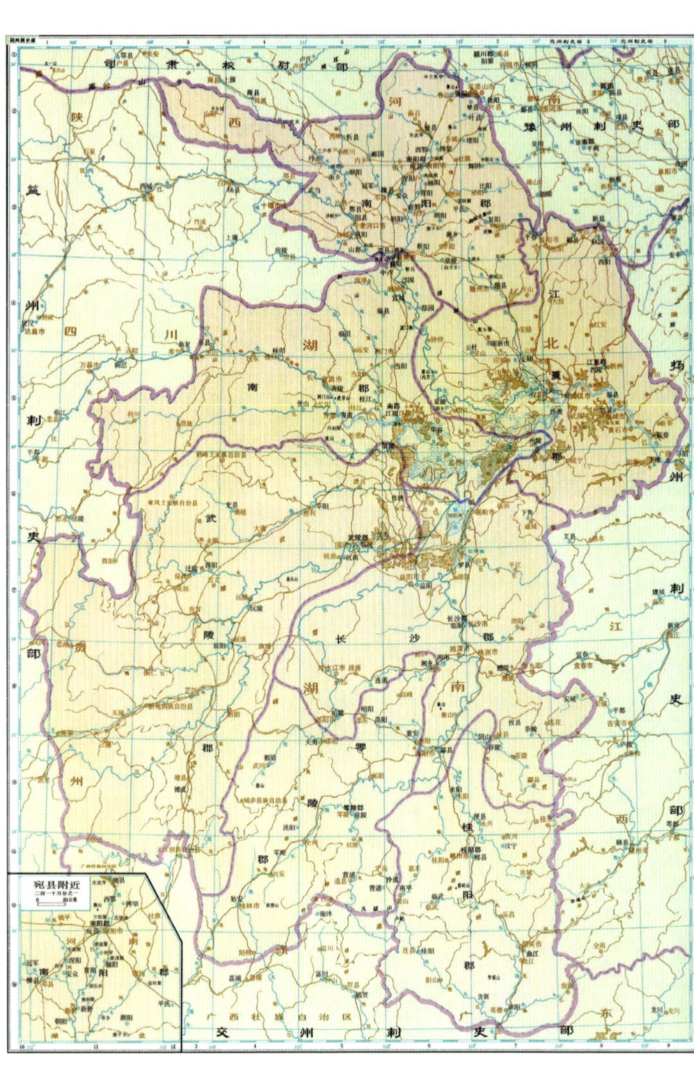

东汉荆州刺史部

明宣德帝朱瞻基《武侯高卧图》

成都武侯祠

五丈原诸葛亮庙

诸葛亮墓

目 录

千古一智圣　诗书两襄阳

文化，是一座城市的永恒财富和核心竞争力。城市，就是写在大地上的文化。襄阳，正是一座文化积淀深厚、文化魅力丰富的“文化之城”。在 2800 年的建城史中，襄阳没有成为全国政治中心，却依托其秀丽的山川、富庶的城市、便捷的交通、开放的环境，几度成为区域性文化中心，以“一城两文化”（古城文化、三国文化、汉水文化）为代表的文化奇葩，在襄阳这片文化沃土上绽放异彩，以“一圣两襄阳”（“智圣”诸葛亮、“诗襄阳”孟浩然、“书襄阳”米芾）为代表的文化英杰，植根襄阳这片文化厚土，熏育成长，开宗立派，名重天下。

著名历史学家顾颉刚先生曾说“历史如戏剧，地理如舞台”，回望襄阳璀璨的历史，一幕幕精彩大戏，既离不开襄阳得天独厚的地理区位所提供的舞台，更离不开在古往今来的文化英杰在各自领域开疆拓土，其中翘楚者首推“智圣”诸葛亮、“诗襄阳”孟浩然及“书襄阳”米芾。

他们既是襄阳文化的封面人物，也堪称中国文化的封面人物。清代历史学家顾祖禹在《读史方舆纪要》中提出“以天下言之，则重在襄阳”的著名论断，我们认为，襄阳之所以成为“天下之重”，不仅在于扼守南北水陆要冲的军事地位，不仅在于几度成为区域政治中心，更在于拥有“一圣两襄阳”等一大批在中国文化史上举足轻重的杰出人物。

时移世迁，人们对“一圣两襄阳”等历史英杰，虽然名字耳熟能详，但历史中真实的人物故事、道德文章，往往受限于通俗演绎的无意曲解、专业研究的曲高和寡，成为“熟悉的陌生人”。鉴于此，由襄阳市政协文化文史和学习委员会组织编著的这部丛书，立意独辟蹊径，既不做“为研究而研究”的纯学术研究，也不做博人眼球的戏说式演义，而是采用“历史＋评论＋文学”的方式，以历史的真实底蕴作支撑，以深入浅出的研究作表达，穿越时空，关照现实，为读者呈上一碗地道的“襄阳文化牛杂面”，让今天的读者感到离先贤很近，让襄阳重拾“天下重襄阳”的文化自信。

说起“智圣”诸葛亮，这位家喻户晓的人物，他足智多谋的形象由于《三国演义》的广泛传播而深入人心，本书还原了一个有血有肉、可亲可敬的诸葛亮。“人非生而知之者”，诸葛亮的满腹经纶和过人才智从何而来？本书以此入手，首先阐明诸葛亮学兼百家的知识结构，继而分析襄阳在东汉末期三国初期特殊的文化地位和政治气候，推导出诸葛亮成长为千古智圣的历程，自然解答了读者对诸葛亮隐居襄阳十余年，从一个懵懂少年到名动天下谋士的华丽转身背后的疑惑，并从贯穿蜀国发展的历史高度，解析了“隆中对”三步走战略实施，以及“三顾茅庐”对荆襄人才集团入蜀的深远影响。其对诸葛亮在读书、修身、用人、治军、理政、司法等方面的提炼，足资今人借鉴。

提起“诗襄阳”孟浩然，中国人都不陌生，我国大多数儿童都是被浩然的“春眠不觉晓”所启蒙，初步领略唐诗之美。本书的长处在于以史实为基，以浩然诗歌为经，以浩然的处境为纬，为读者呈现出一个立体的、活泼的孟浩然。透过作者鲜活的笔端，我们看到浩然徘徊在故乡与他乡之间，对襄阳的山川城池倾注一腔热爱，吐成句句清诗；看到浩然踟蹰在“仕进”与“隐居”之间，郁郁不得其志，却意外赢得“白衣卿相”盛名；看到浩然失落在“爱情”与“婚姻”之间，对妻儿极度爱怜，却终究难以逾越传统礼制的鸿沟。这样的浩然，已经从山水田园诗魂的标签中走出来，与今人面面相对，向我们倾诉那些佳作背后的心路历程，使我们不由得对浩然升起一种“理解之同情”。对今天的襄阳市民和襄阳游客而言，在浩然留吟颂赞的襄阳形胜中，颂浩然之诗，读浩然此传，浩然将穿越历史成为最好的导游，带我们领略“襄阳好风日”。

论到“书襄阳”米芾，书法爱好者一定不会忽略米芾书法落款的“襄阳米黻（米芾）”，从这个处处可见的落款中，可以体会到米芾对襄阳故乡的认同和依恋，本书作者向上追根溯源，论证了米芾将门儒子的家世出身和书法师承，向下探究就里，点明了米芾多年壮志难伸的苦闷。“官场失意书场得意”，作者并不讳言米芾生命中的双重矛盾，一方面要在宦海的最下层沉浮，另一方面又在艺术的巅峰高视阔步，如此反差，正好可以解释米芾何以“颠不可及”，也只有了解米芾何以痴癫佯狂，我们才能真正走进米芾的世界，悉心领会“天下第一等人——米元章”的“迈往凌云之气、清雄绝世之文、超妙入神之字”（苏东坡语）。一本小书是难以将“书襄阳”米芾书尽的，但米襄阳“超古耀今”的形象已经跃然纸上。

修史之难，古来已然。明代大才子张岱对此有名言："国史失诬，家史失谀，野史失臆"。这套丛书所选择的"一圣两襄阳"，对襄阳而言属于乡邦名士，为他们作传相当于修撰"家史"，但本书难能可贵处在于，能够述论平实而富有深情，传承经典而抒发新意，赞美先贤而不溢美失谀，展卷读之，彷佛感觉到先贤复生，让读者易于接受，让识者乐于传播，让有心人从中获得历史的启迪。

不忘历史才能开辟未来，善于传承才能开拓创新。这套襄阳人文历史丛书，为我们重识文化先贤打开了一扇窗，而面对襄阳厚重的文化积淀，我们在重现文化景观，重视宣传表达，重拾文化气质，重塑文化重心等方面，依然任重道远。在中国特色社会主义迈入新时代的今天，用心对优秀传统文化进行"创造性转化"和"创新性发展"，大力实施文化"双创"行动，以"一圣两襄阳"为代表的优秀文化，就能化为襄阳坚定文化自信的源泉，为推动襄阳高质量发展贡献源源不断的文化力量。

是为序。

编委会

2020 年 12 月

绪 论

“滚滚长江东逝水，浪花淘尽英雄。”

拜《三国演义》所赐，说起中国历史上的乱世，没有哪一个时期能像三国时期那样叩动我们的心弦。在整个中华五千年的文明史上，三国时期只能算是短短的一瞬。然而，这段不足百年的历史，那些风云变幻的史实，那些鲜活生动的人物，是如此地家喻户晓，以至于比之历史上任何一个时代，人们都更能津津乐道一些。在这些人物里，要论知名度和影响力，诸葛亮无疑是最耀眼的，无论是官方还是民间，无论是古代还是现代，他都具有无与伦比的崇高地位。

诸葛亮，字孔明，琅琊阳都（今山东沂南）人。三国时期著名的政治家、军事家，他一生鞠躬尽瘁、死而后已，是中国传统文化中忠臣与智者的代表人物，尤其是他在政治、军事、经济、读书、修身、用人、文学、艺术，乃至工程、机械等许多方面表现出的智慧，让他享有“千古智圣”的美誉。诸葛亮走过了怎样的生命历程？他的智慧从哪里来？表现在哪些方面？本书将带您走进诸葛亮的生命历程，解答这些问题。

诸葛亮幼年不幸，父母早逝，靠叔父诸葛玄抚养长大。十四岁之前，他是在家乡齐鲁大地度过的，齐鲁大地丰厚的文化土壤为诸葛亮的成长提供了丰富的精神营养，家乡对他的影响深远而且巨大，终其一生，他始终表现出浓厚的齐鲁之风。要深刻了解诸葛亮的成长历程，不可能回避他生于斯、长于斯的家乡，本书将带您走进一千八百多年前的齐鲁大地，追本溯源，看一看家乡的文化氛围对诸葛亮的深远影响。

大约十四岁时，叔父诸葛玄带着诸葛亮姐弟四人前往襄阳投靠荆州牧刘表。十七岁时，叔父去世，诸葛亮迁居襄阳城西的隆中，在此度过了十年躬耕苦读的生活。二十七岁时，刘备在徐庶的推荐下，多次来到襄阳城西的隆中，请诸葛亮出山，这就是历史上著名的“三顾茅庐”，不久后诸葛亮就离开了寓居十余年的襄阳，走上了历史的前台。襄阳虽然不是诸葛亮的出生之地，但他的青少年时期却是在襄阳度过的。正是在寓居襄阳期间，诸葛亮完成了从青年学子向伟大战略家的华丽转身。可以说，钟灵毓秀、人杰地灵的襄阳养育了诸葛亮。要了解诸葛亮的成长历程，也不可能回避他生活了十余年的襄阳。

下面，就让我们走进一千八百多年前的齐鲁大地和襄阳，也走近诸葛亮的心路历程。

第一章　学兼百家的知识结构

作为中国历史上伟大的政治家、军事家，诸葛亮是一位家喻户晓的历史名人，而且，由于后世小说、戏曲的渲染，诸葛亮更是成为智慧的象征，被尊称为“智圣”。那么，诸葛亮的智慧从哪里来？他的智慧完全是天生的吗？其实，任何一位历史人物，他的思想与行为必然会受到他生活的时代和成长环境的影响，同样，诸葛亮的智慧也绝不完全是天生的，纵观诸葛亮的一生，他的思想行为、道德文章和人文精神都表现出浓厚的齐鲁风气，要了解诸葛亮的智慧从哪里来，我们有必要追木溯源，看一看他出生、成长的家乡、家庭的文化氛围和优良家风对他的深刻影响。

一、人文荟萃的齐鲁故土

东汉灵帝光和四年（181年），一个平平常常的日子，诸葛亮诞生于琅琊国阳都县（今山东省沂南县）的一个官宦世家。

诸葛亮的家乡琅琊先秦时期属于齐国的地盘，齐国自从西周初年姜太公（即姜子牙）建国以来，经过春秋时期管子、晏子先后担任齐相，到战国时期稷下学宫百家争鸣，经过八百多年的风云变幻，形成了自己独具风格的地域文化。琅琊南面的鲁国是周公长子伯禽的封国，是有名的礼仪之邦。琅琊西南的宋国是墨子、庄子的故乡，是儒家圣人孔子的祖籍地。齐鲁大地是先秦诸子学术发生发展的中心区域，诸子百家及其代表人物大半出自这里，春秋战国时期的儒家、墨家、道家、兵家、法家、名家、阴阳家、纵横家等百家学说在齐鲁大地竞相争辉，孔子、孟子、墨子、孙子、邹衍等诸子百家的代表人物大都出自这块土地。

先秦诸子之中，儒家是当时的热门学派，显赫一时，不但弟子众多，而且影响极大。齐鲁大地是儒家思想的发源地，孔子是鲁国人，孔子的嫡传弟子曾皙、曾参、子路、澹台灭明等曾在诸葛亮的家乡琅琊地区活动，这些孔门弟子在这里授徒讲学，营造出琅琊地区浓厚的儒家思想氛围，儒学的影响也比其他地区更大一些。荀子虽然不是齐国人，但他十五岁就在齐国稷下学宫游学，长期在齐国授徒讲学，后来又定居于诸葛亮老家阳都附近的兰陵（今山东省临沂市兰陵县），极大地推动了当地儒家思想的传播，在一大批儒家先贤的推动下，儒家思想成为先秦时期琅琊地区思想文化的主流。秦朝统一六国之后，焚烧诗书，经学几乎中断。西汉一统天下之后，自汉惠帝起，开始重视儒家经典，无奈经过焚书之后，已经很难找到先秦的经典了，只好派人四处拜访年老的儒生，请他们根据记忆背诵经典文本，将老儒背诵的文本记录下来，因为这些经书是用当时通行的隶书书写的，所以称为“今文经”。今文经大多是依赖齐鲁儒生才流传下来的，如《尚书》出自济南伏生，《礼》出自鲁人高堂生，《公羊传》出自齐人公羊氏。汉武帝末年，鲁恭王刘余[①]喜好建造宫室苑囿，他在拆除孔子故宅扩建王宫时，在孔府的墙壁里面发现了《尚书》《论语》《孝经》等几十篇儒家经典，这就是经学传播史上有名的“孔壁得书”；之后又在河间献王刘德[②]处陆续发现了许多战国时遗留下来的儒家经典，这些儒家经典的篇章内容与当时流行的今文经有所不同，而且是用先秦古文字写成的，所以称为“古文经”。今文经的整理和古文经的发现，使经学得以继续流传，齐鲁大地为经学的传播再立一功。汉武帝时，“罢黜百家，独尊儒术”，经学再次兴起。汉武帝在长安设立太学，招收博士弟子，通一经者即可担任文学掌故[③]，成绩特别突出者可以担任郎中[④]，这就为知识分子提供了一条做官的道路，当时的公卿大臣大多是靠儒学进入仕途的，这样的政策吸引了一大批知识分子的目光，他们朝夕研读儒家经典，期待着“学而优则仕”。琅

---

① 刘余（?—前 128 年），西汉宗室，汉景帝刘启之子，前 154 年受封淮阳王，吴楚七国之乱平定后改封为鲁王。

② 刘德（前 171 年—前 130 年），西汉宗室，汉景帝刘启之子，汉武帝刘彻异母兄，公元前 155 年受封为河间王，他喜好儒学、喜好藏书，凡从民间得一善书，必抄写以还，而留其真本，又加金银玉帛赏赐，以招四方之书，故得书之多，可与官家藏书相等，所得书多先秦旧书，价值较高。刘德为王二十六年，将毕生精力投入文化古籍的收集与整理中，对古代典籍的保存和延续做出了巨大贡献。

③ 文学掌故，官名，郡国文学官之一，可补郡国属吏之缺。

④ 郎中，官名。秦汉为郎中令的属官，东汉以后为尚书台属官。

琊地区的儒学也日益昌盛起来，还出现了一批造诣很深的经学家，如王臧、徐偃、萧望之、匡衡[①]等人，他们收徒讲学，培养了一大批儒生，这样一代一代地传承，形成了琅琊地区浓厚的儒学氛围。家乡这种浓厚的儒学氛围不可能不对诸葛亮产生影响，儒家主张实行仁政德治，倡导为政从自身做起，这些思想深深地影响了诸葛亮，终其一生，诸葛亮都践行着儒家思想，虽然后来诸葛亮又博采众家学说，但儒家思想无疑是其思想的底色。

墨家的墨子是靠近齐鲁的宋国人，墨子的学说以“兼爱”为核心，在政治上提出“尚贤”“节葬”等主张，在用人上主张任人唯贤，反对任人唯亲，他还是先秦诸子中唯一的重视自然科学与器械制造的思想家，他创立了以几何学、物理学、光学为突出成就的一整套科学理论。墨家还是一个有组织的学派，信徒们有着强烈的社会实践精神，他们吃苦耐劳、严于律己，把维护道义看作义不容辞的责任，墨家的这些主张和实践也深刻地影响了诸葛亮。后来，诸葛亮在用人上的一系列做法，在北伐时制造木牛、流马、诸葛连弩等器械，遗嘱薄葬于定军山，这些思想与行为无不与墨家的主张高度契合。

道家的代表人物老子、庄子等虽然不是齐鲁之人，但先秦道家有一个黄老学派，也称齐道家，是在齐国稷下学宫形成的有别于老庄原始道家的“新道家”，稷下黄老学派继承了老子等道家学派的思想，又汲取法家的法治思想，把道和法联系起来，提出了“以道变法”的主张，建

① 匡衡，西汉经学家，以“凿壁偷光”的苦读事迹闻名于世，通《诗经》，汉元帝曾多次亲自听他讲《诗》，对他的才学十分赞赏，历任御史大夫、丞相，封乐安侯，是因明经而位极人臣的典型。

立了以道家思想为主干、具有道法结合特色的思想体系。诸葛亮的思想体系里有着非常明显的道家倾向，他在《诫子书》《诫外甥书》中所提出的修身原则明显是对道家“虚”“静”等思想的汲取。他不但推崇道家“清静”的修身主张，而且在个人修养方面努力加以实践，“苟全性命于乱世，不求闻达于诸侯”正是他宁静致远的表现。蜀汉[①]建国后，身为丞相的他在以法治国的同时，也积极践行道家“无为而治”的思想，除战争时期外，采取“闭关息民”的政策，让人民休养生息。

先秦法家虽然多出自秦、晋两国，但法家与齐国也有深远的渊源。齐国有一个管仲学派，是一个包含道、法、儒、阴阳等诸家学者在内的庞大学术团体，其中的法家号称齐法家，与秦、晋法家分庭抗礼，形成东方法家和西方法家两大阵营。齐法家的思想大多集中于《管子》一书中。《管子》中有许多富含法家思想的篇目，关于法的定义、法的性质、法的作用、法的实施等方面，《管子》无不作了详细阐述。如《管子》特别强调公正执法的问题，《管子》认为，既然订立和颁布了法，就要求执法者公正执法，而且公正执法应该首先从制定法律的领导阶层做起，甚至国君也要做守法的模范。《管子》还认为，只有做到有功必赏，有过必罚，赏罚分明，才能使臣民守法奉法。如果该罚的不罚，该赏的不赏，便会导致既定法律不能很好地贯彻下去，最终使法治的理想落空。齐法家体现出与《商君书》《韩非子》等三晋法家不同的面目，通观《管子》全书，道法结合、礼法结合是贯穿其书的两条主线，凸显

① 刘备所建政权的正式国号仍称“汉”或“季汉”，史称“蜀汉”，为照顾习惯，本书仍以“蜀汉”称之。

出齐法家不同于秦、晋法家的面目。作为齐国历史上的传奇人物，管仲的故事在齐地广为流传，少年时期的诸葛亮应该听过不少这位前贤的故事，诸葛亮以管仲为榜样，建功立业的思想开始萌发。后来，诸葛亮在治理蜀汉的实践中厉行法治而又融入儒家教化，对《管子》的法治思想多有借鉴，他的治蜀实践中，许多行为都与《管子》的主张相切合。

春秋战国时期，以孙武、孙膑兵法为代表的齐国兵家文化曾在琅琊地区广泛传播，当时著名军事家及其门人弟子云集于此，出现了一个学习和研究兵法学说的热潮。先秦兵学的辉煌成就多为齐人所创，先秦时代的六大兵书《六韬》《司马兵法》《孙子兵法》《孙膑兵法》《吴子兵法》《尉缭子》，前四种皆为齐人所著，反映出齐国悠久的兵学传统和深厚的兵学根基。齐人中的军事家首推享誉世界的孙武，孙武生活在社会动荡、战争频繁的春秋时代，他从小博览群书，勤于总结战争思想及作战策略，长大后又曾到齐、鲁、晋等国实地游历，考察古代战场，掌握了大量的一手资料，并结合自幼学习的兵法战书，理论与实践相结合，反复思考、分析、总结，写出了不朽之作《孙子兵法》。后来，他避乱于吴国，经伍子胥的引荐，向吴王阖闾进呈兵法十三篇，受到重用。吴王任其为将军，命他与伍子胥等人共同参与军国大事，积极谋划伐楚。孙武以兵法治军，吴军迅速强大起来，多次打败强大的楚国。公元前506年，吴国联合蔡、唐两国进攻楚国，五战五捷，直捣楚国郢都，强大的楚国几乎亡国；公元前494年，吴国打败越国后挥师北上，开始争霸中原；公元前489年，黄池会盟时与强大的晋国争锋；公元前484年，在艾陵之战中又打败强大的齐国；这一系列对外战争的胜利，终于把吴国推上了霸主地位。在军事思想上，《孙子兵法》特别强调赏罚严明，将“法”作为“五事”之一，将“严”作为“五德”之一，将“法令孰行”和“赏罚孰明”作为“七计”的内容，流传甚广的吴宫“演阵斩美”的故事就充分体现了他严于治军的思想。孙武见到吴王后，将自己撰写的《兵法》呈上。吴王阖闾看完之后赞不绝口，说：“看了先生的《兵法》，才知先生的才能。无奈本国兵微将寡，你的《兵法》能派上用场吗？”孙武说：“我的《兵法》不仅适用于士兵，就连宫女按我的《兵法》来号令，都可以做到进退有度。如若不然，甘受欺君之罪。”于是吴王叫来三百名宫女参与演练。孙武说：“需要大王宠爱的两名妃子做队长来指挥这些宫女。”吴王于是叫来两名爱姬，孙武让她俩各管一队。孙武对她们说：“既然是演练，就必须严明纪律。”并立下三条军纪：一不准混乱队伍；二不准交头接耳；三不准违反号令。宣讲完军纪之后，就请吴王登台观看操演。只见两位妃子带着左右两队宫女进入操场，宫女们一个个身穿铠甲，头戴护盔，左手拿剑，右手握盾，听候孙武调遣。孙武在操场上画上线路，布成阵势，开始发号施令：“鼓声响第一遍，左右两队都起立；鼓声响第二遍，左队向右转，右队向左转；鼓声响第三遍，两队开始交战；听到鸣金，两队都撤回原处。”宫女们觉得好玩，嬉戏打闹，有如儿戏。孙武厉声宣告：“纪律不严，号令不行，责任在于指挥。”命令重来，可第二遍依然如此。孙武于是大喝一声：“纪律不严，号令不行，责任在于指挥。执法者何在？”执法者上前听令。孙武问：“该如何执法？”执法者说：“当斩！”孙武命令：“把两位队长推出去斩首。”吴王见孙武真的要斩杀爱妃，急忙让人到孙武面前求情，说：“我已经知道了先生的才能，但杀了两位妃子我实在舍不得。”孙武说：“军中无戏言，不杀此二妃，何以服众？”于是当众斩杀了这两名妃子，宫女们都吓得浑身发抖，孙武下令重新操演，这一次队伍整齐划一，自始至终寂静无声，孙武于是对吴王说："大王请看，这样的队伍将战无不胜。"[①] 这个故事充分展示了孙武以法治军的思想，诸葛亮充分吸收了孙武这一思想，他令出必行，纪律严明，颇有孙武的风范。

除孙武外，像姜太公、司马穰苴、孙膑、田单、田忌都是战功赫赫的著名兵家人物。其中司马穰苴是齐国最杰出的军事家之一，司马穰苴对军队管理严格，以法治军。据记载，地位低微的司马穰苴曾受命率军抗击燕、晋两国军队的入侵，齐景公任命自己的宠臣庄贾为监军一同前往，司马穰苴与庄贾约定："明天中午时分会合于军门。"第二天，司马穰苴提前赶到军中，等待庄贾。而庄贾倚仗着国君宠信，不守军法，中午根本就没来，直到傍晚时分才来到军营。当司马穰苴责问他为何迟到时，庄贾还强词夺理地说："拗不过亲戚朋友们的热情送行，所以来迟了。"司马穰苴愤怒地谴责了庄贾的行为并驳斥了他的辩解后，招来军中的执法官问道："未按约定时间报到，军法是怎么规定的？"执法官回答道："当斩。"庄贾一看形势不对，马上向国君求救，派人报告齐景公，但没等去的人回来，司马穰苴就先斩后奏，砍下庄贾的人头宣示三军，全军上下大为震恐，自此以后，司马穰苴令行禁止，齐军军纪整肃。[②] 司马穰苴还能与士卒同甘共苦，在行军途中，司马穰苴常常深入部队中间，亲自过问士卒们住宿、饮食、医疗等方面的情况，出现的问

① 司马迁：《史记·孙子吴起列传》（卷65），中华书局，1959年版，第2161页。

② 司马迁：《史记·司马穰苴列传》（卷64），中华书局，1959年版，第2157—2158页。

题尽量予以解决，他还把属于自己的食物及生活用品拿出来与最下层的士卒们平分共享。通过与广大士卒同甘共苦，赢得了广大士卒的信任，他们争相请求出战，作战时，齐军士气高昂，人人争先，军容军威给敌军以巨大的震慑。诸葛亮挥泪斩马谡的行为与司马穰苴斩杀庄贾极为相似。

战国学术文化的中心区域之所以在齐鲁大地，与齐国稷下学宫的设置有直接关系。齐国都城临淄的西南有一座稷山，所以临淄城的西南门称为“稷门”，齐桓公当政时期，在稷门外创办了一个专门研究讨论学术的机构，称为稷下学宫，齐桓公之子齐威王把稷下学宫作为智囊机构，对学宫先生们赋予大夫的尊号和待遇，给他们提供优越的生活条件，但并不强求他们从事具体的行政工作，只负责参政议政，这就是所谓的“不治而议论”。稷下学宫汇聚了“诸子百家”的主要代表人物，是孕育催生百家争鸣的温床，是促进思想交流、融合的文化沃土，战国中后期的重要思想家大部分都曾活跃于此。在稷下学宫鼎盛时期，几乎容纳了当时诸子百家的所有学派，汇集了天下贤士上千人，有七十六人被尊为“上大夫”，其中著名学者有孟子、荀子、淳于髡、邹衍、田骈、慎到、接予、季真、环渊、彭蒙、田巴、鲁仲连等。凡到稷下学宫的文人学者，无论其学术派别、思想观点、政治倾向，以及国别、年龄、资历如何，都可以自由发表学术见解，互相争辩，共同研讨，著书立说。一时间百家争鸣，百花齐放，学派云集，蔚为大观。这种自由论辩、百家争鸣的良好学风，使得先秦各地域文化、各学术流派得以充分交流融合，为中国传统文化的全面整合奠定了基础。

稷下优良的学风，使得诸子各派有了进一步发扬光大的条件和际遇。举凡著名的稷下先生，皆收徒讲学、传道授业，加入百家争鸣的时代潮流。在百家争鸣的过程中，稷下学者们取长补短，形成了各学派兼容并蓄的博大态势。稷下学风的这一特点，在许多著名的稷下先生那里都可以得到证明，他们往往兼收诸多学派之所长，思想中蕴涵着多个学派的影子。比如，孟子一方面毫不留情地批判道家杨朱学派，另一方面又吸收了道家黄老学派的“精气说”，提出了“养吾浩然之气”的理论。荀子曾在稷下学宫三出三进，历时数十载，并三次担任学宫的“祭酒”[①]。从十五岁到七十岁，他的一生几乎都在稷下学宫度过，他遍学诸子百家，吸收各个学派的精华，纳入自己的思想体系中，他对传统儒学进行改造，融会贯通，成为诸子百家的“集大成者”。他说“天行有常”，接近道家的自然观；他主张“性恶论”，和前辈孟子的“性善论”针锋相对；他重视制度，强调规则，教出了韩非、李斯两位法家高徒。可以说，荀子虽然属于儒家，但他已成为学兼各家之长的稷下领袖。这种兼容并蓄的非凡气度，恰恰深刻地体现了稷下学风，也深深地影响了少年诸葛亮。诸葛亮的思想以儒家为底色，同时又兼收并蓄、融会贯通了法家、道家、兵家、纵横家、墨家的学说，这与其家乡百家争鸣的文化氛围是密不可分的。

放眼整个春秋战国时期，齐鲁文化大放异彩，前有鲁国的诗书礼乐，后有齐国的稷下学宫，齐鲁大地堪称当时华夏文化的中心。考察诸葛亮的思想与行为，大多可从齐鲁文化中找到渊源。比如诸葛亮的人生经历、治国理政和齐国的姜太公就有很多相似之处。在人生经历上，他

---

①祭酒，稷下学宫之长，类似于校长。

们两人都是先隐居后出山，当社会动荡之际，他们蛰伏等待时机，当明主出现之时，他们毅然出山，共成大业。姜太公治齐，政治上选贤任能，经济上农商并重，使齐国国力迅速强大起来，诸葛亮后来治蜀的一系列措施颇有相似之处。诸葛亮经常“自比于管仲、乐毅”，用两个与齐地关系密切的人来自比，而且他还喜欢吟唱齐地歌谣《梁甫吟》，这些行为的背后依稀都可以看到齐鲁文化的影子。

诸葛亮在十三四岁离开家乡之前，一直生活在齐鲁大地，齐鲁大地丰厚的文化土壤，为诸葛亮的成长提供了丰富的精神营养，家乡对他的影响深远巨大，他的身上始终表现出浓厚的齐鲁之风。外在形态上，他身长八尺，是典型的山东大汉；内在气质上，他的思想倾向、知识结构、人生偶像都没有脱离齐鲁文化的胎记，虽然此后诸葛亮就一直流寓外地，再未回到家乡，但桑梓文化的浸润已为他日后的脱颖而出铺垫了深厚的基础，这片土地上多元而丰富的文化终于孕育出一位“千古人龙”。

二、经学传家的儒宦世家

先秦时期，国家主要通过世卿世禄制[①]来选拔官员，到隋唐时期才建立了科举制。汉代选拔官员实行的是察举制，主要方式是由地方长官在辖区内考察、选取品德高尚、才干出众的人才，这就是所谓的“察”，然后举荐给上级或中央，这就是所谓的“举”。举荐的人才经过试用考

① 先秦时期实行的一种选官制度，官员们父死子继，爵位和官职世袭。

核后任命官职。察举的科目很多，主要有孝廉[①]、秀才[②]、明经[③]等，可以看出，察举的主要标准无外乎经学和德行两项。两汉时期，经学的传授往往采取家学传承的方式，当时许多家族以经学传家，称为“家学”，家学通过父子相传、世代承袭的方式，既传承了文化，又为步入仕途铺就了道路。自汉武帝独尊儒术之后，经学与门第就密切联系起来，社会上出现了一些累世专攻一经的士大夫家族，累世经学往往产生累世高官，如韦氏家族因通《诗》而使家族声威显赫，韦赏[④]因为曾经教汉哀帝学习《诗》而官至大司马、车骑将军，以致邹鲁之人甚至认为经书比黄金还要宝贵。再如汝南袁氏家传《孟氏易》，自袁安官至司空、司徒，袁安之子袁敞、袁京皆为司空，袁京之子袁汤为司空、太尉，袁汤之子袁逢官至司空，袁逢之弟袁隗官至太傅，连续四代人都担任过“三公”的职务，号称“四世三公”，为家族留下了丰厚的政治遗产，是后来袁绍、袁术兄弟卓立于汉末乱世的关键。弘农杨氏家传《欧阳尚书》，杨震汉安帝时任司徒、太尉，杨震之子杨秉汉桓帝时任太尉，杨秉之子杨赐汉灵帝时任司徒、司空、太尉，杨赐之子杨彪汉献帝时任太尉，也是“四世三公”。

察举制的施行促使士大夫注重家风、家教，他们或言传身教，或立家诫遗训，注重子弟高尚德行和家族个性的培养，逐渐形成一种家族

① 孝廉是汉代察举制的科目之一，孝廉是“孝顺亲长、廉能正直”的意思。

② 秀才是汉代察举制的科目之一，秀才是“才能优秀”的意思，后来成为一般读书人的泛称。

③ 明经是汉代察举制的科目之一，明经是“通晓经学”的意思。所谓“经”，原指先秦经典，自从汉武帝尊崇儒学，“经”就专指儒家经典。

④ 韦赏，西汉鲁国邹人，少承家学，通晓《诗》。汉哀帝为定陶王时，韦赏为太傅，以《诗》授之。哀帝即位，以旧恩为大司马、车骑将军，位列三公，爵关内侯。

成员认可并遵循的生活习惯、价值取向、精神追求，这种家庭文化就是家风。当时许多家族注重德行的家风，如“弘农杨氏”就特别注重“清白”的德行。“弘农杨氏”的发达始于号称“关西孔子”的汉代大儒杨震，他五十岁时才开始做官，后来多次升迁，官至太尉。他曾在赴东莱太守任上途经昌邑县，时任昌邑县令的王密曾受到他的举荐，听说杨震路过昌邑，就前往拜见，到了晚上临别时，王密取出十斤黄金酬谢恩公。杨震拒绝道：“我了解你的为人，你却为什么不了解我呢？”王密劝道：“天黑了，没人知道，你就收下吧。”杨震回答说：“天知，神知，我知，你知，怎么能说没人知道呢？”[①]“杨震四知”成为中国历史上廉洁自律的代表。杨震因为为官清廉，子孙过得很清贫，有些朋友想为他们置办一些家产，杨震诚恳地婉拒说：“我的后代会被人美称为‘清白吏’的子孙，这个称号就是我留给他们的家产，这不也是一笔巨大的财富吗？”从此之后，杨震的子孙们受其言传身教的影响，都能做到清廉为官，将杨震“清白”的家风一代一代传承下来。还有的家族以“孝谨”的家风著称，如西汉时期的石奋一家。石奋和四个儿子（长子石建、二子石甲、三子石乙、四子石庆）都官至二千石，父子五人共一万石，因此被汉景帝戏称为“万石君”。石家能得到皇帝如此赞赏，靠的是“皆以驯行孝谨”，父子五人都循规蹈矩、谨言慎行。石奋每次经过皇宫时，一定要下车步行，表示恭敬，见到皇帝的车驾一定要手扶在车前的横木上表示敬意。皇帝有时赏赐食物送到他家，他必定叩头跪拜之后才开始吃，就像皇帝在面前一样。做官的子孙回家看望他，他一定要

---

① 范晔：《后汉书·杨震传》（卷 54），中华书局，1965 年版，第 1760 页。

穿好朝服才接见他们。子孙中若有人犯了错，他并不直接斥责他们，而是不肯吃饭，这样其他子孙们就纷纷责备那个惹他生气的人，直到犯错的人认错并表示坚决改正，他才答应吃饭。[①] 据司马迁的记载，石家孝敬严谨的家风闻名于大汉帝国，即使像齐鲁之地生来好礼的儒生们也自叹不如。

诸葛亮出生在一个家风优良的家族，他的父亲名叫诸葛珪，曾担任过泰山郡丞[②] 的职务，虽然诸葛珪的官职不算太高，但诸葛家族的祖上也是曾经做过高官的，诸葛家的先祖诸葛丰在西汉时担任过司隶校尉[③] 的职务，只是这已经是大约两百年前的事了，诸葛丰之后，这个家族虽然也世代为官，但并不十分显赫，到了诸葛亮父辈这一代，诸葛珪不过担任了一个泰山郡丞的职务，诸葛亮的叔父诸葛玄则并未担任任何官职，而是和袁术、刘表等名士来往密切，关系也很不错。

诸葛亮出生前后，正是东汉政治最为黑暗的年代，朝廷上外戚、宦官争斗不断，宦官专权、胡作非为，他们败坏朝纲，为祸乡里，被称为“浊流”，士大夫集团以清除宦官、澄清政治为己任，被称为“清流”，他们对宦官集团发动了猛烈的抨击，宦官们发动反击，诬称他们为“党人”，对他们疯狂打击报复，他们将士大夫集团的领袖人物罢官的罢官、逮捕的逮捕，史称“党锢之祸”。“党锢之祸”前后共发生过两次，两次都以士大夫集团的失败而结束，党人被残酷镇压，士大夫集团受到了沉

---

① 班固:《汉书·石奋传》(卷46)，中华书局，1964年版，第2194页。

② 郡丞，郡守的副手，相当于副郡守。

③ 汉魏时期监督京师地区和朝中百官的监察官，职能与刺史相同，但比刺史地位高。司隶校尉初置时持有皇帝赐予的符节，是君主的钦命使者，有权劾奏公卿贵戚。

重的打击。深受儒家思想影响的诸葛珪虽然不是党人，但他同情党人的遭遇、痛恨宦官的专权，希望早日结束朝政混乱的局面。

按照中国古代的习俗，通常在孩子出生三个月时由父亲为其取名。诸葛珪为长子取名诸葛瑾，“瑾”是美玉的意思，诸葛珪希望长子拥有美玉一般的品德。为二儿子取个什么名呢？或许是有感于时局的原因，诸葛珪为这个生于黑暗乱世的二儿子取名为“亮”，希望他长大之后，发扬家族光明正直的家风，为当时的黑暗政治带来一丝光明。诸葛珪的希望没有落空，诸葛亮以其伟大的人格精神、卓越的政治才能不但照亮了当时的黑暗政治，而且照亮了此后两千年的中国历史。

幼年的诸葛亮既是幸运的，又是不幸的。幸运的是，他出生在文化底蕴深厚的齐鲁大地和家学深厚的官宦世家，文化深厚的家乡和官宦世家的家庭为他的成才奠定了坚实基础。不幸的是，大约三岁时，他的生母就去世了，年岁尚幼的诸葛亮永远地缺失了母爱的滋养，我们今天已经无法确知这位伟大母亲的名字，只知道她姓章，生养了诸葛亮兄弟姐妹五人。生母去世不久，为了照顾五个子女，父亲又续娶了一房妻室，继母对孩子们很是慈爱，诸葛亮姐弟们也很尊敬继母，这个动荡的家庭慢慢恢复了往日的平静。然而，好景不长，大约八岁时，父亲诸葛珪也撒手人寰，从此诸葛亮姐弟五人沦为孤儿，叔父诸葛玄毅然挑起了抚养、教育侄子、侄女的重任。

在汉代，幼童大约五六岁即开始启蒙教育，首先学习识字和计数，稍大一些，进一步学习《孝经》《论语》，十二三岁则开始学习五经。诸葛家族作为世代为官的儒宦世家，非常重视对子女的教育，幼年的诸葛亮即在父亲、叔父的教导下接受教育，他天资聪颖，悟性很高，这让父亲、叔父异常欣喜，这真是一个可造之才！假以时日，必成大器！八岁那年父亲去世后，叔父对他们的教育更加重视了，哥哥诸葛瑾到京师洛阳太学学习《毛诗》《尚书》《左氏春秋》等经典，诸葛亮因年龄还小，在家由叔父教育，叔父为他制定了严格的学习计划，不仅教他学习《诗经》《尚书》等儒家经典，还教他学习《商君书》《管子》《六韬》等诸子学说，可以说，没有叔父诸葛玄的竭心尽力，就没有日后诸葛亮兄弟的成才。除了督导诸葛亮学习诸子经典之外，诸葛玄还经常给诸葛亮讲述家乡历代前贤和先祖诸葛丰的故事，这些故事开阔了少年诸葛亮的视野，在他幼小的心灵中埋下了向前贤学习的种子。年岁渐长之后，通过阅读史书，进一步激发了诸葛亮的志向，特别是每次阅读《汉书》中的《诸葛丰传》，他每每感佩于先祖诸葛丰的刚直气节，心中暗暗立志，要像先祖一样刚正不阿、报效朝廷、为国除奸。后来他隐居隆中时，以管仲、乐毅为人生偶像，经常吟唱描写晏子事迹的《梁甫吟》，这些行为多多少少受到了小时候熏陶的影响。

诸葛家族在长期的发展中形成了正气凛然、疾恶如仇的家风，这种家风沿袭自远祖诸葛丰。据《汉书·诸葛丰传》记载，诸葛丰以刚强正直而闻名于世。诸葛丰担任司隶校尉时，执法严明，不讲情面，因而当时的京师长安坊间流传着一句只能意会不能言传的问候语——“间何阔？逢诸葛。”[①]这里的诸葛指的正是司隶校尉诸葛丰。这句话的意思是说，为什么见一面这么难？因为最近碰上了诸葛丰！诸葛丰执法正直、无畏，这在处理外戚许章一事上表现得很明显。侍中许章仗着皇帝的宠

① 班固:《汉书·诸葛丰传》(卷77)，中华书局，1964年版，第3248页。

信，横行不法，诸葛丰正在收集证据准备弹劾他，一天，恰好碰到许章私自外出，诸葛丰手持执法的符节喝令其下车，准备逮捕他，许章见势不妙，转身就逃，诸葛丰在后面紧追不舍，许章一溜烟儿跑进皇宫，向皇帝求救。诸葛丰上书向皇帝说明情况，谁料皇帝不但没有惩罚许章，反而收了诸葛丰的符节。这是一个写入中国司法史的事件，从此以后，司隶校尉不再持有符节。这件事的后续是，并不屈服的诸葛丰再次上书，最终惹恼了皇帝，被贬为城门校尉。诸葛丰担任司隶校尉时认真履行职责，为此不惜得罪皇帝眼前的红人，更不在乎贬职。这种不畏强权的高尚品行、刚正不阿的敬业精神，加上疾恶如仇的性格奠定了诸葛家族的基本价值取向，这样的祖德与家风不能不对诸葛亮产生巨大的影响。考察诸葛亮的人生轨迹，与其先祖诸葛丰有许多相似之处。诸葛丰因一度受到皇帝的嘉奖而对皇帝感恩戴德，因此更加忠于职守。诸葛亮也因为刘备的三顾茅庐，多次表达知遇报恩之心，两人身上都具有“士为知己者死”的慷慨情怀。行事风格上，两人在执法方面的严正表现也一脉相承。

诸葛氏家族具有崇尚忠孝的家风。汉末至魏晋，诸葛氏家族成员英杰辈出，多以忠诚、节孝著称。这种家风在诸葛诞之子诸葛靓（字仲思）和吴帝孙皓的一次对话中得到集中体现。有一次在朝堂上孙皓问诸葛靓：“你的字是仲思，你思的是什么呢？”诸葛靓答道：“侍奉父母思的是孝顺，侍奉君主思的是忠诚，交结朋友思的是诚信，如此而已！”[①] 此外，诸葛诞对曹魏的忠诚也感天动地，他和司马懿本是儿女亲家，关

① 徐震堮:《世说新语校笺·言语第二》(卷上)，中华书局，1984年版，第45页。

系一度异常亲密，但当司马氏妄图篡夺曹魏政权时，他奋起反抗，失败之后，他的亲信几百人被俘获，敌军挨个问他们是否愿意投降，只要不投降就立刻斩杀，就这样从头问到尾，几百人竟无一人投降，他们都说："能为诸葛公而死，死而无憾！"[①] 这悲壮的一幕，几乎可以与田横五百壮士慷慨赴死相媲美，也可见诸葛诞人格魅力所具有的感召力。诸葛亮之兄诸葛瑾对东吴的忠诚也天地可鉴。诸葛瑾曾经作为东吴使臣出使成都，出使期间，他与阔别多年的弟弟诸葛亮只在公开场合商谈公事，私下从不见面，其公私分明、公而忘私的作风一时传为美谈。诸葛瑾对东吴的一片真诚使他深得孙权的信任，刘备伐吴时诸葛瑾身在南郡，当时有人进谗言诋毁诸葛瑾，称其与刘备互通信息，一时流言甚盛。此时孙权说了一段话，颇为耐人寻味，他说："我和子瑜（诸葛瑾字子瑜）在一起很多年了，有生死不变的誓言。他为人不合道义的事不做，不合道义的话不说。当初孔明出访吴国，我让子瑜留下他。子瑜对我说：'弟弟已经跟随他人，义无二心。弟弟不会留下，就像我不会离去一样。'他的言行是如此坦诚。论世上的君臣大义，我和子瑜可以说是'神交'，不是旁人可以离间的。"[②] 诸葛瑾不但忠于君主，还孝敬父母，生母去世后，诸葛瑾在守孝期间一切合乎礼节，后来侍奉继母也恭敬谨慎，受到时人的赞誉，因此迁居江东后，被人们视为"当世君子"。

诸葛氏家族气节刚直，为了维护气节，甚至不惜身死。诸葛亮之子诸葛瞻、孙诸葛尚在国难当头之际，视死如归，坚决不投降，以身殉

---

① 陈寿撰，裴松之注：《三国志·诸葛诞传》（卷 28），中华书局，1964 年版，第 773 页。

② 陈寿撰，裴松之注：《三国志·诸葛瑾传》（卷 52）裴松之注引《江表传》，中华书局，1964 年版，第 1233 页。

国。诸葛亮的族弟诸葛诞作为曹魏的忠臣，与司马氏坚持斗争，至死不降，最终被司马氏所杀。因为有杀父之仇，诸葛诞的儿子诸葛靓虽与晋武帝司马炎是发小，但发誓终生不见司马炎，有一次，司马炎听说诸葛靓在其姐琅琊王妃那里，就赶去相见，诸葛靓不愿见他，只好躲到厕所中，晋武帝追到厕所，并说："你还记得我们小时候的交情吗？"诸葛靓哭道："再次见到了圣上，我实在是又愧又恨。"[①] 司马炎授予他侍中之职，他坚决推辞，司马炎自知理亏，倒也没有勉强他。后来诸葛靓回到家乡，他始终牢记着杀父之仇，终身不面向洛阳方向而坐，其气节之刚直，比之其先祖诸葛丰犹有过之。

诸葛氏家族还有通经致用的学术传统。诸葛氏家族的学术思想以儒学为主导，诸葛亮的远祖诸葛丰年轻时就曾因为通晓经术而担任郡文学的官职，说明他具有儒学修养，后来精通《公羊春秋》的贡禹[②] 又提拔他为侍御史，他很可能也是精通《公羊春秋》的。公羊学强调"大一统"思想，诸葛丰的后代诸葛亮以"大一统"为终身追求的目标，一生致力于北伐曹魏、兴复汉室，从某种程度上说就是继承了诸葛丰的这种学术渊源。诸葛亮之父诸葛珪曾任泰山郡丞[③]，东汉顺帝以后的察举对策要考试"家法"，可见诸葛珪的家学应该也是深厚的。诸葛亮的叔父诸葛玄曾任豫章太守，应与诸葛珪一样具有家学功底。诸葛亮之兄诸葛瑾少年时期游学京师，学习《毛诗》《尚书》《左氏春秋》。至于诸葛亮，

---

① 司马光：《资治通鉴·晋纪三》（卷 81），中华书局，1956 年版，第 2574 页。

② 贡禹，西汉著名经学家，董仲舒的再传弟子，精通《春秋》公羊学，后世尊为"贡公"，《汉书》有传。

③ 郡丞，官名，秦以后所置，是郡守的佐官，专司辅佐郡守，秩六百石。

不但对《周易》《尚书》《公羊春秋》等经典非常熟悉，而且还撰有《论前汉事》等著作多种。诸葛亮之弟诸葛均自幼和诸葛亮一起随叔父诸葛玄来到襄阳，叔父死后，与兄诸葛亮躬耕隆中，以耕读为业，后来担任蜀汉的长水校尉，其文化素养自然不低。诸葛亮的族弟诸葛诞则以才干著称，在曹魏拜将封侯。诸葛氏的子孙大都具有深厚的文化素养，应该说，在儒学兴盛的齐地，通经致用是这个家族的固有传统和家学优势。

诸葛氏家族在学术上并不保守，他们吸收了儒家以外的多种思想，尤其是法家思想对诸葛氏家族成员影响较大。诸葛丰以性格刚直著称，担任司隶校尉时执法公正严明，敢于与犯法的权贵斗争，其法家思想可见一斑。诸葛亮作为政治家和军事家，在治理蜀汉时十分注重法家思想的运用。他以法治蜀，无论治国还是治军，都赏罚分明，执法严明，其法家思想与诸葛丰一脉相承且更为鲜明。

诸葛氏家族注重学以致用，因此他们在学习上比较务实，读书的方法与一般的死守章句者不同，而是采用“观其大略”的方法。“观其大略”并不意味着不求甚解，而是一种能抓住书中要义的高明读书方法，特别是比较注重学习书中有关国计民生的知识，大大强化了读书的实用功能。在这种学风的推动下，诸葛氏子弟中出现了许多著名的政治家和军事家。诸葛氏家族成员自其先祖诸葛丰担任司隶校尉开始，经东汉、魏晋以至隋唐，从政或从军者代不乏人。在三国魏晋的历史舞台上，诸葛氏家族成员发挥了重要的作用，他们分布三国，地位重要，声名显赫，在孙吴、蜀汉和曹魏分别建立了非凡的功业。诸葛亮为蜀汉丞相，诸葛瑾辅佐孙权，官至大将军、领豫州牧，诸葛诞则出仕曹魏，官至征东大将军。诸葛瑾、诸葛亮、诸葛诞三人各在一国，都有显赫的地位，当时就有“蜀得其龙，吴得其虎，魏得其狗”的说法。[①]他们的后代诸葛瞻、诸葛尚、诸葛乔、诸葛攀、诸葛恪、诸葛靓、诸葛恢等人影响也较大。魏末晋初，琅琊诸葛氏的势力进一步发展，最终成为与琅琊王氏[②]并称的大族。东晋渡江之初，琅琊王氏与皇室司马氏风头势均力敌，甚至犹有过之，晋元帝司马睿称王导[③]为“仲父”，正月初一王导上朝时，成帝都要起立相迎。当时百姓称之为“王与马，共天下”，而诸葛氏当时能与王氏并称，诸葛诞之孙诸葛恢甚至还曾与王导当面争论两家族姓的高低先后。据记载，王导曾经和诸葛恢戏论两家族姓的高低，王导说：“人家都说王、葛，不说葛、王。”王导所提表面上看是个次序问题，实质则是争族姓的高低，言外之意是说王氏排在诸葛氏之前，比诸葛氏高贵。诸葛恢却机警地回答说：“大家说到驴和马时不说马驴，而说驴马，难道是因为驴比马强吗？”[④]诸葛恢敢与当时一流的士族琅琊王氏争论两家姓族的先后，足以说明诸葛氏的门第也是相当高的。诸葛氏家族成员的显赫固然有其时代的原因，但也与其家族的文化传承分不开。甚至可以说，正是诸葛氏家族特殊的文化传统，才造就了这个家族一批又一批杰出的政治家和军事家的出现。

① 徐震堮:《世说新语校笺·品藻》，中华书局，1984 年版，第 274 页。

② 琅琊王氏是中国古代顶级门阀士族，素有“华夏首望”之誉。琅琊王氏家族世代居住于琅琊临沂，西晋末年永嘉之乱，王氏衣冠南渡、举族迁居会稽。琅琊王氏作为名门望族，肇端于西汉，发展于曹魏西晋，鼎盛于东晋，延续至唐末五代，近七百年的时间里，在政治舞台及书法方面涌现出一大批杰出的人才，可谓是将相之家，书法名门。

③ 王导，东晋初年权臣，东晋政权的奠基者，历仕晋元帝、晋明帝和晋成帝三代，先拜骠骑大将军，封武冈侯，又进位侍中、司空、录尚书事，与其从兄王敦一内一外，形成“王与马，共天下”的格局。

④ 房玄龄:《晋书·诸葛恢传》(卷 77) 记载:“导尝与恢戏争族姓，曰:‘人言王葛，不言葛王也。’恢曰:‘不言马驴，而言驴马，岂驴胜马邪！’”中华书局，1974 年版，第 2042 页。

诸葛亮出生在这样一个有家学渊源的家庭，幼年即受家族文化和父辈、兄长的启蒙滋润。家乡琅琊的风俗民情又陶冶了他的情操，激发了他的清拔灵秀之气。但是，由于时局动乱，父亲早亡，幼年的诸葛亮虽然对诸子百家均已有所接触，但可能还未达到烂熟于心的地步，至于对各家经典融会贯通、自成一家则是寓居襄阳之后的事情了。

第二章　名士汇聚的乱世净土

诸葛亮出生在汉末乱世，朝廷上宦官专权、祸乱朝政，地方上军阀割据、相互混战，天下陷入长期的动荡不安之中，战火蔓延于神州大地。尤其是北方，先有黄巾起义，后有军阀混战，人民大量死亡，十室九空，而此时南方的荆州相对安定，尤其是刘表主政荆州之后，维持了荆州近二十年的和平稳定，成为乱世中的一块净土，吸引了大量北方人口迁入。诸葛亮姐弟几人也在叔父的带领下来到荆州避乱，寓居于荆州的首府襄阳，这一住就是十余年，襄阳安定的社会环境、浓厚的学习氛围、发达的文化教育为诸葛亮的成长、成才提供了优越的条件，成为孕育诸葛亮智慧的沃土。

一、天下分崩的混乱局势

东汉末年，是一个真正的乱世。天灾人祸接踵而至，人民生活于水深火热之中。

当时，水灾、旱灾、地震、蝗灾、瘟疫等天灾频繁出现，基本上每个年头都有灾害发生，甚至一年有多种灾害，紧随自然灾害之后的往往是瘟疫横行。生在东汉末年的大医学家张仲景记述，他的家族很大，原来有两百多人，建安年间（196—220 年）不到十年的时间里，家族中居然死去了三分之二的人，而且大部分都是感染伤寒去世的。文学家曹植在一篇《说疫气》的文章中描述了当时瘟疫流行的惨状：家家有死人，户户有哭声，有的甚至全家、全族都死光了。[①] 曹丕则感伤地记载："前一年流行疾疫，亲戚朋友多数遭受不幸，徐干、陈琳、应玚、刘桢相继去世。"[②]"建安七子"中，除了孔融、阮瑀早死外，其余五人全部死于同一次瘟疫，可见当时瘟疫的惨烈状况。[③]

诸葛亮出生时在位的皇帝是灵帝，灵帝之前是桓帝，桓帝、灵帝都是历史上声名狼藉的"亲小人，远贤臣"的昏君。桓帝在位期间，宦官当政，卖官鬻爵，又有"党锢之祸"，朝政十分腐败。灵帝则把卖官鬻爵一事发挥到了极致，他不仅公开出售官职，还别出心裁地设置了一个买卖官职的机构——"西邸"，以官职的大小和任职地的好坏确定价钱

---

① 傅亚庶:《三曹诗文全集译注》，吉林文史出版社，1997 年版，第 1019 页。

② 曹丕《与吴质书》记载："昔年疾疫，亲故多离其灾，徐、陈、应、刘，一时俱逝。"见陈寿撰，裴松之注《三国志》，中华书局，1959 年版，第 608 页。

③ 陈寿撰，裴松之注：《三国志·王粲传》记载，七子之一的王粲因病死于建安二十二年春，很可能也是死于此次疾疫。

的高低。各级官职一律明码标价，公开出售。官位的标价，则以官吏的年俸来计算。如年俸二千石的官位，标价就是两千万钱；年俸四百石的官位，标价就是四百万钱。如果买的人多，竞争激烈，则拍卖竞价，价高者得。如果一时交不起钱，还可以分期付款。除了皇帝的位置不卖，其他官职从三公九卿到郡守县令什么都卖。当时三公（司徒、司空、太尉）标价一千万钱，曹操之父曹嵩（宦官曹腾的养子）就是靠花钱买得太尉一职从而位列三公的。时任廷尉的名士崔烈通过灵帝刘宏的乳母程夫人的关系，只花费五百万钱就买来司徒一职，拜官之日，灵帝亲自参加他的就职仪式，看到崔烈意气风发的样子，灵帝后悔地说："早知如此，我应该再坚持一下，本来可以卖到一千万钱的。"程夫人见状赶忙接话："崔公可是冀州的名士啊！起初哪肯买官？要不是我做工作，陛下恐怕连这五百万钱都赚不到呢？"崔烈本来甚有名望，因花钱买官，他的名望急剧下降，崔烈心里也有些不安，一天，他问儿子崔钧："我位居三公高位，现在外面的人是怎么议论我的？"崔钧回答："父亲大人年少时名声就很好，又历任太守，大家都说你应该官至三公，可如今你虽然当了司徒，天下人却对你很失望。"崔烈追问："这是为何？"崔钧答道："大家嫌你身上有铜臭味儿。"崔烈闻言大怒，举起手杖就要打崔钧，崔钧狼狈而逃，崔烈在后面边追边骂："臭小子！父亲打你，你竟然跑开，这是孝子该做的吗？"崔钧边跑边回头说："舜对待其父的杖责，小杖则受，大杖则跑，这不是不孝啊！"崔烈也感到惭愧，才停止了追打。[①]

① 范晔：《后汉书·崔骃列传》（卷 52），中华书局，1965 年版，第 1731 页。

汉灵帝公然卖官鬻爵的行为严重破坏了政治生态和政治伦理，把选官的标准“唯才是举”变成了“唯财是举”，而那些不惜费血本花重金去买官做的人，心里头是绝对不会去想什么为官清廉、造福一方。他们投资的目的就是想要赚取更大的回报，为了捞回本钱并大赚一笔，只能是变本加厉地去搜刮、盘剥百姓，不择手段地榨取更多的金钱，之后再去买更大的官做，形成恶性循环。一时间，各级官吏横征暴敛，贪赃枉法，人民陷入水深火热之中。多年以后，诸葛亮与刘备说起桓、灵二帝时，还是咬牙切齿地“叹息痛恨”。

由于天灾人祸，民不聊生，广大民众走投无路，被迫造反。汉灵帝光和七年（184 年）二月，在诸葛亮四岁的时候，一场声势浩大的农民大起义终于爆发，起义军头裹黄巾，故称黄巾军，这就是著名的黄巾军起义。黄巾军焚烧官府，惩办贪官，很快就“天下响应，京师震动”。东汉政府急忙调集军队对黄巾军进行血腥镇压，由于敌我力量悬殊，又缺乏军事斗争经验，各路起义军主力相继被平定。中平五年（188 年），汉灵帝采纳宗室刘焉的建议，把原来只负责监察的州刺史改为集军政大权于一身的州牧，由宗室或重臣担任，以便增强地方实力，更有效地剿灭黄巾残余，并防止起义再度爆发。此举当时固然奏效，但也后患无穷，州牧既管军事，又管民政，集军政大权于一身，威权日重，为之后的军阀割据埋下了祸根。

东汉的皇帝，自章帝以下，大都年幼即位，和帝以下小皇帝即位年龄如下：和帝十岁，安帝十三岁，顺帝十一岁，冲帝二岁，质帝八岁，桓帝十五岁，灵帝十二岁，献帝九岁。因皇帝年幼，无法处理政事，所以太后往往临朝，太后居深宫，多依靠娘家人执政，因而形成外戚专权。小皇帝长大后，不甘心大权旁落，往往依靠身边的宦官从外戚手中夺回权力，又造成宦官专权。外戚、宦官交替专权，相互斗争，政治动荡不安。灵帝时，宦官集团的黑暗腐败登峰造极。以张让、赵忠为首的十余宦官皆为中常侍，称“十常侍”，为小皇帝所无限信任，甚至对外宣称：“张常侍是我父，赵常侍是我母。”十常侍与其父兄子弟遍布天下，构成了一个庞大的利益集团，在朝中横征暴敛，卖官鬻爵，在地方横行不法，欺压百姓，人民不堪剥削压迫，纷纷起来反抗，一时盗贼蜂起，社会极其动荡。灵帝末年，一首童谣开始在京师洛阳小儿中传唱：“侯非侯，王非王，千乘万骑上北芒。”[①] 使得人心更加惶惶不安。当时何太后临朝，外戚大将军何进擅权，何进企图简单粗暴地解决宦官问题，密谋诛杀宦官，但何太后心软，死活不肯同意，这时袁绍出了一个馊主意，他建议何进调集四方猛将领兵入京，胁迫太后同意，何进于是秘密地召并州牧董卓领兵进京，不料事情泄露，张让等得知了消息，他们先下手为强，把何进骗进宫中，趁机杀了他。袁绍、袁术兄弟见何进被杀，又领兵进宫，将所有宦官不论老幼斩尽杀绝，死者两千多人，甚至有些不长胡须的人也被当成宦官杀掉。十常侍见大势已去，劫持皇帝刘辩与陈留王刘协逃窜到黄河边，被追上后走投无路，跳河自杀，众人终于抢回了皇帝。正在这时，董卓的军队浩浩荡荡地开到，惊魂未定的小皇帝见到飞驰而来的董卓军队，吓得大哭，众大臣说：“快退兵！”迎驾队伍中的崔烈也叫董卓回避，董卓指着崔烈骂道：“我日夜兼程跑了

① 范晔：《后汉书·五行志》，中华书局，1965 年版，第 3284 页。

三百多里路，你现在说什么回避？信不信我砍下你的脑袋！”[①] 接着，董卓又反诘大臣们："诸位公卿身为国家大臣，不能匡正王室，致使国家动荡，天子流落在外，你们凭什么让我退兵！”他将少帝刘辩和陈留王刘协握于手中以胁迫朝臣，又逼走袁绍、袁术兄弟，进而废除少帝，另立陈留王刘协为帝，自任相国，把持朝政，外戚与宦官的斗争暂时落幕。至此，一番废立之后，果然是“侯非侯，王非王”，童谣得到了应验。

董卓为人残暴，好用刑法立威，动不动就残杀大臣和百姓。侍御史扰龙宗拜见董卓时忘了解下佩剑，董卓借题发挥，下令将其活活打死；董卓又指使人将何太后的母亲杀害，甚至将何进之弟何苗的遗体从坟墓中挖出来，肢解之后丢弃野外。[②] 曾任太尉的张温（蔡瑁的姑父）对董卓不太尊重，董卓对他心生厌恶，就派人散布谣言，说张温和袁术暗地往来、图谋不轨，随意地将张温定罪，公然在大街上用木杖将他活活打死。董卓曾经派遣军队到阳城去，刚好碰上二月份的大社集，当地大部分人聚集在集市上，董卓令部下们把其中的男子全部砍头，把砍下来的人头有的绑在车前的横木上，有的拴在车轴上，人头随着车子的前进在地上滚来滚去。又掳掠妇女和财货，一路浩浩荡荡地回到洛阳，谎称攻破贼人，大有斩获，进入城门后，则把这些炫耀过的人头用火烧毁，掳

---

① 陈寿撰，裴松之注：《三国志·董卓传》（卷6）裴松之注引《英雄记》，中华书局，1959年版，第173页。

② 陈寿撰，裴松之注：《三国志·董卓传》（卷6）注引《英雄记》，中华书局，1959年版，第175页。何苗，大将军何进之弟，灵帝皇后何氏之兄，中平四年以镇压起义军拜车骑将军，封济阳侯，他素来不与何进同心，何进谋诛宦官失败被杀，其部将吴匡怀疑何苗与宦官通谋，攻杀他于朱雀阙下。

来的妇女则赐给部下们作为奴婢。[①]

董卓的残暴与倒行逆施招致天怒人怨，东郡太守桥瑁伪造了一份朝廷三公的文告，分送给各州郡，控诉董卓的罪状，号召天下群雄起兵讨伐董卓，关东州郡群起响应，组成同盟军，以袁绍为盟主，讨伐董卓，正是曹操在《蒿里行》中所写："关东有义士，兴兵讨群凶。"董卓一时无力抵御，于是胁迫汉献帝西迁长安。董卓玩弄朝廷于股掌之间，直接导致皇帝沦为傀儡，威望一落千丈，地方官员与中央逐渐离心，汉室名存实亡，汉末乱世就此开启。

但关东盟军各怀鬼胎，意图自保，他们都想保存自己的实力，谁也不愿带头与董卓硬拼，不久便各自收兵，趁机扩大自己的势力去了，因此关东军的联盟很快宣告破裂。不久，各武装集团之间就开始了相互吞并。袁绍首先夺取了韩馥的冀州，并与公孙瓒开战；袁术命部下孙坚进攻荆州刺史刘表，孙坚在襄阳城外的岘山中了埋伏，遭乱箭射死；曹操割据兖州，因私怨进攻徐州刺史陶谦，并残杀无辜百姓。那些未参加关东联军的地方刺史、太守们也都拥兵自重，割据一方，州郡长官职位世袭，不再服从中央命令而谋求割据一方，他们纷纷自行任命官员，建立自己的独立王国，扩大自己的个人势力，从而形成一股股割据势力。公孙度占据辽东，刘虞、公孙瓒先后占据幽州，袁绍占据冀州、青州和并州，曹操占据兖州，孙策占据江东，袁术先占据南阳、后占据扬州一部分，刘表占据荆州，刘焉占据益州，张鲁占据汉中，陶谦、刘备、吕布先后占据徐州，董卓、李傕、郭汜先后占据司隶，马腾、韩遂占据凉州。

① 陈寿撰，裴松之注：《三国志·董卓传》（卷6），中华书局，1959年版，第174页。

这些割据一方的军阀，为了争夺地盘，相互之间频繁争战，一时间神州大地烽烟四起，人民大量死亡流散，原本安定的天下于是不再安定，这就是少年诸葛亮面对的天下形势。生活在这样一个动荡的年代，诸葛亮是不幸的，但时势造英雄，这样的时代又是一个呼唤英雄人物的时代，正是这样动荡的时代造就了一大批英雄人物，诸葛亮正是他们的杰出代表。

二、祥和安宁的荆州襄阳

在北方地区军阀割据、混乱不堪之际，南方的荆州也不那么安定，东汉朝廷已经无法进行有效的控制。汉献帝初平元年（190年），荆州刺史王睿被长沙太守孙坚所杀，朝廷任命刘表继任荆州刺史。刘表是东汉末年荆州的关键人物，他对于荆州的安定繁荣、襄阳的强势崛起、诸葛亮的成长成才都居功甚伟，可以说，没有刘表治理下安定繁荣的襄阳，就没有诸葛亮的成长成才，在诸葛亮的人生轨迹中，襄阳是不可或缺的重要一站，我们有必要简单谈一谈刘表其人及其治下的荆州和襄阳。

刘表（142—208年），字景升，山阳高平人。他本是东汉的远支皇族，年少时在任过南阳太守的王畅[①]门下学习儒家经典，与同郡的张隐、薛郁、王访、宣靖、公绪恭、刘祇、田林七人以德行相砥砺，被人们称

① 王畅，字叔茂，山阳郡高平县（今山东省邹城市）人，曾先后任齐王刘喜之相、司隶校尉、南阳太守之职，并四次征拜尚书令。“建安七子”之一的王粲的祖父。

为“八俊”，是当时的名士，早年的刘表在仕途上一帆风顺，很早便担任了北军中候[①]，四十八岁时又出任荆州刺史。

汉代实行郡（王国）县（侯国）二级制，汉武帝为加强中央集权，于元封五年（前 106 年）将全国分为十三个监察区，名为州，每州设刺史一人，负责监察所在州的郡国。除十三州之外，另在京师附近地区设司隶校尉部，与州同级，监察中央及京师附近地区，与十三州合称十四州部。但当时的州还只是监察区，不是行政区，真正的行政区还是郡、县两级，郡太守有事直接与中央联系，不必通过州一级。汉平帝元始年间（1—5 年），全国共有一百零三个郡国。到东汉时，全国共有一百零五个郡国，分为十三个监察区，即十三州，荆州为其中之一。中平五年（188 年），汉朝宗室刘焉（刘璋之父）目睹朝纲混乱、王室衰微的状况，向朝廷建议说：“刺史、太守行贿买官，盘剥百姓，招致众叛亲离。应该挑选那些清廉的朝中要员去担任地方州郡长官，借以镇守安定天下。”朝廷采纳了他的建议，此后，原本只负责监察的刺史一变而成为掌管军政大权的州牧，州也由监察区演变为行政区，为此后的分裂割据埋下了祸根。刘焉提这个建议，表面上看是为国家考虑，实际上打的是个人的小算盘，他是想借此机会到边远之地找一个安身立命之所躲避乱世，因而他先是请求任边远的交州牧，但他后来听侍中董扶说益州有天子之气，就处心积虑地向朝廷请求任益州牧。只是刘焉没有想到，益州的天子之气并没有应在他和他儿子刘璋的身上，而是应在了刘备的身上。

---

① 北军中候，官名，东汉置，掌监察北军五营，秩六百石。

东汉时期的荆州下辖七个郡：南阳、南郡、江夏、零陵、桂阳、武陵、长沙，七郡下辖一百一十七个县。当时的荆州面积广大，包括了今天湖北、湖南两省的大部分和河南、贵州、广东、广西、重庆、陕西、江西等省区的一部分。荆州地处长江中游，位于四川盆地与长江下游之间，地理位置十分优越，东西向通过长江与益州和扬州相连，向西可以进取益州，向东可以进击江东。南北向通过荆襄大道连通南北，向北可以直取中原，向南可以直下岭南，这样绝佳的地理位置使它成为汉末三国时期的军事战略要地，也是历代兵家必争之地。

南郡首府江陵是荆州的战略要地之一。江陵位于江汉平原的中心地段，面临长江，背负汉水，是南北交通干线荆襄大道与长江航道的汇合之处，北有夏水与汉水连接，再经由汉水出南阳盆地可达中原，南经长江和湘、资、沅、澧四水相通，越南岭可达两广。长江干流及其支流水系塑造了江陵东达吴越、西抵巴蜀、北上中原、南下两广的十字形水陆交通枢纽，因而具有重要的战略价值。

南郡属县襄阳是另一个战略要地。襄阳地处南阳盆地南端，汉水中游南岸，东、北二面汉水环抱，西、南两侧群山环绕，隔江与樊城呈掎角之势，地势险要，易守难攻。襄阳地处交通要道，就陆路交通而言，襄阳在历史上形成了著名的南襄隘道和荆襄大道，构成我国古代南北交通的中线。就水路交通而言，襄阳北部可以通过汉江的支流唐白河通往南阳盆地，南部沿汉江则可以直达江汉平原。襄阳是荆州的北大门，谁掌握了襄阳，谁就获得了夺取荆州的主动权，谁获得了荆州，谁就有了争雄天下的资本。优越的地理位置，加之荆州治所的政治地位，使得襄阳成为各方势力的必争之地，早在初平二年（191 年），袁术就派孙权之父孙坚进攻襄阳，与刘表部将黄祖激战于樊城、邓县一带，黄祖吃了败仗，撤回襄阳，孙坚转而渡江围攻襄阳，在岘山凤林关被伏兵乱箭射死，此后襄阳牢牢掌握在刘表手中近二十年，直到建安十三年（208年）被曹操占领。赤壁之战以后，曹操虽然被迫放弃了江陵，却依然牢牢地把襄阳握在手中。建安二十四年（219年），关羽率军进攻襄阳、樊城，水淹七军，擒于禁，斩庞德，威震华夏。东吴也一直没有放弃对襄阳的争夺，多次进攻襄阳。曹魏黄初七年（226年）八月，诸葛亮的大哥诸葛瑾率军进攻襄阳。曹魏青龙二年（234年），吴将陆逊、诸葛瑾进攻襄阳。曹魏正始二年（241年）四月，吴将朱然、孙伦围攻樊城，诸葛瑾、步骘攻柤中[①]。各方势力对襄阳的争夺突出说明襄阳拥有无与伦比的战略地位。

襄阳与江陵“势同唇齿，无襄阳则江陵受敌”，[②]两城共同构成荆州的战略支点，故蒯越说：“南据江陵，北守襄阳，荆州八郡可传檄而定。”控制了这两个战略要地，控制整个荆州就易如反掌。

刘表被任命为荆州刺史的时候，长江以南贼寇遍地，袁术的军队又驻守鲁阳（今河南省鲁山县），拦住通往首都洛阳的道路，长沙太守苏代、华容县长贝羽拥兵作乱，荆州乱成一团。对刘表来说，这一任命实际上是一纸空文，所拥有的不过是一个堂皇的名号，要真正控制荆州必须进行一番艰苦卓绝的努力。如何才能取得荆州的统治权呢？单人匹马的刘表意识到必须争取荆州地方豪强势力的支持，而荆州的地方豪强也

---

① 柤中，又作沮中，即今襄阳南漳县蛮河流域。

② 萧子显：《南齐书·州郡志下》（卷15），中华书局，1983年版，第273页。

迫切需要一位名正言顺的人物来稳定地方局势，以维护他们的利益。双方可谓相互需要、一拍即合。基于这种认识，刘表并没有直接去荆州治所就职，而是单人匹马来到宜城（今襄阳宜城南），争取荆州地方豪族蒯家、蔡家、庞家的支持。

蒯家的蒯良、蒯越是刘表立足荆州的主要支持者。蒯良、蒯越是中庐（今襄阳南漳境内）名士，是西汉初年著名辩士蒯通的后人，蒯越足智多谋，曾任大将军何进的下属，刘表也曾担任何进的下属，二人原为同僚，很可能早就熟识，这或许是刘表初到荆州就直接来找蒯越的原因。蒯越后来一直是荆州政权的核心成员之一，曾任章陵郡太守，封樊亭侯。

刘表到宜城后，请南郡人蒯越、襄阳人蔡瑁一同商议、讨论稳定荆州的策略。刘表对蒯越说：“同宗族结成的宗族武装很多但大家并不归附，如果被袁术利用，灾难会立刻来临。我想征兵，又担心征不起来，得采用什么计策？”蒯良回答说：“大家不归附，是由于仁不足，大家归附而不能管理好，是由于义不足；如果能行仁义之道，则百姓来归如水向低处流动，还用得着担忧归附者不服管理而要问兴兵之策吗？”刘表又回过头问蒯越，蒯越回答说：“太平时期的管理要以仁义为先，而战乱时期的管理则要以权谋为先。军队不在人数多少，重要的是要得到合适的人才。袁术虽然勇猛却缺乏决断能力，宗族武装的头目大多贪婪，要是派人告诉他们好处，他们必定会立马率领部众过来。您杀掉其中残暴的人，任用其中有才能的人，您的声威和恩德一旦树立，人们就会携妻带子前来投奔。兵众聚集、人民归附，南部占领江陵，北部守住襄阳，荆州所辖八郡只需发一道文书就可平定。袁术即使到来，也无能为力了。”刘表说：“很好。”于是要蒯越派人去招降宗贼首领，把来的十五个人全部杀掉，并且出其不意地袭取他们的部众。只剩江夏的两个贼匪张虎、陈生还率众占据着襄阳城，刘表派蒯越与庞季前去晓谕二人，他们也随之投降。长江以南于是全部平定。①

蒯良、蒯越为刘表策划了平定荆州的战略，他们不主张刘表大动干戈，而希望通过“权谋”铲除反抗的地方宗族武装，打出仁政德治的旗号治理荆州。这样，无须大动干戈，便可达到平定荆州的目的。这实际上为刘表确定了施政方针，规划了割据蓝图，这番对话可称之为“宜城对”。

蔡家的蔡瑁是刘表初到荆州依靠的豪强之一，蔡家是东汉末年襄阳地区最大的豪族，蔡瑁的姑姑嫁给了太尉张温，大姐嫁给了诸葛亮的岳父黄承彦，二姐嫁给了荆州牧刘表。蔡瑁在刘表手下担任江夏、南郡、

---

① 陈寿撰、裴松之注：《三国志·刘表传》注引司马彪《战略》记载：“表初到，单马入宜城，而延中庐人蒯良、蒯越、襄阳人蔡瑁与谋。表曰：‘宗贼甚盛而众不附，袁术因之，祸今至矣！吾欲征兵，恐不集，其策安出？’良曰：‘众不附者，仁不足也，附而不治者，义不足也；苟仁义之道行，百姓归之如水之趋下，何患所至之不从而问兴兵与策乎？’表顾问越，越曰：‘治平者先仁义，治乱者先权谋。兵不在多，在得人也。袁术勇而无断，苏代、贝羽皆武人，不足虑。宗贼帅多贪暴，为下所患。越有所素养者，使示之以利，必以众来。君诛其无道，抚而用之。一州之人，有乐存之心，闻君盛德，必襁负而至矣。兵集众附，南据江陵，北守襄阳，荆州八郡可传檄而定，术等虽至，无能为也。’”中华书局，1959 年版，第 211—212 页。

章陵太守，镇南大将军军师，执掌荆州军政大权。

庞季可能是襄阳庞氏族人。庞氏是襄阳大族，著名人物有名士庞德公、“凤雏”庞统、诸葛亮的二姐夫庞山民等。庞季曾任侍中一职，《水经注·沔水》记载了这样一件事，宜城有一座太山，建安三年（198年）此山发生了山崩，巨大的声响五六十里外都能听到，有人问侍中庞季此事的吉凶。庞季说：“发生山崩，是国土将失的征兆。”建安十三年（208年），曹操果然占领了荆州。[①] 刘表初至荆州时，庞季曾与蒯越一起前往襄阳城，说服占据襄阳城的张虎、陈生归降刘表。

在襄阳豪族的支持下，刘表很快在荆州站稳了脚跟，并逐渐控制了荆州的局势。荆州初定之后，为了巩固已有的地盘，刘表首先对军事力量进行扩充，不仅增加了陆地上的步兵和骑兵的数量，还建立起一支强大的水军。此后，刘表与袁绍结交，初平二年（191年），击败孙坚（孙策、孙权之父）的进攻，并在襄阳城外的岘山射杀了孙坚；建安元年（196年），接纳骠骑将军张济的部下，招降张济的侄子张绣，让他屯驻在宛城（今河南省南阳市），作为荆州北面的屏障；建安三年（198年），全力镇压了长沙太守张羡的叛乱；凭借着赫赫威名和朝廷之命，加之招诱有方，很快平定了荆州，使荆州成为“南接五岭，北据汉川，地方数千里，带甲十余万”的乱世宁州，此后直至建安十三年（208年）刘表去世，刘表在荆州前后统治近二十年。当时的东汉朝廷早已名存实亡，荆州事实上成为一个地方割据政权。

---

① 郦道元注，杨守敬、熊会贞疏：《水经注疏·沔水中》（卷28），江苏古籍出版社，1989年版，第2399页。

荆州基本平定之后，鉴于襄阳优越的地理位置、便利的南北交通、险要的地形，肥沃的土地，又有当地豪族的支持，刘表毅然把荆州的治所从南郡江陵迁到了襄阳，[①] 建立了初步的立足之地。当时荆州最大的威胁是占据着南阳的袁术，刘表亟须加强北部的防守。为此，刘表将荆州治所迁到襄阳这一军事前沿，采取积极的攻防态势。此外，襄阳毗邻中原，靠近战乱的北方，邻近襄阳的关中、兖州、豫州等地有大批人才为躲避战乱来到这里，使得襄阳成为荆州人才最盛的地方，将荆州治所放在襄阳有利于刘表招揽人才。

襄阳县初设于汉武帝元鼎元年（前 116）至汉成帝元延年间（前 12 年—前 9 年），[②] 隶属于南郡，其前身是春秋时期楚国的北津戍，汉代的襄阳城在今襄阳城的西南方向，紧邻襄水（今称南渠），因位于襄水之北而得名。在刘表迁荆州治所于襄阳之前，襄阳只是南郡边境上的一座普通县城，辖地很小，西面只到万山，过了万山就是南阳郡邓县的地盘，东、北二面止于汉水，南面至于襄南群山南麓附近。襄阳自西汉建县以来，已有近三百年，一直籍籍无名，直到刘表将荆州治所迁到这里，襄阳城的命运才迎来了历史性的巨变。

刘表将荆州治所迁到襄阳是襄阳历史上影响深远的一件大事，从此，襄阳从南郡的一个边境小县一跃而成为大荆州的政治、经济、军事、文化中心，统辖着包含今湖北、湖南两省大部分及河南、贵州、广

---

① 荆州本治武陵汉寿（今湖南常德），王睿治荆州时迁到南郡江陵（今湖北荆州），参见叶植《略论汉末襄阳冠盖里》，载《中国魏晋南北朝史学会第十届年会暨国际学术研讨会论文集》，北岳文艺出版社，2012 年版，第 376—385 页。

② 叶植:《襄阳城变迁考辨》,《江汉考古》，2018 年第 4 期。

东、广西等部分的广大地域，为荆州的安定繁荣和此后襄阳城的千年辉煌奠定了坚实基础，后世常称襄阳为“天下重地”，这一地位实际就始于此。曹操取荆州后，又分南郡北部设置襄阳郡，从此襄阳成为历代州、郡、府的治所，此后直到宋代的千余年时间里，襄阳绝大部分时间都作为地方一级政区的首府（类似于如今的省会）。追根溯源，刘表之于襄阳功莫大焉，堪称“襄阳城之父”。建安十三年（208 年）刘表病逝，葬于襄阳东门外，西晋太康年间（280—289 年）其墓曾遭到盗掘，[①]1994 年襄阳市考古研究所在襄阳城内东街发掘了一座大型墓葬，该墓正是荆州牧刘表之墓。[②]

经济基础决定上层建筑，发展经济是地方稳定的前提。东汉以来的二百年间，荆州地区长期处于较为安定的社会环境之中，社会生产有了明显发展。根据顺帝永和五年（140 年）的人口统计结果，荆州有近一百四十万户，六百多万人口，[③]到了东汉末年，荆州的人口应该更多。在社会经济发展的基础上，荆襄地区也培育出了一批地方大族，据史料记载，襄阳地区的地方大族主要有蔡氏、蒯氏、习氏、黄氏、庞氏、马氏、向氏、杨氏等等。他们世代为官，广占田园，拥有雄厚的政治、经济势力。当时从岘山以南到宜城之间的广大地区，是荆襄高官大族的聚居区，仅仅刺史、郡守级别的高官就有数十人，这里高屋广厦、雕梁画栋，因此被称为“冠盖里”。

---

① 郦道元注，陈桥驿校：《水经注校证》，中华书局，2007 年版，第 663 页。

② 襄阳市博物馆：《湖北襄阳城内三国时期的多室墓清理报告》，《江汉考古》，1995 年第 3 期；襄阳市文物考古研究所：《襄阳城东街汉晋墓地发掘报告》，《襄樊考古文集（第一期）》，科学出版社，2007 年版，第 268—298 页；叶植：《刘表墓补正》，《华夏考古》，2014 年第 1 期。

③ 司马彪：《续汉书·郡国志第二十二》，中华书局，1965 年版，第 3476—3485 页。

刘表行仁义、收民心的政策，维持了荆州境内的和平安定，为襄阳的经济发展提供了良好环境。此时，北方大批的流民涌入荆州，据记载，仅关中地区就有十余万家流民涌入荆州，豫州、兖州等地同样饱受战乱之苦，流入荆州的流民也不会少。当时荆州地广人稀，丘陵山区远没有得到开发，大批流民的涌入，不仅带来了大量的劳动力，也带来了北方先进的生产技术。刘表对北方流民采取了安抚政策，组织他们开辟荒地。对有技术的手工业者，根据不同行业组织生产，促进了荆州地区经济的快速发展和社会风貌的巨大改变，使荆州成为“沃野万里，士民殷富”的乱世宁州，保持繁荣富裕近二十年之久。对比一下当时北方地区经济的凋敝，更可见当时荆州经济的兴盛。长期的军阀混战，造成北方人口锐减，一片破败，就连东汉的都城洛阳都是一片“树木成林”的荒凉景象，长安附近也因战争而“无复人迹”。黄河流域到处是一片“千里无人烟”“白骨蔽平原”的悲惨景象。人口的锐减造成生产力的极度低下，缺乏粮食成为普遍现象。袁绍占据黄河以北时，军队依靠吃桑果果腹。袁术在江淮一带时，军队靠吃嫩蒲、田螺等为生。军队尚且没有粮食吃，平民的生活状况更可想而知。对比之下更显出荆州的富庶繁荣，就像乱世荒漠中的一片绿洲，庇护了大量的北方流民。

经济的繁荣、社会的安定是诸葛亮成长、成才的前提和基础。大量流民带来了北方的先进生产技术和生产工具，这客观上为诸葛亮躬耕隆中期间学习农学、潜心钻研机械原理创造了条件，后来他改进连弩、制作木牛流马的机械知识与躬耕隆中期间的生产实践是分不开的。

“仓廪实而知礼节”，有了坚实的经济基础，又有安定的社会环境，就有了发展文化的物质条件。刘表本人是具有一定影响力的著名士人，这就吸引了数以千计的北方士人纷纷涌入荆州避难，为文化发展提供了人才基础。刘表自幼在大儒王畅门下学习儒家经典，儒学传统继承深厚，因而他对文化教育特别重视。荆州二十年的和平与稳定，为人才的培养提供了有利条件。在荆州安定之后，刘表便利用前来襄阳避乱的北方士人数量众多的优势，创建州立官学，加强儒家思想的教化，以稳定人心、培养人才。对于各种士人，刘表尽其所能尽量给予恰当安置，为他们创造安心做学问的环境，对其中的饱学之士更是倚重，鼓励他们进行学术研究，刘表还搜集、整理了大批文化典籍，他广泛搜求书籍，命人抄写之后，把抄本还给主人，而把旧本留下，从而保存、搜集、整理了大批的文化典籍，一度造成荆州地区的文化繁荣，形成了中国学术史上承前启后的“荆州学派”。

刘表集合众多学者的力量，对《易》《尚书》《诗》《礼》《春秋》五经删繁就简，主持编撰了全新的经学教材《五经章句后定》，《五经章句后定》打破了门户之见，广泛地吸纳了各种流派的学术成果，代表了两汉经学的最高水准，流行了几百年，直到隋唐时期仍是儒家教育的经典教材。《五经章句后定》第一次将古文经学列为官方教材，为学校提供了一套简明实用的教材，使生徒能够在短时间内通晓经义，发扬了简明求实、经世致用的学风，对诸葛亮“观其大略”的读书方法和经世致用的学风产生了深远的影响。荆州官学的创办，不仅结束了两汉以来今文经学的垄断局面，繁荣了学术文化，使汉末学术中心由洛阳南移到襄阳，而且培养了很多经世致用的人才。荆州学派的很多成员后来成为曹魏、蜀汉、孙吴三国政权中的骨干，如曹魏政权中的刘廙、傅巽、徐庶等，孙吴政权中的潘浚等，尤其是对于蜀汉政权来说更为明显，大批当地豪族世家子弟和外地寓居士子脱颖而出，诸葛亮、庞统、徐庶、马良、向宠、习祯、尹默、潘浚等得以成才。

在刘表占据荆州期间，中原地区越来越混乱。当时的天下，“家家欲为公侯，人人欲为帝王”，刘表虽然割据一方，但他坚持正统，维护汉室，这在汉末群雄中是极为少见的。他恪守臣道，在态度上尊奉汉献帝，不参加军阀混战。尽管东汉朝廷已经名存实亡，刘表仍然坚持“不失贡职”，这在当时是难能可贵的。兴平元年（194 年），汉献帝要从长安返回洛阳，派遣卫将军董承先行回洛阳修复遭毁坏的宫室，太仆赵岐向董承提出向刘表寻求援助，刘表于是派兵到洛阳帮助修理宫室，还提供了大量的物资，[①] 刘表以自己的实际行动维护汉室正统，这不能不对荆州士民的思想倾向产生示范效应。

刘表兴办学校，以儒家思想进行维护汉室的正统教育，从思想上武装了荆州士民的头脑。联合袁绍、严惩韩嵩表明了他坚定抗曹，不向曹操妥协的态度和决心。当曹操南下、刘琮投降时，荆州朝野多数吏民并没有选择归附曹操，而是选择追随刘备南下，这里面固然有恐惧于被嗜杀的曹军屠杀的客观原因，但主要还应该是刘表长期推行儒家正统文化教育的结果。这种儒家正统文化教育强化了荆州士人的国家认同感，使他们比其他地区的士人更加“心存汉室”，这在诸葛亮和一大批青年才俊身上都有直接明显的反映。但同时，他们也清醒地认识到刘表并不是兴复汉室的合适人选，于是当有着兴复汉室雄心的刘备来到荆州后，越来越多的荆州豪杰选择了归附刘备，刘备很快与荆州当地人才结合起

---

① 范晔：《后汉书 • 赵岐传》（卷 64），中华书局，1965 年版，第 2124 页。

来，使荆州的政治进入一个新的历史时期。当曹操南征荆州、刘备不得不逃离襄阳地区时，荆襄地区的士人大多选择了追随刘备，刘备的事业从此有了转机。赤壁之战后，荆州被曹操、孙权、刘备三方瓜分，但荆州士人绝大部分归附了刘备，后来这一大批有政治信念的青年人又追随刘备入蜀，成为蜀汉政权能够建立与稳定的重要政治基础。可以说，刘表培育的一大批深受儒家正统思想熏陶的荆襄青年才俊成就了刘备和蜀汉政权。

刘表统治荆州，奉行儒家德政，推行仁义。刘表严于律己，政治较为清明，没有显著的扰民暴政。刘表还拥有“宽和爱士”的美誉，且死时家无余财，在汉末乱世，一个地方官做到这个程度已属难能可贵了。刘表的清正廉洁给年轻的荆襄才俊们以良好的示范，后来，这一批荆襄才俊走上政治舞台，他们大多保持了清正廉洁的作风，尤以诸葛亮为其中翘楚，这不能不说是刘表留给襄阳的一大笔政治财富。

刘表使荆州在当时天下分裂、军阀混战的形势下，成为少有的文化繁荣、经济发展、社会稳定的地区。因此，从治理荆州的成果来看，刘表是一位治理有方的优秀地方官，他对荆州、对襄阳的历史贡献是不容抹杀的。刘表不是那个时代的枭雄，坐拥强大的资源却屡失争夺天下的机会，成为常被世人轻视甚至讥讽的对象，这也导致他在历史上的评价偏低。但刘表在荆州聚集和培养了一大批人才，这批人才是引起建安局势剧变、三国局面形成最重要的一支新生政治力量，更是蜀汉政权得以建立的人才基础。

刘表在汉末割据的诸侯之中是个非常特殊的人物，无论是身份、学识、声誉、经历及结局，都与其他诸侯不尽相同。论出身，他属于皇族；论学识，他是大儒王畅的弟子；论声誉，他名列“八俊”，是党人的领袖之一；论经历，他单人独骑就控制了荆州八郡；论结局，他没有像大多数割据诸侯那样死于非命。刘表统治四战之地的荆州近二十年，不但让荆州免遭战火蹂躏，而且吸引了大批难民和士人的涌入，对荆州政治、经济、文化的发展发挥了重要作用。刘表及其政治军事集团的发生、发展，无论是对于汉末诸侯争霸的局势，还是之后三国鼎立局面的产生，都具有不可低估的影响。尤其是对于诸葛亮，刘表的影响就更大了。可以说，没有刘表治下的襄阳安定的社会环境、浓郁的学术氛围，就没有诸葛亮的成长、成才，更可以说，刘表在荆州十九年的政绩成就了诸葛亮，襄阳是诸葛亮世界观形成和政治思想的孕育之地，是他成才的地方，是他走上政治生涯的起点。[①]

---

① 王奎、余鹏飞：《浅论刘表与诸葛亮》，《襄樊学院学报》，2009 年第 1 期。

第三章　出山之前的潜心蛰伏

在家乡陷入战乱之后，十几岁的诸葛亮不得不南下避难，一系列的因缘际会，诸葛亮来到了富庶安定的荆州首府襄阳，从此开始了人生新的阶段。诸葛亮在襄阳寓居了十余年，其中有十年是在襄阳城西的隆中度过的。十余年里，诸葛亮潜心读书，静心思考，广交益友，吟啸待时，耐心地等待着大展宏图的机会。

一、寓居襄阳的因缘际会

在诸葛亮大约两三岁时，他的生母不幸去世了，尚在幼年的诸葛亮从此失去了母爱的滋养，更为不幸的是，七八岁时父亲也去世了，姐弟几人孤苦无依，叔父诸葛玄毅然挑起了抚养侄子、侄女的重担。

家庭的变故一波未平，社会的动乱一波又起。汉灵帝中平元年

（184年），诸葛亮四岁的时候，黄巾起义爆发，战乱不休，社会动荡不安，动摇了东汉王朝的统治根基。黄巾之乱平定以后，各地诸侯又纷纷割据一方，拥兵自重，相互攻伐，致使东汉王朝四分五裂，名存实亡。无休止的战乱和黑暗政治使广大人民家破人亡，被迫背井离乡，流离失所，处于水深火热之中。

诸葛亮的家乡徐州原本是较为安定富庶的地区，黄巾起义时，徐州不是主要战场，受到的波动较小。董卓之乱时，徐州刺史陶谦保境安民，没有卷入战乱，因为徐州比较安定，很多流民甚至跑到徐州避乱。曾任太尉的曹操之父曹嵩就因中原战乱，带着家室和次子曹德到诸葛亮的家乡琅琊避难。然而好景不长，一次意外的劫杀打破了徐州的平静。初平四年（193年）夏，曹操已占领兖州为根据地，他派泰山太守应劭到琅琊接父亲曹嵩来兖州团聚，徐州刺史陶谦不敢怠慢，派都尉张闿领兵护送，不料张闿见财起意，见曹嵩财物众多，顿生贼心，在半路上将曹嵩和曹操的弟弟曹德杀掉，卷走其携带的全部家财。曹操闻讯后大怒，为报其父曹嵩、其弟曹德被杀之仇，率部攻打徐州牧陶谦，并迁怒于徐州百姓，在泗水边杀害无辜百姓数十万人，尸体多得堵塞了河水，接着攻下取虑、睢陵、夏丘三县，将百姓全部杀害，鸡犬不留。兴平元年（194年）四月，曹操再次发兵攻打陶谦，这一次战火波及诸葛亮的家乡琅琊地区，公孙瓒派刘备率领关羽、张飞帮助陶谦抵御曹操。曹操对徐州的野蛮屠杀几乎把徐州地区变为无人区，幸存的琅琊民众在曹军铁蹄蹂躏下难以生存，只好大量逃亡外地避难，诸葛玄感受到了战乱的威胁，急欲离开动乱的徐州以避战火，恰在此时，诸葛玄接到了袁术的任命，请他担任豫章郡太守，诸葛玄于是带着诸葛亮姐弟四人离开了家乡。有人认为，诸葛玄先是携侄子侄女到达豫章上任，而后于兴平二年（195 年）派人护送侄子侄女到荆州，为他们提供了安定的栖息之地。[①]当然，诸葛玄也有可能先把侄子侄女托付刘表关照，然后才去豫章上任的，一来当时天下大乱，路途并不宁静，诸葛玄带着一群晚辈长途跋涉并不安全，而当时的荆州和平安宁，是诸葛亮姐弟理想的托身之地。二来诸葛亮姐弟到达襄阳后不久，大姐、二姐先后嫁给襄阳豪族蒯家、庞家，这两桩婚事应该是他们的叔父诸葛玄操持的，作为长辈，只有他方便操持侄女们的婚事。基于以上两点理由，我们推测诸葛玄先把侄子侄女们送到荆州，托刘表关照，在主持了两位侄女的婚事、安排好两位侄儿的生活后，才赴豫章上任，时在献帝兴平元年（194 年），此后诸葛亮姐弟四人就开始了在襄阳的生活。

曹操对徐州的野蛮屠杀是导致诸葛氏家族南渡的直接诱因，曹操的残暴也给少年诸葛亮留下了极为恶劣的第一印象，对以后诸葛亮的政治倾向和择主选择必有较大影响，曹操的滥杀无辜基本上断绝了诸葛亮与曹操合作的可能。十多年后，已经成年的诸葛亮，在他的好友孟公威想返回北方效力于曹操时，曾委婉地劝道："大丈夫要出人头地，不一定非要在故乡才能实现。"[②]这曲折地表现出他的择主倾向。对于刘备，少年诸葛亮大概也有了一些朦胧的认识，这位帮助陶谦抵御曹操的人物，应该是一位仁人志士吧。曹操对徐州的屠戮还间接促成了诸葛亮与襄阳的因缘际会。本来诸葛亮的家乡琅琊与襄阳远隔千里，若无异常情况，

---

① 梁满仓:《诸葛玄死于西城考》,《湖北文理学院学报》, 2013 年第 9 期。

② 陈寿撰，裴松之注:《三国志·诸葛亮传》注引《魏略》, 中华书局,1959 年版，第 912 页。

诸葛亮此生应该不会与襄阳有何瓜葛，但一系列历史事件的发生，促成了诸葛亮与襄阳的千古奇缘。首先是一件偶然事件的发生，曹操之父曹嵩为张闿劫杀，引发了曹操对徐州的屠戮，引起徐州的动乱，诸葛玄只好带领诸葛亮等侄辈离开琅琊避难，其次是诸葛玄与荆州牧刘表有旧交，而且当时的襄阳和平安宁，所以诸葛玄才带着诸葛亮姐弟四人来到襄阳。可以说，正是曹操的复仇推动了诸葛亮离开家乡，而刘表治下的襄阳则吸引了诸葛玄前来，这一系列偶然事件的发生，最终促成诸葛亮与襄阳的因缘际会。诸葛亮从十四岁（194年）来到襄阳，到二十八岁（208年）离开襄阳，前后在襄阳十余年，这十余年正是诸葛亮青少年的人生黄金时期，可以说，山东琅琊是诸葛亮出生和早期成长的地方，而襄阳则养育了诸葛亮，襄阳是诸葛亮无可争议的第二故乡。

襄阳对于诸葛亮来说有着非同一般的意义。

襄阳为诸葛亮提供了一个安定的安身立命之所，在襄阳他开阔了眼界，增长了见识。在北方战乱频仍的背景下，假如诸葛亮留在家乡，或许“苟全性命于乱世”尚且不能，更谈不上以后的发展了。襄阳还为诸葛亮的成才提供了良好环境，这里名士云集，对青少年时代的诸葛亮来说，这是一个名师云集的好环境，有助于他开阔眼界、增长学识。襄阳还聚集了一大批青年才俊，诸葛亮寓居隆中期间与他们一起游学，来往密切，在这种交往中，他们彼此直抒已见，直陈时弊，交流对历史和时事的看法。荆州求学期间，在诸葛亮与他的好友之间，发生了一番颇有趣味的对话，诸葛亮说：“元直（徐庶）、公威（孟建）、广元（石韬），你们三人，将来可以做到郡守、刺史一级。”三人就问了：“那你呢？”

诸葛亮却只是笑了笑，并未直接回答。[①] 后来三人成就果然如诸葛亮所言，而诸葛亮本人则远超其上。所谓“独学而无友，则孤陋而寡闻”，聚集在襄阳的一大批青年才俊无疑拓宽了诸葛亮的视野，互相激励斗志，也有助于他弥补自身不足，不断完善自己。

襄阳独特的学术环境直接促成了诸葛亮的成才。这里有必要简单回顾一下两汉的学术史。两汉时期，占据官方经学主导地位的是以董仲舒等人学说为代表的今文经学，董仲舒吸收道家、阴阳家、墨家、名家、法家的思想重构了儒家的思想体系，经过董仲舒的改造，今文经学已不单是儒家一家的思想学说，而是在儒家学说的基础上吸纳了战国以来诸子百家的精华，这就使今文经学思想极为庞杂。此外，今文经学还局限于解释篇章字句，加之融入谶纬[②]、灾异等学说，日益背离经文的本义，逐步走向繁缛与虚妄。

东汉中期以后，各种社会矛盾逐渐凸显，如兼并势力的发展，外戚、宦官的轮流专权，选举制度的日趋腐朽，农民起义的不断发生等，在这种时代背景下，作为统治思想的儒学和谶纬，既不能解决国家政治活动中的种种现实问题，又不能解决人们对于生命更深层的探讨和关怀，再也不能承担起士大夫精神支柱的重担，逐渐被一些有识之士所抛弃，他们转而追求博学。如西汉著名的辞赋家扬雄就是道家思想的继承和发展者，他爱好《易经》，曾撰《太玄》，以源于老子之道的“玄”为

---

① 陈寿撰，裴松之注:《三国志·诸葛亮传》注引《魏略》，中华书局，1959 年版，第 911 页。

② 谶纬是“谶”与“纬”的合称，是两汉时期一种把经学神学化的儒家学说。“谶”是巫师、方士编造的预言吉凶的隐语、预言，向人们昭示未来的吉凶祸福、治乱兴衰。“纬”即纬书，是汉代儒生假托古代圣人制造的依附于“经”的各种著作，以迷信方术、预言附会儒家经典。谶纬之学是东汉统治思想的重要组成部分，谶纬与经学的结合，推动了汉代经学的神学化。

中心思想探索事物的发展规律。无神论者王充也喜好道家学说，他主张生死自然、提倡薄葬，以事实验证言论，弥补了道家空说无着的缺陷，是汉代道家的重要传承者与发展者。经学大师马融不仅学问精深，而且行事旷达，他常常端坐高堂之上，堂前是生徒们的教室，堂后竟然演奏着歌舞，这种不合礼教的行为，暗示着东汉中后期的社会思潮已经由经学向玄学转变。这种追求博学的风气正好越过正统经典的藩篱，给处在边缘的老庄思想的卷土重来提供了契机，儒学独尊的一元文化格局日益遭到破坏，道家、名家、法家、兵家等思想相继复兴，思想文化呈现出多元发展的局面。士人们放弃了皓首穷经的治学之路，他们不再满足于空洞的说教，而是希望以渊博的学识来培养解决实际问题的能力，导致当时学术界出现了综合各家学说、汲取各派之长，注重学以致用的变化，这种变化被荆州学派延续和发展。

荆州地处南北文化的交汇之处，特别是荆州的治所襄阳，与中原文化联系密切，具有明显的南北文化融合的特征。荆州牧刘表在襄阳搜集图籍，充实藏书，建立学校，招揽名儒，同时集合儒生开展学术研究，改定五经章句。诸多文化事业的开展，促进了荆州学术文化的发展，促成了荆州学派的形成。荆州学派一改今文经学的繁缛学风，注重经世致用，这种兼容并包、经世致用的学风，营造了东汉后期襄阳良好的人文氛围。张衡、马融开新学风于先，宋忠、司马徽紧随其后，一股新学的风气在襄阳地区蔚然兴起，此时身在襄阳“游学”的诸葛亮必然受到荆州学风的影响，因而具有了学兼百家的学养和文化思维，思想上他兼容并包、博采众长，行为上他隐居山林，而又心怀天下，读书方法上“观其大略”，注重经世致用，这些学养和思维最终成就了诸葛亮的旷世奇才。

两汉时期，随着天下一统，社会太平，统治者认识到地方教育教化百姓、维护统治的重要性，于是大力兴办教育。西汉政府曾三次下达兴建地方官学的命令，第一次在汉武帝时，第二次在汉元帝时，第三次在汉平帝时，经过西汉政府的大力倡导，地方官学得到迅速发展，从郡县到乡里，官学普遍建立了起来。东汉时期继承了西汉兴学重教的政策，也十分注重学校的建设。不仅地方郡国学的设立比较普遍，县学也开始广泛设立起来。班固《两都赋》“四海之内，学校如林，庠序盈门”的句子，描述的就是地方教育的发展盛况。东汉末年，州由原来的监察机构逐渐演变为一级行政区，一些州又建立了州学，典型代表就是刘表治理下的荆州。荆州官学规模很大，仅讲授的儒士就有三百多人，而就学的生徒则达千余人，远远地超出了地方官学的办学规模，可以说，“荆州学校的规模和制度远远逸出郡国学的范畴，不妨说是洛阳太学的南迁。”“数以千计的学士聚集于荆州，使荆州代替洛阳成为全国的学术中心。”[①]

荆州不仅有官学，私学也很发达，早在刘表建立荆州官学之前，著名学者宋忠、司马徽就在荆州各自广收学生。如潘濬二十一岁时就拜宋忠为师，不到三十岁即被荆州牧刘表任命为江夏从事[②]。襄阳人向朗年少时就拜司马徽为师，与徐庶、庞统等人关系都很亲近。益州梓潼郡涪县（今四川省绵阳市）人尹默曾远游至荆州，跟从司马徽、宋忠学习古文

---

① 唐长孺：《汉末学术中心的南移与荆州学派》，《山居存稿续编》，中华书局，2011 年版，第 158—159 页。

② 从事，官职名称，汉代州郡长官的僚属。

经学。与尹默同县的李仁也曾游学荆州，跟随司马徽、宋忠等学习。荆州地区浓厚的教育氛围，为诸葛亮的成长营造了良好环境。

襄阳为诸葛亮了解天下形势提供了充足的信息。襄阳地理位置优越，地处水陆交通线的交汇点，是水陆交通的要害之地。四通八达的交通汇集着四方的人流，也汇集了四方的信息，天下发生了什么大事，消息很快就能传到这里，襄阳成为天下信息的交汇之地，这有利于诸葛亮综合各方面信息，对天下形势的发展做出判断。

襄阳是诸葛亮与刘备君臣遇合，走上政治舞台的地方。诸葛亮躬耕隆中期间，把自己比作管仲、乐毅，说明他有出将入相的追求，刘备的出现正好为他提供了施展才华的政治舞台。

刘备是汉景帝儿子中山靖王刘胜的后代，其家族世代任职于州郡，祖父刘雄举孝廉，官至东郡范县县令，刘备本人又能求学于大儒门下，这说明刘备家族虽然不甚显贵，但也有一定的社会地位。然而父亲刘弘的去世导致家道陡然中落，刘备不得不自食其力，与母亲以织席贩履为生，过着普通的平民生活。

刘备在遇到诸葛亮之前，走过了一条曲折复杂的道路。在汉末军阀里，很少有人有刘备这样的经历。他少年时代曾随大儒卢植读书，后来又投到当时一代宗师郑玄门下为徒，这段经历和客观环境的影响，使得刘备身上沾染了一丝儒家的气息。前期的刘备，虽然奋斗了十几年，却几乎没什么成就，自起兵以来，他始终没有自己的地盘，军队人数也少得可怜，这使得他没有实力在北方立足，他两次得到徐州，又两次失去徐州，先后投奔过公孙瓒、曹操、袁绍、刘表等，长期寄人篱下、颠沛流离。刘备前期并不太重视知识分子，他不知道坐天下需要知识分子，打天下更需要知识分子，因而空有一腔报国之志，却苦于报国无门。这是因为他本身也读过《史记》《汉书》和《商君书》《韩非子》等经典，有一定的文化，这在当时铁马金戈的乱世，固然已经难能可贵了，但却也助长了他良好的自我感觉，更加迷信于凭借自己的文韬和部下的武略足以平定天下。刘备集团的核心人物起初主要是屈指可数的几个出身低微的武夫，当时有文化素养的智谋之士则多聚集于袁绍、曹操的麾下，而不屑于加入刘备集团。故而刘备在投奔刘表时，部属中只有几个勤恳办事的普通儒生，缺少运筹帷幄的杰出谋士。可以说，来到荆州之前的刘备对于举贤任能的重要性还缺乏理性的认识。从建安六年（201 年）到建安十二年（207 年），刘备寄居新野达六年之久，在他辗转奔走的前半生中，这是时间最长的一个相对安定的时期，这给了刘备一个自我反思的时间，刘备初见诸葛亮时曾诚恳地说："我没有什么智谋和本事，所以才落得今日的下场。"可见寄寓荆州的数年间，刘备对自己屡战屡败的经历有过一番痛苦的反思，真正彻悟了招贤用贤之要，终于认识到有真才实学的知识分子对于夺取、治理天下的重要性，从而开始了真正自觉的求贤访贤之路。徐庶前来投靠，他立即倍加器重，司马徽隐居不出，他主动前去拜访，司马徽、徐庶不约而同地向他推荐了诸葛亮，他立即不辞劳苦，三顾诸葛亮于草庐之中，最终依靠诸葛亮和刘表培养的一大批荆襄才俊得以崛起，成就一番帝业。刘备来到荆州之后，一反常态，显示出对智谋之士的极度重视，某种程度上还是向刘表学习的结果，在荆州六年相对平静的生活，刘备从刘表处学到了重视人才和管理政府的才能。刘表初步平定荆州之后，除了依靠当地大族之外，还注意吸收本地和外来名士参与政权，借此来扩大统治基础。他的幕僚主要是荆州名士，为了劝襄阳名士庞德公出山，刘表甚至亲自到其家中拜访，非常有诚意的进行邀请。刘表爱才若渴的做法，赢得了荆州地方大族的支持，逐步稳固了荆州政权，这些做法很可能引起寄居荆州的刘备的效仿。

“三顾”之前的诸葛亮，年纪轻轻，又没有什么从政经验。而此时的刘备尽管不得志，却曾拥有过左将军、宜城亭侯、豫州牧的重要身份，已是名满天下的英雄，而且比诸葛亮整整大了二十岁，从年龄上说算得上是诸葛亮的长辈，他为什么要不辞辛苦，一次又一次地前往隆中拜访诸葛亮呢？除了他相信司马徽的介绍和徐庶的推荐，看重诸葛亮的才学之外，刘备的屈尊“三顾”，在于他想通过这种行为示范于众，塑造自己求贤若渴、礼贤下士的形象，进而吸引荆州知识分子加盟，弥补自己以往的缺憾。“三顾茅庐”是一种姿态，宣告了刘备用人策略的巨大转变。

但当时的刘备寄居新野，本已受到刘表的猜疑，不便公开招摇寻访贤才，反客为主，这样必然遭到刘表和荆州权贵的猜忌，而选择诸葛亮却可避嫌，而且还能得到在野地主势力认同。诸葛亮被刘备认定为理想人选是由于他有特殊的身份。诸葛亮与荆州在朝、在野两大势力都有关系，在荆州地主集团中有着特殊的地位。诸葛亮的妻子是当地名士黄承彦之女，岳母蔡氏与刘表的后妻是同胞姐妹。蔡氏是荆州势力最大的显赫家族，蔡氏家族的首领蔡瑁是诸葛亮妻子的亲舅父，为刘表所倚重。从这层亲戚关系来看，诸葛亮与刘表、蔡瑁、刘琮的关系应是较为密切的。另外，不受刘表喜爱的刘表长子刘琦对诸葛亮也非常看重。因此，诸葛亮在荆州集团的上层人物中可以说是左右逢源。刘备之所以不辞劳苦三顾茅庐请其出山，在很大程度上是看中了他在荆州地主集团中的特殊地位和他所能发挥的作用。诸葛亮便于周旋于刘表和荆州土著大族之间，联络彼此情感，为刘备争取荆州地主集团的支持。当刘备请出诸葛亮时，实际上已经获得了荆州豪族支持的可能。而且诸葛亮与荆襄地区知识界有广泛联系，在当地的知识分子圈中有一定的知名度，但影响又不是很大。对其“自比管、乐”，当时的人大都并不认同，只有他的几个知心朋友深以为然，认为这种比拟并不为过，这说明荆州集团的当权者并未认识到诸葛亮的经世治国之才，这样，寻访诸葛亮又不会引起荆州当权者的警觉，也不会因为暴露“枭雄”之志而惹来祸端。

“三顾茅庐”为刘备在荆襄知识分子中树立起了礼贤下士的好名声，这种好名声改变了刘备的命运，刘备的事业从此时来运转、蒸蒸日上。建安十三年（208 年），曹操大举南征荆州，刘表次子刘琮选择了投降，刘备已经和曹操撕破了脸，他只好离开樊城向江陵退走，此时，避居荆州的士人及原刘表政权的官员面临着多种选择，他们有的选择了曹操集团，有的选择了孙吴集团，但大部分选择了刘备集团，这使刘备的势力开始雄厚起来。这些人选择依附刘备，或因其皇族身份，或因其以诚待人的个性，但“三顾茅庐”的表率作用不容忽视。

诸葛亮在襄阳娶了襄阳名士黄承彦之女为妻，成为襄阳的女婿。家庭的组建对于孤苦无依的诸葛亮来说有着非同寻常的意义，他感受到了家庭的温暖，也拥有了一位贤内助，对于他事业的成功帮助巨大。加之两位姐姐嫁入襄阳豪族庞家、蒯家，他在襄阳有了一张强大的姻亲关系网，获得了一定的政治资源，这一点后面我们还要详述。

二、十年躬耕的隐居待时

建安二年（197 年），不幸的消息传来，叔父诸葛玄去世了，尽管此时的诸葛亮尚未成年，又与荆州牧刘表、荆襄豪族蒯家和庞家都有亲戚关系，但他却既没有选择托庇于权贵，也没有选择依附于名门，而是毅然和弟弟诸葛均来到襄阳城西的隆中隐居，一面学习，一面躬耕，这一住就是十年。直到建安十二年（207 年）刘备三顾茅庐，诸葛亮才走出隆中的山林。

诸葛亮之所以选择隆中作为隐居地，也是有所考虑的。当时的襄阳城南是所谓的“冠盖里”，是高官大族的聚居区，诸葛亮不愿去凑热闹。隆中位于襄阳城西，距离襄阳城不到二十里，这里林泉幽邃，蔚然深秀，正是一个适合安静读书的地方。这里距离襄阳城不太近也不太远，既可以躲避闹市的喧嚣，又便于去襄阳游学交友，选择这里充分显示了诸葛亮的独到眼光。诸葛亮在这里躬耕、吟啸、读书、交友，将卧龙之姿隐藏在深深的林莽之中，以隆中的灵山秀水陶冶精神，待时而出。

隆中山属于大巴山的余脉，山势一路蜿蜒而来，至此隆然中起，形成蟠龙之势，山峦叠翠，溪水潺流，一派田园风光。对于隆中的隐居环境，历代过往人士都赞誉有加。最早记录“亮家于南阳之邓县，在襄阳城西二十里，号曰隆中”的东晋史学家习凿齿，在《诸葛武侯宅铭》中就首先有这样的描述：“自昔爰止，于焉龙盘。躬耕西亩，永啸东峦，迹逸中林，神凝岩端。”明代，罗贯中的神来之笔“山不高而秀雅，水不深而澄清，地不广而平坦，林不大而茂盛，猿鹤相亲，松篁交翠”读来更令人心旷神怡。明代“公安三袁”之一的袁中道拜谒诸葛亮故居时，对隆中的地望进行了精彩的分析 :“不出户，而山中所宜有者皆备。极邃极广，极清极腴，孔明择而居之，可谓神眼，可见隐才。”他认为，诸葛亮把隆中作为隐居之所，是非常具有独到眼光的。

在隐居隆中的漫长十年里，诸葛亮“积学明志，心怀天下”，他不时拜访庞德公、司马徽等名士，倾心结交崔州平、徐元直等好友。一边博采诸家知识，增长治世才干，一边观察天下大势，思考治世方略。天长日久，日积月累，终成一代伟器，得到师友们的高度评价，荆州名士领袖庞德公率先称赞诸葛亮为“卧龙”，可谓实至名归。

诸葛亮在叔父去世后，凭借叔父和刘表的交情，凭着两个姐姐夫家的关照，他倒也不至于沦落到亲自耕种以糊口的地步，但他却毅然选择了和弟弟诸葛均一起到襄阳城西的隆中过躬耕苦读的生活，他为什么做出这样的选择？应该说一方面诸葛亮不愿寄人篱下，另一方面是受到儒家文化“穷则独善其身，达则兼济天下”的影响，诸葛亮自小受到儒家文化的熏陶，儒家主张“隐居以求其志，行逸以达其道”，应该说，诸葛亮在叔父去世后寓居隆中的选择多少受到了儒家文化的影响。此外，他所敬重的庞德公、司马徽的隐逸生活也间接地影响了他的选择。当然，也不排除寓居隆中是诸葛亮亲友们的苦心安排，隆中水美田良，足以过上田园牧歌式的小康生活，当时襄阳的豪门名士似乎并不流行居于城内，如庞德公、司马徽、徐庶、崔钧等人都是住在襄阳城外，就连襄阳最大的豪族蔡瑁的家也在襄阳城外汉水中的沙洲上。[①] 以此看来，寓居隆中的诸葛亮兄弟比那些无根的外来流民的境遇好得多。

有人认为诸葛亮在叔父死后，经济上陷于困境，才到隆中自食其力，亲自耕种以维持生计，这种看法似乎有待商榷。襄阳有好几家豪门大姓是他的亲戚，刘表又素来“爱民养士”，那么多来到荆州的人士都能得到资助，何况诸葛亮不但是刘表故交的侄儿，而且还与刘表有亲戚关系呢？如果在隆中完全是为了生计，以躬耕为生的话，诸葛亮又哪有那么多闲暇时间奔走于襄阳城内外，广泛地结交名士，读诸子百家之书，谈论天下大事，以至刘备三顾之后，立即能拿出一篇对形势有精辟分析、对未来有科学预测的“千古奇策”呢？所以说，在隆中的十年是读书、交游为主，躬耕为辅。或者说，躬耕只是形式，苦读才是实质。

当然，不排除诸葛亮在隆中亲自耕种的可能，东汉末年名士亲自参加劳动是一种普遍的现象。寓居襄阳的颍川名士司马徽就经常自己锄草、采桑，还自己养猪、养蚕。有一次，刘表的儿子刘琮去拜见司马徽，刘琮让随从问司马徽是否在家，当时司马徽正在地里耕作，回答说：“我就是。”但是随从并不相信，还呵斥他：“你这个种地的奴仆也敢自称是司马先生。”司马徽只好回到家，戴好头巾后再来见刘琮。随从看见司马徽就是原来的老翁，惊恐地告诉刘琮，刘琮于是向司马徽道

① 习凿齿《襄阳耆旧记》记载：“庞德公，襄阳人。居岘山之南，未尝入城府。”“蔡瑁，字德珪，襄阳人。性豪自喜，少为魏武所亲。刘琮之败，武帝造其家。”“是时，瑁家在蔡洲上，屋宇甚好，四墙皆以青石结角，婢妾数百人，别业四五十处。”《襄阳耆旧记校注》（卷1），荆楚书社，1986年版，第38页、第72—73页。

歉。[1]传说襄阳名士庞德公也亲自耕地，刘表听说了庞德公的大名，多次请庞德公出山做官，庞德公总是拒绝。刘表干脆亲自去见庞德公，庞德公正在地里耕作，刘表指着他的家人问庞德公："先生耕作于田亩之中，不肯做官，拿什么遗留给子孙呢？"庞德公回答道："世上的人追慕名利，只会留给子孙危险；而我留给子孙的是安居乐业，只是遗留的东西不同罢了，怎么能说没有遗留呢？"庞德公的妻子还亲自下厨做饭。这些都充分说明当时的名士亲自参加劳动是一种较为普遍的现象。诸葛亮在苦读之余参加一些农业生产劳动也是完全可能的，而且从诸葛亮后来制作"木牛流马"、改进连弩的实践来看，他具备一定的机械知识，而这些知识的获取仅靠读书是远远不够的，很可能与他在隆中躬耕期间亲自操作农业机械工具有关。但这种躬耕更像是读书之余的一种实践活动，和真正的农夫有着本质的不同。

诸葛亮躬耕隆中的主要原因，应该不是经济困难而要自食其力，而是因为刘表身边名士众多，没有注意到既年轻又无资历的诸葛亮；而且刘表没有逐鹿天下的志向，只求做一个优秀的地方官，从未主动讨论过争天下图霸业之类的发展计划，与诸葛亮匡扶汉室的志向不符。因此，诸葛亮认为这样的人不足与谋，不是自己理想的投靠对象。

诸葛亮在隆中的十年，主要还是在读书学习、增长才干。关于诸葛亮在隆中的读书情况，早已湮没在历史的尘烟深处，今天的我们已经无法确知了，但拨开历史的迷雾，我们仍然可以从他之后的一些言语和行

---

① 徐震堮：《世说新语校笺·言语第二》（卷上）引《司马徽别传》，中华书局，1984年版，第37页。

为中做一些合理推测，他那超然的智慧无疑有相当大一部分来自书本，我们有必要看一看他读过哪些书，从书中汲取了哪些智慧。

诸葛亮首先大量阅读的应该是汉代的官学儒家著作。诸葛亮家族作为官宦世家，幼年的诸葛亮应该就已经开始了阅读儒家经典，这是毋庸置疑的。因为自幼熟读，所以他对儒家经典尤其是《春秋》非常熟悉，诸葛亮不但熟读《春秋》，更是用《春秋》思想来指导日常工作。刘备的夫人甘夫人去世后，诸葛亮上表追尊甘夫人为昭烈皇后，表中引用了《春秋》中的一些内容。街亭之战，马谡大败，诸葛亮上表后主，请求按照"《春秋》责帅"的标准自贬三级。诸葛亮还在一些文章中引用《尚书》的内容。这些都显示出诸葛亮对儒家经典《春秋》《尚书》非常熟悉。儒家文化的熏陶使得诸葛亮具有突出的儒家人格特征，诸葛亮的思想以儒家为主导，这是古今学人的基本共识。

在诸葛亮的很多言论中，提到大量的历史事件、历史人物，他应该是读了一些历史著作。诸葛亮游说孙权时提到的田横之事，记载于《史记》，所以他一定是读过《史记》的。诸葛亮的先祖诸葛丰在《汉书》中有传，所以诸葛亮不可能不读《汉书》。诸葛亮应该还读过记载东汉历史的著作，但当时《后汉书》还未面世，他可能是读了《东观汉记》。诸葛亮不但阅读记载汉代历史的史书，而且还对两汉的开国皇帝刘邦、刘秀进行过对比研究。他在读了曹植的《汉二祖优劣论》一文后，写下《论光武》一文，对于曹植"刘秀强于刘邦"的观点表示认同，但对于"刘秀手下的人才不如张良、韩信等人"的观点则并不认可。诸葛亮认为，刘秀麾下的云台二十八将，无论是文臣还是武将都丝毫不逊于刘邦手下的张良、韩信、陈平等人，只是他们显示才能的机会不如张良、韩信、陈平等人多，给人的感觉好像他们能力不足，这实际上是一种错觉。出现上述现象的主要原因是刘邦的个人能力不够而刘秀的个人能力太强。就像古时一则寓言所说的，一户人家盖房子，主人把烟囱设计得不合理，容易引起火灾，一个旁观者发现问题并及时提醒，但主人并没有采纳其意见。后来主人家果然发生了火灾，邻居们一同来救火，幸好把火扑灭了。于是，主人置办酒席答谢救火的邻居们，大家按照功劳依次排定座位，却没有邀请那位提意见的客人。正因为刘邦的才能和谋略不足，经常导致战场上的被动，所以陈平、韩信等人只好不断地“救火”，就像寓言里那些“焦头烂额”的邻居们一样，刘邦的才能不足给了部下充分展示才能的舞台。而刘秀就像那位提建议的人一样，是一个完美的设计师，已经把危险消灭在了发生之前，不需要救火者，因而部下缺少施展才能的机会。[①] 应该说，诸葛亮对刘邦、刘秀的见解是非常独到的，如果他没有熟读史书，不了解他们的功过是非，又怎能得出这样精辟的结论呢？此外，他的《论让夺》一文充分展示了他丰富的历史知识，文中写道：“范蠡因为能舍弃富贵而名扬天下，虞卿却把舍弃相印作为一种功绩；太伯三次让位被视为仁义，燕哙把国家的大权交给别人而招致祸乱；尧、舜二帝由于禅让王位而被人们尊为圣人，汉哀帝由于任用王莽而被人们视为愚蠢；周武王由于推翻殷商的统治被称作正义之举，王莽由于篡夺西汉政权而被认为是篡权夺位；齐桓公因为重用管仲而称霸于春秋，秦二世因为重用赵高而亡国。以上所举的这些例子都是说许多事情的表象虽然类似，但是它的形势发展却迥然不同。明智

① 诸葛亮著，段熙仲、闻旭初编校：《诸葛亮集》，中华书局，2014 年版，第 47—48 页。

的人能取得兴盛安定，愚蠢的人只能招致屈辱祸乱。”[①] 文中提到尧、舜、周太伯、周武王、齐桓公、范蠡、秦始皇、王莽等人的事迹，说明他深读精研过《春秋》《左传》《战国策》《史记》《汉书》等历史著作，对以上人物的事迹非常熟悉，才会以他们为例来阐述道理。

诸葛亮家族具有法家倾向，诸葛亮可能从小就接触过法家著作。来到襄阳之后，这里同样弥漫着浓厚的法家氛围。汉末以来，法家的人物品评之风非常盛行，在荆州，司马徽、庞德公等人是人物品评活动的领导者。荆州浓厚的法家氛围自然会影响到诸葛亮，他自然会阅读法家书籍。诸葛亮阅读法家书籍的情况，我们从他给刘禅的手抄书籍和出山以后的治国方略中可以窥见一斑。蜀汉建兴元年（223 年），兵败白帝城的刘备病危，临终时给刘禅留下一封遗诏，里面有这样一句话，“听说丞相给你抄写了《申》《韩》《管子》《六韬》。”由此可知诸葛亮对法家著作《申子》《韩非子》《管子》深有研究，并认为这些书对治国理政是有益的，因而才会郑重其事地手抄一遍给刘禅，希望他从中领悟治理国家的方略。他自己更是身体力行，在蜀汉推行法治，这些都是他法家思想的体现。

诸葛亮熟读兵家著作，尤其是《孙子兵法》，诸葛亮军事思想中的主要方面，如治军思想、战略思想、用兵思想及谋策、合纵、用将、兵制诸方面的理论都未脱出孙子兵法的基本理论范畴。诸葛亮在军事论述

---

①“范蠡以去贵为高，虞卿以舍相为功，太伯以三让为仁，燕哙以辞国为祸，尧、舜以禅位为圣，孝哀以授董为愚，武王以取殷为义，王莽以夺汉为篡，桓公以管仲为霸，秦王以赵高丧国。此皆趣同而事异也。明者以兴，暗者以辱乱也。”诸葛亮著，段熙仲、闻旭初编校：《诸葛亮集》，中华书局，2012 年版，第 47 页。

中多次讲到孙武，在实践中他更是积极贯彻孙武的军事理论。如“庙算”是《孙子兵法》的重要思想之一，孙子非常重视庙算的作用。[①]而诸葛亮的“隆中对”其实就是一篇历史上少见的极为经典的庙算对答。南宋时期的朱熹曾将诸葛亮的“隆中对”与韩信初见汉高祖时的策论、邓禹初见光武帝的策论以及王朴为周世宗所拟的《平边策》并提，认为都是以数言而定天下大计的庙算良策。三顾茅庐之前，刘备之所以东奔西走屡战屡败而一无所成，原因之一就在于他一直没有一个明确的战略规划，而诸葛亮的“隆中对”则为他解决了这个问题，直接指导了刘备的建国大业。《孙子兵法》强调赏罚严明，吴宫演阵斩美的故事即是明证，而诸葛亮不徇私情痛斩马谡也是如此。据记载，诸葛亮依法斩马谡之后曾对蒋琬说：“孙武所以能制胜天下者，用法明也。”诸葛亮为后主刘禅抄写的《六韬》相传为姜太公所著，是一部集先秦军事思想之大成的著作，对后代的军事思想有很大的影响，被誉为兵家权谋类的始祖。诸葛亮少年时代就熟读《六韬》，出山之后运筹帷幄、决胜千里，与他青少年时期熟读兵家著作是分不开的。

诸葛亮还应该熟读了道家著作。当时荆州首府襄阳弥漫着浓厚的道家思想氛围，古学名儒宋忠就曾为《太玄经》作注，在荆州官学中求学的诸葛亮自然会受到道家氛围的影响。诸葛亮在《诫子书》中提到“非淡泊无以明志，非宁静无以致远”，这种崇尚宁静的思想具有道家渊源。可以说，在诸葛亮身上，古文经学与黄老哲学并存，儒以经世致用，道

①《孙子兵法·计篇第一》：“夫未战而庙算胜者，得算多也；未战而庙算不胜者，得算少也。多算胜，少算不胜，而况于无算乎！吾以此观之，胜负见矣。”中华书局，2006年版，第8页。

以静心养身。

诸葛亮还应该熟悉墨家著作。墨子是先秦诸子中唯一重视自然科学与器械制造的思想家，据说，墨子曾经用木材制造了一个飞鸟，放到空中飞了三天也没掉下。诸葛亮继承了墨子重视器械制造之术的精神，他改进和创制了大量的军事器械，为其军事思想增添了特有的色彩，墨家“尚贤”，重视人才，在诸葛亮的政治思想中体现得较为明显。他在治蜀过程中，选贤用贤，唯贤是举，选拔培养了不少德才兼备的人才。墨家提倡“节葬”，诸葛亮也主张薄葬，他遗命葬于汉中定军山，依山起坟，坟不必太大，能容下一口棺材即可，入葬时只穿随身便服，不随葬任何器物，用自己的实际行动践行了节葬的主张。此外，他“鞠躬尽瘁，死而后已”的精神与墨子“摩顶放踵以利天下”的精神可谓息息相通。据《吕氏春秋》记载，墨家有个领袖人物名叫腹，住在秦国，他儿子杀了人，秦惠王说：“先生年纪大了，没有其他儿子，我已经下令不杀他，这件事先生就听我的吧。”腹却回答说：“墨家有一套行为准则：杀人偿命，伤人判刑。这正是禁止杀人伤人的。禁止杀人伤人是天下的大义。大王即使赐我儿子活命，命令官吏不要杀他，但我不能不坚持墨家的准则。”他没有接受惠王的好意，坚持让儿子伏法被诛。[①] 诸葛亮挥泪斩马谡的做法与墨家领袖人物杀子以尊国法的做法非常相似。

诸葛亮还应该熟悉纵横家著作。诸葛亮生逢汉末乱世，当时的诸侯割据和战国时期的形势很相似，诸葛亮深受战国纵横之风的熏染，他的

---

① 吕不韦著，陈奇猷校释：《吕氏春秋新校释·去私》（卷1），上海古籍出版社，2002年版，第56—57页。

一些思想策略可以看出战国纵横家的影子。在他为刘备作的战略规划即著名的“隆中对”里，他从刘备所处的客观环境进行分析，认为曹操拥百万之众，又有着“挟天子以令诸侯”的政治优势，不可与之争锋。孙权占据江东，已经历三代，“国险而民附”，因此东吴也不容染指，只能引其为外援。在这种态势下，建议刘备占据荆州、益州，搞好内政外交，待天下有变，则两路出击，钳击中原，以成霸业。他这种联吴抗曹的策略，一定程度上具有纵横家合弱攻强、注重外交的特征，显露出他纵横家的思想特质。诸葛亮出使江东劝孙权联刘抗曹时，纵横捭阖、言辞犀利，说服孙吴集团联刘抗曹，表现出高超的外交才能，俨然是一位纵横家！诸葛亮的纵横家特质很可能是受到战国纵横家的代表人物苏秦的影响，苏秦曾作为燕昭王的亲信出使齐国，执行“以弱燕报强齐”的战略使命，他曾合纵五国攻秦，又曾策划由乐毅统率五国联军攻入齐都临淄，其活动地区长期在诸葛亮的家乡，诸葛亮从小接触到他的故事并受到影响是很有可能的。

诸葛亮的读书情况表明，诸葛亮躬耕隆中期间，除重点研习儒家经典外，还广泛涉猎诸子百家著作，并从中汲取有用的思想。他在《论诸子》中写道:“老子擅长于修身养性，但却不能用于对付危难局面；商鞅擅长于以法理治国，但却不能推行道德教化；苏秦、张仪擅长于外交辞令，但却不能结盟守约；白起擅长于攻城略地，但却不能团结众人；伍子胥擅长于以谋破敌，但却不能保全自身；尾生擅长于恪守信用，但却不能随机应变；王嘉擅长于知遇明君，但却不能侍奉暗主；许劭擅长于品评他人，但却不能培养人才。”[①] 这篇文章中提到的人物，老子属于道家，商鞅属于法家，苏秦、张仪属于纵横家，白起、伍子胥属于兵家，《论诸子》不但体现出诸葛亮对诸子百家的思想均非常熟悉，能随时随地信手拈来，而且还能辩证地看待诸家思想，不但明了各家之长，而且深知各家之短，表达出弃短用长、扬长避短的思想倾向。正因为诸葛亮广读百家之书，穷研诸子之学，广收约取，从中吸收有益的思想，以开阔自己的视野、增强自己的智慧，最终形成其儒家为体，道家为养，法家为治，墨家为术，兵家为用，其他诸家为辅的思想特点，可谓博采众长，自成一家。

诸葛亮读书并不咬文嚼字，而是把握书中要点，领会书籍的实质，以达到学以致用的目的。这种实用高效、有重点的广泛涉猎，使将来的他在政治、军事、外交、甚至机械等方面都展现出极高的才干。

诸葛亮寓居襄阳期间，和石广元、徐元直、孟公威等人一起读书，他们三人读书“务于精熟”，而诸葛亮读书“独观其大略”。同在荆州游学，为什么诸葛亮的读书方法与石广元、徐元直、孟公威等人截然不同呢？推测起来，诸葛亮在离开琅琊家乡之前已对诸子百家均有接触，“少有逸群之才”的诸葛亮接受能力固然超群，寓居襄阳、躬耕隆中之后的诸葛亮对诸子百家更已烂熟于心，对其理解也已融会贯通，早已超拔于诸人之上，故而他能高屋建瓴地把握诸子百家的精髓实质，比较诸

---

①“老子长于养性，不可以临危难。商鞅长于理法，不可以从教化。苏、张长于驰辞，不可以结盟誓。白起长于攻取，不可以广众。子胥长于图敌，不可以谋身。尾生长于守信，不可以应变。王嘉长于遇明君，不可以事暗主。许子将长于明臧否，不可以养人物。”诸葛亮著，段熙仲、闻旭初编校：《诸葛亮集》，中华书局，2014 年版，第 46—47 页。

子百家的长短优劣。此外，诸葛亮“观其大略”的读书方法实际上是对古学治学方式的传承与发扬，是古学简约实用原则的具体运用。唯有如此，方可在读书治学时将注意力集中在吸取治国为政的重大经验等实质内容上，而不必为琢磨字句浪费时间，方可具备真才实学，实现兼济天下之志。

诸葛亮读书“观其大略”，是当时荆州官学学风使然，也是汉魏之际学术思潮发展趋势使然。其实，“观其大略”的读书方法并非诸葛亮首创，纵观两汉学术史，此前已有不少先例。杰出的辞赋家扬雄、[①]大史学家班固、[②]刘备的老师卢植都“不守章句”。[③]上述诸贤生活年代各异，然其治学方法略同，即举大义而不守章句，“观其大略”的读书方法与之一脉相承，即读书只看其主要的内容，把握精髓与实质，这是一种能抓住书中要义的高明读书方法。

事实证明，“观其大略”的读书方法比“务于精熟”的死记硬背具有明显的优势，这种读书方法强化了读书的实用功能，将读书与“识时务”联系起来，强调学以致用。诸葛亮所认为的“大略”实际上是一些有关国计民生的学问。正如司马徽所说：“儒生俗士岂识时务？识时务者在乎俊杰。”“务于精熟”的读书方法只能培养一批“儒生俗士”，只有“观其大略”的读书方法才能造就出“识时务”的“俊杰”，司马徽的这番话可以视为对诸葛亮“观其大略”读书方法的诠释与赞许。这种读书方法促进了各种思想的比较与融合。由于“观其大略”而不是寻章

---

① 班固:《汉书·扬雄传》(卷 87)，中华书局，1962 年版，第 3514 页。
② 范晔:《后汉书·班固传》(卷 40)，中华书局，1965 年版，第 1330 页。
③ 范晔:《后汉书·卢植传》(卷 64)，中华书局，1965 年版，第 2113 页。

摘句，诸葛亮能对各家思想都有所取舍。以儒家而言，他只是对其中的“大一统”思想及“民本”“尚贤”思想感兴趣。他与刘备首次会面时所说的“霸业可成，汉室可兴”以及后来的屡次北伐，还有他考察贤才的七种标准都充分说明了这一点，而对儒家的其他思想则采纳不多。他治军治国赏罚分明的思想明显来源于法家，但他却认为“商鞅长于理法，不可以从教化”。他的淡泊宁静来自道家思想，但又认为“老子长于养性，不可以临危难”。这种读书方法有利于拓展知识面，培养全面发展的人才。由于对各种书籍都能“观其大略”，这样便极大地拓宽了诸葛亮的阅读面，从而使他获取多种有益的知识，而这些知识对于日后的诸葛亮来说都是十分有用的。事实证明，诸葛亮对天文、地理、冶铁、煮盐、兵器制造、运输工具制作乃至医药、饮食、绘画、音乐等方面知识的广泛涉猎，对他日后的治军和治国都发挥了莫大的作用。他超人的智慧在很大程度上也是源于这种综合知识的积累。如对先进武器连弩的改进、对先进运载工具“木牛流马”的制作都得力于他早年对有关机械知识的积累，而这些知识单靠死读经书是无法获得的。可以说，正是这种以儒家为主而又兼融各家的做法，使诸葛亮能够对诸子百家的思想兼收并蓄、融会贯通，博采众家之长，最终建立了一套自己的思想体系，这正是“观其大略”读书方法的积极成效。

诸葛亮在躬耕苦读之余，还广泛地交游士林，进行“游学”，既切磋学问，增长见识，又可借此结交荆州地区有影响的人物，扩大自己的影响力。游学兴起很早，汉代以前，纸张尚未发明，书籍未能普及，文化只是少数人的特权，为学得文化，人们不得不到外地求学。而学问渊博者为传播文化，或开堂授徒，或周游天下。春秋战国时，诸子广收门徒，周游列国，推广自己的治国平天下之术，成为文化史上一道亮丽的风景线。东汉社会是一个学习型社会，当时人们的学习愿望很强烈，求学者往往不远万里，担负口粮前往名师处求学，千里求学成为社会生活中的常见现象。至汉末三国，游学依然方兴未艾，诸葛亮的哥哥诸葛瑾就曾游学京师。[①] 深受儒家文化熏陶的诸葛亮身怀治国平天下之志，但他也知道，空有满腹经纶是不可能完成治国平天下的重任的。在游学过程中，他随时关注着天下形势，理论与实践相结合，最终成为通达知变的“俊杰”。

三、高吟长啸的隐逸情怀

诸葛亮躬耕隆中期间，经常把自己比作管仲、乐毅。管仲、乐毅是什么人，值得诸葛亮经常自比呢？管仲是春秋时代的齐相，他辅佐齐桓公成就了一代霸业；乐毅是战国时代燕国的将领，他率领弱小的燕军进攻强大的齐国，一举攻下齐国七十余座城池，几乎灭亡了齐国。他们二人的功业当然很显赫，但汉末以前，文韬武略、治国安邦的先贤还有很多，姜尚、孙叔敖、孙武、田单、张良、萧何、韩信等人建立的功业并不逊色于管仲、乐毅，都是值得效仿和学习的。诸葛亮为何独独以管仲、乐毅二人自比呢？事实上，诸葛亮自比管仲、乐毅并不是一时的心血来潮，而是齐鲁文化的多年熏陶和自我心志的隐晦表达。

---

① 陈寿撰，裴松之注：《三国志·诸葛瑾传》注引《吴书》曰：“（诸葛）瑾少游京师，治《毛诗》《尚书》《左氏春秋》。”

诸葛亮的出生地与二人的功业建立区域相同。管仲建功在齐国，乐毅虽为燕将，但建功在齐国。诸葛亮是琅琊阳都（今山东沂南）人，出生地正是当年管、乐二人建功立业之地。诸葛亮从小读书，对其家乡附近历史上的名人管、乐二人的事迹应该很熟悉。诸葛亮十几岁时才离开家乡，他在齐地生活了十几年，从情感上讲，对管、乐二人的了解，很有可能比对其他名人的了解程度要高。作为一代乡贤，管仲在其心目中的地位和亲切感异于常人。所以，就一般层面来看，诸葛亮自比于管仲，实为顺理成章之事。特别需要提出的是，诸葛亮尽管与管仲有种种相似，但有一点却明显不同，诸葛亮远离故土，不能像管仲一样在家乡建功立业。那是一个重视乡土观念的时代，当时，“坟墓所处，父母之国”拥有非同一般的情感意义。如西晋灭蜀汉后，有一天，司马昭问后主刘禅说：“你还思念蜀国吧？”刘禅回答说：“我在这里很快乐，不思念蜀国。”知道了这事，随侍刘禅的郤正点拨他说：“如果司马昭再问起，你就哭着回答说：‘先人的坟墓都在蜀地，我天天都惦念着。’”[①]刘备的同窗公孙瓒在离乡而去时，在先人坟墓前泣下而言，郑重而别。[②]由于诸葛亮建功于他乡，魏明帝就曾谴责他“弃父母之国”，然而，诸葛亮何尝不愿回父母之国呢？由前已知，他对于故国怀有浓烈的情感。但是，如返回北方，就必然进入曹氏的掌控范围，这是他不愿意的。所以，诸葛亮对好友发出“遨游何必故乡”的感慨，这其实是他既立志兴复汉室，又不愿出仕曹魏的必然选择。正因如此，乐毅被引入成为管仲

① 陈寿撰，裴松之注：《三国志·后主传》（卷33）引《汉晋春秋》，中华书局，1959年版，第902页。

② 陈寿撰，裴松之注：《三国志·公孙瓒传》（卷8），中华书局，1959年版，第239页。

的补充。因为乐毅不同于管仲，乐毅并非燕国人，他远离故土，立功于他乡。从这一点上来说，诸葛亮与乐毅之间有着更大的共通性。

诸葛亮与二人生活的时代背景相似。在管仲生活的时代，周王朝以血缘宗法维系的政治体系开始崩溃，周天子地位下降，各诸侯国对周天子不再那么尊重，乃至于藐视，边境夷狄也不断内侵。齐国当时的形势则是礼崩乐坏，一片衰败景象。乐毅生活的时代，天下的形势是战国七雄正在争夺地盘，战争纷纷，智谋之士各投其主，各献其策，无不力图天下一统。燕国一度为齐所破，元气大伤，燕昭王继位后一心要振兴国家，向齐国复仇。诸葛亮生于汉末，自黄巾起义后，天下诸侯割据、争战不休，皇室衰微，这种情况和春秋战国时期颇为相似，当时就已经有人以春秋战国来形容那个时代。[①] 在当时兼并与争霸重现的背景下，出现了一种对管仲式人物的期待，诸葛亮自然不会置身于这一时代潮流之外。

管仲、乐毅二人都是被人引荐才脱颖而出的。管仲因为好友鲍叔牙的推荐才得以建立功业。齐桓公即位后，急需有才干的人辅佐，因此准备请鲍叔牙担任齐相，但鲍叔牙称自己才能不如管仲，若要使齐国称霸，必要用管仲为相。齐桓公采纳了鲍叔牙的建议，他选择吉日，以非常隆重的礼节亲自迎接管仲，并拜管仲为相。乐毅为燕昭王盛情所请，才选择了留在燕国。燕昭王即位之后，一心想振兴燕国，向天下征集有才之士，但久久没有回音，燕昭王于是去请教郭隗，郭隗给燕昭王讲了

① 陈寿撰，裴松之注：《三国志·袁术传》注引《魏书》曰：“汉之失天下久矣，天子提挈，政在家门，豪雄角逐，分裂疆宇，此与周之末年七国分势无异，卒强者兼之耳。”中华书局，1959 年版，第 210 页。

一个“千金市马骨”的故事：古代有个君王，想以千金求购千里马，但过了三年也没有买到，宫中有个内臣对国君说：“请让我去买吧”，国君于是就派他去。三个月后他找到了千里马，可是马已经死了，他以五百金买了那匹死马的头回来报告国君。国君大怒说：“我要找的是活马，死马有什么用？还白白花了五百金。”内臣却回答说：“死马尚且愿意花五百金，更何况活马呢？天下人由此一定认为大王是真心想买千里马，还愁买不到千里马吗？”果然，不到一年，许多献千里马者就纷至沓来。[①]郭隗借用一则耗费千金只买来一副马骨的典故向燕昭王说明，若想天下贤才云集而来，首先应当显示出求贤若渴的诚意。燕昭王在郭隗的启发下，修筑了黄金台，招揽天下的士人，正好此时乐毅作为魏昭王的使臣出使燕国，燕王对他以客卿之礼相待，希望他能留下来为燕国出力，乐毅再三辞让，最终被燕昭王的诚意打动，留在燕国担任亚卿。管仲、乐毅两人都是因人举荐而出仕的。诸葛亮也是经司马徽、徐庶推荐、刘备“三顾茅庐”之后，才出山辅佐刘备的。

诸葛亮希望与管仲、乐毅二人一样被明主发现、器重。管仲、乐毅有一个共同点，那就是都出身寒微却获得君王的高度尊重与信任。[②]诸葛亮希望像管仲、乐毅一样，一步而登上顶级政治平台，赢得君主的高度信任，从而最大限度地施展自己的才能。管仲被齐桓公尊为仲父，国家大事言听计从。乐毅深得燕昭王信任，在攻齐即墨、临淄二城三年不

---

①《战国策·燕策一》（卷29），上海古籍出版社，1985年版，第1065页。

② 刘向《说苑·尊贤》（卷8）曰：“管仲，故成阴之狗盗也，天下之庸夫也，齐桓公得之，以为仲父。”《说苑疏证》，华东师范大学出版社，1985年版，第205页。《史记·乐毅列传》（卷80）记载：乐毅被燕昭王破格提拔，“厕之宾客之中，立之群臣之上。”中华书局，1959年版，第2431页。

下，面对众多流言蜚语的情况下，燕昭王依然对其深信不疑。诸葛亮早年“自比管、乐”，暗示着他希望像管、乐一样，得到明主的赏识与信任。他希望自己能遇到齐桓公那样的君主，让他能够大展宏图，尽情施展才能；他也希望自己能遇到燕昭王那样的君主，对自己高度信任，像乐毅那样建功立业。据《吕氏春秋》记载，齐桓公曾去拜见一个叫稷的小吏，一天去了三次也没有见到。随从说：“你作为有万辆兵车的大国君王，屈尊去见一个小吏，一天去了三次却未见到，不用再去了。”齐桓公却说：“不是这样的。有才能的人傲视爵位、俸禄，当然也会轻视他们的君王；君王如果轻视霸业，自然也会轻视有才能的人。就算小吏稷看不起爵位俸禄，我又怎敢看不起霸业呢？”就这样，齐桓公去了五次，终于见到了小吏稷。其他的国君听说了这件事，都说：“连齐桓公都能放下架子对待小吏，何况我们这些小国国君呢？”于是一起来朝拜齐桓公。齐桓公之所以能成就一代霸业，正是因为他能够用这样的态度对待士人。诸葛亮希望自己未来的人主也能像齐桓公一样多次延请自己，后来，刘备果然三顾茅庐，多次请他出山相助，诸葛亮实在无法拒绝。

诸葛亮希望建立管仲、乐毅一样的功业。管仲是经世济民的治国圣手，乐毅是力挽狂澜的乱世将军，二人的功业加起来，就是一个“出将入相”者的业绩。从诸葛亮“自比于管仲、乐毅”的人生定位来看，青年时期的诸葛亮并不满足于做一个郡守、刺史，安定一方，而是要文比管仲，武比乐毅，出将入相，合二人功业而为一，辅佐明主，复兴汉室。

年轻的诸葛亮不但以管仲、乐毅自比，而且在此后的治国策略上极力仿效二人。诸葛亮身处汉室衰微，群雄并争的乱世之中，对于这一天下大势，诸葛亮希望汉室再度中兴，而且这一心志在早年已然奠定。管仲的功业成就中，“尊王攘夷”是不可略去的一环。管仲的“尊王攘夷”支起了东周王室将倾的政治大厦，是诸葛亮学习与效仿的榜样。而在汉末的时代背景下，当时的“尊王”正是挽救摇摇欲坠的汉家皇权。诸葛亮积极学习管仲的治国经验，其治蜀的内政措施，多以管仲思想为指针。乐毅的主要成就是以弱小的燕国进攻强大的齐国，几乎将强大的齐国灭亡。乐毅以弱胜强的成功实践使得诸葛亮相信弱可胜强。在刘备托孤白帝城后，魏国大臣华歆、王朗、陈群、徐芝、诸葛璋曾给诸葛亮写信，希望诸葛亮率文武大臣投降曹魏，诸葛亮为此写了《正议》一文予以驳斥，其思想主旨就是正义者弱能胜强。乐毅以善于攻城而闻名于世，但乐毅在伐齐中具有不屠不杀，宽而缓之的表现，在那个杀人如麻的时代很受好评。对于童年时代就遭受战乱、颠沛流离的诸葛亮来说，早年的伤痛使得他希望在战争中属于正义的一方，更希望蜀汉北伐能得到百姓的欢迎与拥护。

在其他方面，诸葛亮与管仲、乐毅也有许多相似之处。管仲被齐桓公尊为“仲父”，这和诸葛亮被刘禅尊为“相父”何其相似。在表陈心迹方面，诸葛亮的《出师表》则与乐毅的《报燕惠王书》有着异曲同工之妙，两篇文章虽相隔数百年，却都反映了老臣对幼主的一片忠心。

诸葛亮躬耕陇亩期间，每当晨光熹微的清晨或月明星稀的夜晚，他经常登上乐山东端山脚处一块突兀的岩石，吟唱一首名为《梁甫吟》的歌曲，《梁甫吟》本为汉乐府古辞，齐地风俗，人死以后魂魄归于梁甫山，《梁甫吟》正是流行于诸葛亮家乡的为死者归葬安魂吟唱的葬歌。

唐代欧阳询撰的《艺文类聚》最早记载了诸葛亮所吟《梁甫吟》的内容：

步出齐城门，遥望荡阴里。
里中有三坟，累累正相似。
问是谁家冢？田疆古冶子。
力能排南山，又能绝地纪。
一朝被谗言，二桃杀三士。
谁能为此谋？国相齐晏子。

“二桃杀三士”讲的是齐相晏婴设计诛杀齐景公手下三位勇士的故事：齐景公时期，齐国有三位勇士田开疆、古冶子和公孙接。他们勇猛无比，战功彪炳，但也因此恃功而骄，如果他们联合起来，足以威胁齐国王室的安全，这使得齐景公和晏子都很担忧，为了避免将来可能的祸乱，晏子建议齐景公早日消除隐患，并设了一计：齐景公赏赐三位勇士两颗桃子，但三个人无法平分两颗桃子，晏子于是提出调解之法——三人比功劳大小，功劳大的就可以取一颗桃。公孙接与田开疆先报出自己的功劳，并分别拿了一颗桃子。这时，古冶子认为自己功劳更大，指责他们，公孙接与田开疆听到古冶子报出功劳之后，也自觉不如，羞愧之余便将桃子让出并自尽身亡，古冶子也觉得羞愧，拔剑自刎。[①] 就这样，晏子只靠着两颗桃子就为国家除掉了三个隐患，这就是《梁甫吟》中所

① 《新编诸子集成·晏子春秋集释》，中华书局，1962 年版，第 164—165 页。

说的“二桃杀三士”。

关于诸葛亮喜欢吟唱《梁甫吟》的原因，历来众说纷纭。有人认为，诸葛亮经常吟唱此歌是在表达对故土的思念，这种说法有一定道理，因为《梁甫吟》是家乡的民歌，对于被迫远离家乡的诸葛亮来说，思念家乡是人之常情，诸葛亮此举确实含有思念故土的因素，但诸葛亮又是一个志在天下的人，恐怕不会经常性地眷念故土，所以这种说法恐怕也失之偏颇。再联系到诸葛亮劝导孟公威的话：“大丈夫要遨游四方，何必非要回到故乡呢！”这说明诸葛亮志在天下，而不仅以家乡为念。认为吟唱《梁甫吟》就是在思念家乡，这未免小看了诸葛亮。

其实，诸葛亮吟唱《梁甫吟》是在怀念深谋远虑、为国除奸的一代贤相晏子。作为一代贤相，晏子深受时人及后人的推崇，孔子小晏子二十余岁，基本算是同时代人，晏子死后，孔子给予了他很高的评价，说：“扶助拯救百姓却不自夸，言行补救三位君主的过失却不居功自傲，晏子真是君子啊！”后人司马迁也非常仰慕晏子，他评价晏子是“进思尽忠，退思补过”的贤相，并说如果晏子尚在人世，自己甚至愿意做他的车夫。[①] 诸葛亮对这位一代乡贤当也不无仰慕，从诸葛亮的一生来看，他的人生品格明显受到晏子的影响，他为了蜀汉社稷鞠躬尽瘁，与晏子生活节俭、励精图治的品格何其相似。晏子和三位勇士并没有什么个人恩怨，因此三位勇士之死不是因为晏子的“谗言”，晏子只是在为国除乱，消除隐患。后来蜀汉发生的一件事很能说明问题，刘备在太子刘禅

---

① 司马迁：《史记·管晏列传》（卷 62）：“假令晏子而在，余虽为之执鞭，所忻慕焉。”中华书局，1959 年版，第 2137 页。

出生前，收养了一个儿子刘封，诸葛亮认为他性情勇猛，名义上又是刘禅的大哥，将来刘备死后如果他和刘禅争夺君权，刘禅未必是他的对手。即使刘禅获胜，也会使新生的蜀汉政权元气大伤，为了刘备死后蜀汉政权能够顺利过渡，诸葛亮劝刘备趁刘封打败仗丢失城池之时将他赐死，这件事和“二桃杀三士”颇有相似之处。然而，诸葛亮这样做并非是为了一己私利，而是为了蜀汉政权的长治久安着想。所以，诸葛亮吟唱《梁甫吟》，表明了他立志于做一个像晏子那样的贤相，及早为国除患、定国安邦。

此外，据说《梁甫吟》是曾子因思念父母而撰写的，用以表达对父母的思念。诸葛亮大约二三岁时不幸丧母，七八岁时又不幸丧父，自己又因战乱不得不远离故土，对于一个父母双亡、寄居他乡的青年来说，思念已故的父母、眷念远方的故土，实在是人之常情。诸葛亮因早年丧父丧母，从八岁起就跟随叔父诸葛玄生活。在诸葛亮兄弟由少年而青年的人生历程中，诸葛玄是实际的抚养者。就成长心理来说，此时的诸葛亮正处于心理认知日渐成型的青少年阶段，这样的经历足以使叔侄之间犹若父子。诸葛玄的不幸惨死，带给诸葛亮的心理伤痛恐怕比之丧父丧母更为剧烈一些。我们认为，诸葛亮吟唱《梁甫吟》，除思念家乡、思念父母外，还有更深层次的心理动因，那就是用故乡的葬歌来追念父亲一般的叔父诸葛玄。

还有一点值得关注，《梁甫吟》既然是葬歌，则其曲调必然悲凉而感伤。诸葛亮经常吟唱《梁甫吟》，其实也是在抒发未遇明主的苦闷心情。中国的诗歌有着悠久的抒情传统，所谓“诗以言志”，即借助诗歌来表达内心情感，如李白就曾借《梁甫吟》来抨击现实，表达自己才情难以施展的苦闷。诸葛亮是一个胸怀大志渴望救国救民的青年英才，他自比管仲、乐毅这两位辉煌业绩光照史册的历史人物，立志以他们为榜样，做出一番事业。然而，管仲不逢齐桓公、乐毅不遇燕昭王，他们的雄才奇略又怎能施展呢？诸葛亮自寓居隆中以来，年岁渐长而壮志未酬，岁月流逝而功业未建，理想中的人主一直没有出现，将来能不能出现也还是个未知数，安邦定国的志向何时才能实现呢？这难免让他有时感到迷茫、苦闷，《梁甫吟》的悲凉乐章正好与他迷茫、苦闷的心情相互碰撞，成为他抒发苦闷心情的一种外在表现。

这期间，除喜欢吟唱《梁甫吟》外，诸葛亮还有一种行为值得探究，他常常在清晨和夜晚时抱膝长啸。《辞海》解释“啸”为“撮口发出长而清越的声音”，大概类似于今人的吹口哨。中国古代的名士们在表达内心复杂情感，尤其是潜意识领域里无以名状的复杂情感时，经常用啸这种行为来表达复杂的思想感情。诸葛亮之前的东方朔善啸，东方朔虽然表面上嬉笑自若，内心却对汉代士人地位的沦落有切肤之痛，他的长啸是士人伤时悲事哀叹自身命运的一种特殊表达方式。诸葛亮之后的阮籍也以善啸著称，阮籍的啸表达的则是对司马氏篡政的不满。诸葛亮的抱膝长啸，与东方朔和阮籍的啸在感时伤世上具有共同点，特别是诸葛亮在清晨和夜晚的清净环境中抱膝长啸，形象更是别具魅力。把诸葛亮吟唱《梁甫吟》和抱膝长啸两种行为联系起来，其抒发苦闷心情的用意就特别明显了。

第四章　老练通达的人情世故

诸葛亮不但拥有很高的智商，还拥有很高的情商。智商高，在于洞察时局、深谋远虑。情商高，在于审时度势、进退自如。十七岁至二十七岁寓居隆中十年，他广泛阅读，一边储备知识、分析天下大势，一边等待机会、俟机出山。十年之间，他不躁不急，广交朋友，传扬美名，人未出山，名声已然在外。虽然一心想出山有所作为，但却又以退为进，再三权衡，反复考验刘备，在确信刘备真心实意之后，果断抓住机会，毅然出山辅佐。这些都是诸葛亮情商高的表现。

一、赢得名士赞誉

东汉桓帝、灵帝时期，政治腐败，国家的命脉掌握在宦官手里，读书人耻于与其为伍，平民百姓也对此愤愤不平，就连太学中的学生也无法潜心学问，太学里博士形同虚设，学舍残破不堪，种地的农夫甚至在学舍里开垦农田。太学生们不再埋头于书本，他们的关注点转移到对社会政治的关切和议论之上，他们与名士们一起议论时政，针砭时弊，品评公卿，[①] 品评人物在当时蔚然成风，形成一股强大的社会潮流。当时善于清议的名士在社会上享有极高的声誉，汝南名士许邵以主持乡里“月旦评”著称，与其堂兄许靖都有很高的名望，喜好共同评论乡里的人物，每个月初都会开展一次品评人物、论士议政的活动，故有“月旦评”的说法。[②] 所谓“月旦评”即在每个月初一这天，汝南地区的名士们聚在一起，各抒己见，评价公卿，评论执政。许劭主持月旦评时，正值士人以清议对抗宦官之浊流，因而，当时他对人物的品评特别注重品行方面。许邵主持的清议不仅在很大程度上左右了乡间舆论，而且影响到士大夫的仕途进退。凡“月旦评”提及的人物，无论是谁，一经好评，则身价百倍，世俗流传，以为美谈。“月旦评”也因此而闻名遐迩，盛极一时。“月旦评”品评人物，不徇私情，褒善贬恶，激浊扬清，因而其社会影响力巨大。不仅一般乡党人物对其敬若神明，即便家世“四世三公”的贵族袁绍和以“任侠放荡”著称的曹操对“月旦评”也深为折服且有所顾忌。出身世家大族的袁绍平常盛气凌人，就连董卓也不放在眼里，但唯独对许邵十分尊重。他从濮阳令卸任回家的时候，随从众

---

① 范晔《后汉书·党锢列传》（卷67）记载：“士子羞与为伍，故匹夫抗愤，处士横议，遂乃激扬名声，互相题拂，品核公卿，裁量执政。”范晔：《后汉书》，中华书局，1965年版，第2185页。

② 范晔《后汉书·许邵传》（卷68）记载：“初，邵与（从兄）靖俱有高名，好共核论乡党人物，每月辄更其品题，故汝南俗有月旦评焉。”范晔：《后汉书》，中华书局，1965年版，第2235页。

多，一路车队当道，但将要进入汝南郡的时候，他竟然辞谢宾客，遣散随从，说："我这样的排场怎么能让许劭看到？"言外之意是担心给许邵留下一个不好的印象，于是轻车简从地回到家乡。就连年轻时任侠放荡的曹操，也不得不卑辞厚礼，恳求月旦评的主持许劭对其做出评价。刚开始，许劭鄙视他，不肯发话，曹操找到一个机会胁迫许劭，许劭无可奈何，只得说："你是太平之世的能臣、动乱之世的奸雄。"曹操听后哈哈大笑，非常高兴。[①]

汉末名士清议的出现，有着深刻的政治背景。汉代实行以"察举""征辟"为主的选官制度，所谓察举，即由地方长官在辖区内考察、选取人才并推荐给上级或中央，经过考核后任命官职。所谓"征辟"，就是征召名望显赫的人士出来做官，皇帝征召称"征"，官府征召称"辟"。察举制和征辟制均存在着重"德"轻"才"的倾向。而"德"名的获取主要靠社会舆论。汉末名士品评人物影响力巨大，有时甚至可以左右社会舆论。得到能够左右舆论的名士的肯定和赞誉，进而提高声望，博取"察举""征辟"的机会，是士子学人做官的一条重要途径，这就在客观上促进了名士清议之风的盛行。所以当时的士子学人处心积虑地想得到名士的好评，而特别惧怕名士的差评。名士陈寔为人仁厚慈爱，他断案判决公正，能清楚详细地说明对错，百姓回去后没有埋怨的，大家感叹说："宁愿被刑罚处治，也不愿被陈寔批评。"有一年闹

① 范晔《后汉书·许邵传》（卷68）记载："同郡袁绍，公族豪侠，去濮阳令归，车徒甚盛，将入郡界，乃谢遣宾客，曰：'吾舆服岂可 使许子将见。'遂以单车归家。""曹操微时，常卑辞厚礼，求为己目。劭鄙其人而不肯对，操乃伺隙胁劭，劭不得已，曰：'君清平之奸贼，乱世之英雄。'操大悦而去。"范晔：《后汉书》，中华书局，1965年版，第2234页。

饥荒，一个小偷晚上进入他的屋子，躲在房梁上。陈寔在暗中看到了，但他并没有叫人抓捕小偷，而是起身整理衣服，把他的儿孙们集合起来，神情严肃地教育他们说："人自己不能不勤勉，行为不端的人本性未必是坏的，只是沾染了坏习惯，才变成了这样。"儿孙们很莫名其妙，问："这样的人是谁？"陈寔指着梁上的小偷说："就是那梁上的君子。"小偷大吃一惊，连忙下地向他磕头认罪。陈寔慢慢地开导他说："看你的相貌，不像是个坏人，应该反省自己，多做好事。"陈寔知道他很穷，于是让人给了他两匹绢，从此整个县内再也没有小偷了。[①] 陈寔对小偷的一番教导竟能改变一个人的人生选择，进而扭转一个地区的不正之风，可见名士言论的巨大作用。

东汉末年，由于大量北方名士避乱于荆州，带来了盛行于中原地区的名士清议之风，大量北方名士聚集于襄阳，使这一时尚更为流行，影响日益扩大。由于中原士风的熏染，当时襄阳的名士庞德公、司马徽、庞统等都爱好品评人物。襄阳名士领袖庞德公善于评价人物，诸葛亮"卧龙"、庞士元"凤雏"、司马徽"水镜"的称号都是庞德公率先喊出来的，所谓"卧龙""凤雏""水镜"，其实就是庞德公对诸葛亮、庞统、司马徽等人所作的评语，这些评语恰当公允，在当时不但广为流传，而且得到公认，极大地提高了诸葛亮、庞统在名士圈的声誉。后来，刘

---

① 范晔《后汉书·陈寔传》（卷 62）记载："寔在乡闾，平心率物。其有争讼，辄求判正，晓譬曲直，退无怨者。至乃叹曰：'宁为刑罚所加，不为陈君所短。'时岁荒民俭，有盗夜入其室，止于梁上。寔阴见，乃起自整拂，呼命子孙，正色训之曰：'夫人不可不自勉。不善之人未必本恶，习以性成，遂至于此。梁上君子者是矣！'盗大惊，自投于地，稽颡归罪。寔徐譬之曰：'视君状貌，不似恶人，宜深克己反善。然此当由贫困。'令遗绢二匹。自是一县无复盗窃。"范晔:《后汉书》，中华书局，1965 年版，第 2067 页。

备前去拜访司马徽，并和他探讨时事。司马徽对刘备说："一般的读书人和见识浅陋的人怎么能认清天下大势呢？只有能认清天下大势的人，才称得上是俊杰。"刘备问谁才可以称得上俊杰，司马徽回答说："诸葛亮、庞统。"

汉末寓居襄阳的司马徽清高雅正，懂得鉴赏人物，也善于评价人物。襄阳人庞统年幼时质朴鲁钝，没有人知道他的才干。庞统刚成年时不远千里前去拜望，当时司马徽正在桑树上采桑叶，庞统于是坐在树下，两人就这样从白天一直谈到了晚上。一番详谈之后，司马徽对庞统刮目相看，认为他是南州士人中最杰出的。由于司马徽的高度评价，此后庞统的声名逐渐显扬。

庞统自己也以擅长品评人物著称。建安十五年（210年），庞统护送周瑜的灵柩来到东吴，东吴许多人都听说过庞统的大名，等到庞统离开东吴时，众人便齐聚在昌门为他饯行，想看看庞统是如何品评江东人物的，陆绩、顾劭和全琮都来了。庞统评价他们说："陆先生可以说像驽马，但有快步飞奔的才能；顾先生就像是驽牛，可以负重走很远的路。"又对全琮说："你好施善行，仰慕名节，有点像汝南的樊子昭，能力虽然不算突出，但也是一时的优秀人才了。"[①] 陆绩、全琮和顾劭都是当时江东青年才俊中的佼佼者，其中陆绩是江东名士陆康之子，后来的江东统帅陆逊就是陆绩的族子；而顾劭出自江东大族，是孙策的女婿；

---

① 陈寿撰，裴松之注《三国志·庞统传》（卷37）记载："瑜卒，统送丧至吴，吴人多闻其名。及当西还，并会昌门，陆绩、顾劭、全琮皆往。统曰：'陆子可谓驽马有逸足之力，顾子可谓驽牛能负重致远也。'谓全琮曰：'卿好施慕名，有似汝南樊子昭。虽智力不多，亦一时之佳也。'"《三国志》，中华书局，1959年版，第953页。

全琮后来也成为孙权的女婿，但是庞统对他们三位的评价都不是太高。

汉末襄阳名士清议的兴起有着深刻的社会背景。汉末的襄阳聚居着大量地方豪族，在察举制遭到严重破坏的情况下，由地方大族、名士操纵的乡里清议不仅可以保证其家族子弟世代在州郡做官，而且对于各割据势力的选官用人也起到决定性的作用。刘备多次不辞劳苦拜访诸葛亮，请其出山，除了诸葛亮确实具有杰出的才能外，与襄阳士林领袖庞德公评价他为“卧龙”，以及乡里清议对这一评价高度认可和广泛传播有着密切关系。

诸葛亮不但智力超群，而且情商很高。他深知，作为后生晚辈，虔诚恭敬地侍奉长辈无疑会更招长辈喜爱。因为二姐嫁给了庞德公的儿子庞山民，诸葛亮与庞德公成了亲戚。庞德公是襄阳名士界的领军人物，身边聚集了一大批人才，他本人也非常善于知人，他对人才的品评在当地深有影响。诸葛亮经常向庞德公求教，每次都十分恭敬和虔诚。庞德公也非常看重诸葛亮的才干，悉心指导，称诸葛亮为“卧龙”，十分看好他的前途。当时荆州学派的大宗师和主要代表人物司马徽与庞德公关系非同一般，司马徽小庞德公十岁，把他当作兄长对待，称呼他为“庞公”。有一天，司马徽来到庞德公家，不巧庞德公到汉水对岸祭祀先人坟墓去了，司马徽径直走进庞德公家，把庞德公的妻子儿女叫来，叫他们快点做饭招待客人，并说：“徐庶说一会儿有客人要来找我和庞德公聊天。”庞德公的妻子儿女赶紧下厨准备饮食。不久，庞德公回家，和司马徽见面，此情此景让不明就里的人见了，真是分不清谁是主人谁是客人。能登堂入室、称兄呼嫂，这在格外重视内外之别的中国传统社会，不达到一定的亲密程度是不可能的，可知两人绝非等闲之交，而是通家之好。通过庞德公的关系，诸葛亮得以结识司马徽，也使司马徽得以深入了解诸葛亮的才能。后来，刘备访世事于司马徽的时候，司马徽一改往日“好好先生”的行事风格，语气坚定地向刘备推荐了诸葛亮。此外，对于同辈学友，他也虚心请教、孜孜不倦，他曾回忆说：“昔初交州平，屡闻得失；后交元直，勤见启诲。”“屡闻”“勤见”正反映了他孜孜不倦的学习态度。这些优良的品质也成为诸葛亮赢得名士广泛赞誉的重要条件。

此外，除了内在的智商、情商之外，诸葛亮受到名士赞誉还有一个外在的先天优势，那就是“身长八尺，容貌甚伟”。汉代一尺约合今二十三厘米，八尺大约相当于今一米八四，可知诸葛亮身材比较高大。齐鲁之人普遍身材高大，山东人刘表、郑玄均身高八尺有余。中国古代社会比较讲究以貌取人，身高是相貌很重要的一个方面，即使至圣先师孔子也未能免俗。孔子收徒讲学的时候，一个名叫澹台灭明（字子羽）的人想到孔子门下求学，孔子看他相貌丑陋，就对他很冷淡，由于澹台灭明相貌丑陋，最终失去了在孔子身边侍奉以求教的机会，后来澹台灭明离开孔子回去自学，成为有名的学者，他处事光明正大，不存偏私，宽谅别人无心的过失，却对自己的品德严格要求。澹台灭明修身养性、传布仁德的名声很快在四方诸侯之间传开了，愿意追随他的门人弟子越来越多，他去楚国讲学时，跟随他一起去的弟子超过了三百人。孔子听说后，不由感慨地说：“我当时以貌取人，真是失之子羽啊。”汉代实行察举制，地方举荐人才时需要向中央递交“行状”，其中必须包括人物仪表这方面的内容，“以貌取人”成为选官制度的一个重要方面。汉代有不少士人因为外表出众而做官，东汉时的何熙就是凭借颜值高而出仕为官的。汉末魏晋之际“以貌取人”成为流行当世的风气，“建安七子之冠冕”的王粲少年时代就展露出过人的才华，中原大乱时，他投奔荆州牧刘表，希望有所作为。但王粲身材矮小，相貌丑陋，而且身体瘦弱，刘表本想招他做女婿，见了面后立刻改变了主意，不但不将女儿嫁给他，而且也不重用他，将他闲置一旁长达十六年之久。诸葛亮身材高大，相貌堂堂，可谓一表人才，在当时的社会风气下，对他的社会声誉无疑是有所助益的。

年轻的诸葛亮以其惊人的才华和过人的相貌，赢得了襄阳名士们众口一词的赞誉，他的名气在名士圈越来越大，刘备之所以愿意多次屈尊前去拜访，与襄阳名士圈对诸葛亮的推崇不无关系。

二、联姻襄阳豪族

东汉时期，襄阳地区经济繁荣，文化兴盛，开始成为豪族、名士的聚集地，聚居着许多豪强大族。东汉末年，从襄阳岘山之南到宜城之间，聚居着卿士、刺史等二千石级别的高官数十人，因此有“冠盖里”[①]之称。这一带有名有姓的豪强大姓就有蔡氏、蒯氏、黄氏、习氏、庞氏、杨氏、马氏、向氏、董氏、辅氏、廖氏、罗氏等。

诸葛亮随叔父来到襄阳后不久，两个姐姐在叔父的主持下先后嫁给襄阳的两家名门大姓。诸葛亮的大姐嫁给了襄阳蒯家的蒯祺，蒯家是东

---

①“冠盖”是古代官吏的帽子和车盖，借指官吏；“里”指居住之地，古代五家为邻，五邻为里。

汉末年襄阳地区的豪强大族，蒯越是蒯氏家族的代表人物，他和蔡瑁一起帮助刘表平息了荆州的叛乱，稳定了荆州的局势，蒯越一直是荆州政权的核心成员之一，曾任章陵郡太守。诸葛亮的大姐嫁入蒯家，使得诸葛亮与蒯家成为亲戚。诸葛亮的二姐嫁入了庞家，于是诸葛亮和庞家也成了亲戚，庞家的庞林又娶了习家的习祯的妹妹，于是诸葛亮又和习家连上了关系，后来习氏有不少人在蜀汉出仕，与此当有密切关联。

诸葛亮的妻子出自襄阳黄氏，襄阳黄氏可能是西汉邔严侯黄极忠的后裔。黄极忠是临江王国（今湖北江陵）人，在秦末农民起义的大潮中乘势而起，成为一支义军的首领，后来被项羽阵营的临江王共敖收编。刘邦打败项羽后，攻打第二代临江王共尉，黄极忠审时度势，投靠刘邦，帮助刘邦消灭了共尉。此后，黄极忠又随刘邦剿灭各异姓诸侯，特别是在消灭九江王英布的战斗中立下了汗马功劳。汉高祖十二年（前196年），黄极忠被刘邦封为邔侯，食邑千户，其封地在襄阳岘山至宜城间的汉水旁，黄极忠去世后谥号“严侯”，故史称邔严侯。东汉时曾任大司农、司徒的南郡邔县（今襄阳宜城）人黄尚应该就是邔严侯黄极忠的后裔，黄尚可能就是黄承彦的先祖，[①] 刘表大将黄祖很可能也是邔严侯黄极忠的后裔。

黄承彦不仅为襄阳名士，而且与当时襄阳一带的政治势力有着密切的关系。黄承彦的妻子出自荆州著名豪族蔡家，其父为蔡讽，蔡讽的姐夫是曾经担任过尚书令、大司农、太尉、司隶校尉等职的汉末名臣张温，而蔡讽的幼女又成了荆州牧刘表的后妻，蔡讽之子蔡瑁是刘表手下

---

① 叶植：《〈襄阳耆旧记〉史料价值献疑》，《南京晓庄学院学报》，2015年第1期。

的重臣。如此一来黄承彦成为蔡瑁的姐夫，同时也是刘表的连襟。他本人又是襄阳名士，性格豪爽，在襄阳地方豪族势力关系网中是一位重要的人物。诸葛亮在襄阳广结名士，自然会与黄承彦有所接触，黄承彦在与诸葛亮的交往中发现诸葛亮是一个抱负远大的青年，因此想把女儿许配给他。一次，黄承彦开门见山地对诸葛亮说："听说你尚未娶亲，我有一女，容貌虽然丑了些，可是还有些才能，品德也还配得上你。"诸葛亮见黄承彦如此坦诚，自己年龄也不小了，便一口答应了这门亲事。黄承彦选择诸葛亮做女婿，一方面说明年轻的诸葛亮确实已经展现出过人的才华，另一方面说明年轻的诸葛亮已经跻身荆襄名士之列，并为荆襄名士圈所看重，成了其中的佼佼者。诸葛亮深知黄承彦在荆襄名士中的地位和影响，答应了这门亲事。与黄家的联姻等于和刘表、蔡瑁都建立起了关系，加上两位姐姐嫁入蒯家、庞家，诸葛亮得以与荆襄豪族建立一个庞大的关系网，这无疑为他更好地立足襄阳，更多地得到地方豪族的支持，早日施展他的宏图大志提供了重要条件。当然，当时的婚姻讲究门当户对，这种豪族之间联姻的行为乃是当时的社会风气使然，本身无可厚非。再者，诸葛亮本人不是这个关系网的编织者，他两位姐姐的婚事是其叔父操持的，与诸葛亮无关。

据说诸葛亮夫人黄头发、黑皮肤，容貌不美，而诸葛亮高大帅气，这样诸葛亮与黄夫人就形成了鲜明的对比，以致当时大家都把这件事当作一件趣事，甚至还有人编了一句谚语："莫作孔明择妇，正得阿承丑女。"意思是说，挑媳妇可别像诸葛亮那样，挑来挑去，挑了个丑媳妇。诸葛亮夫人虽然容貌不美，却极具才华。诸葛亮博览群书，他深知在择妇这个问题上，若才貌双全，那自然最好。若二者只能得其一，诸葛亮更看重的是“才”而不是只看重“貌”。关于诸葛亮夫人的才气，有这样一则小故事，有一天，诸葛亮的朋友来他家做客，家里没有面粉了，诸葛亮就让妻子去磨一些面，结果没过一会儿就磨好了，诸葛亮感到很惊讶，于是就去磨房看了看，发现居然是几个木人在磨面，诸葛亮大为惊讶，忙向妻子求教，后来经过自己的研究和多次尝试，在这个基础上发明了“木马流牛”。这虽然只是后人杜撰的传说，却反映了诸葛亮夫人的心灵手巧。她勤劳节俭、善于持家，把家务处理得井井有条，无论是寓居隆中期间，还是在出山以后，她都一如既往地支持着诸葛亮的事业，使诸葛亮能够毫无后顾之忧地全身心投入事业。历史上，众多在事业上有所成就的男性，家中大多有一位精明能干的贤内助。诸葛亮之所以能在事业上取得巨大成就，与他夫人的支持和帮助是密不可分的。

东汉末年襄阳的豪族分为在朝、在野两股势力，在朝势力以蒯家、蔡家为代表，这两家都有大员在朝，在野势力则以庞家为代表，他们虽不在朝，却在当地有着巨大的社会影响力。诸葛亮与黄氏结为姻亲，加上之前诸葛亮两个姐姐嫁入蒯家、庞家，诸葛亮与襄阳蔡、蒯、庞、黄等诸家豪族都沾亲带故，非亲即友，无论是在朝派还是在野派，都有深刻的关联，这些襄阳大族之间又相互联姻，可谓亲上加亲、亲中套亲，这对于寓居襄阳的外地人诸葛亮的生存、发展无疑会有巨大的帮助。诸葛亮与蔡、蒯、庞、黄各家结成姻亲，虽然并没有依靠他们谋求政治资本，客观上却也有所受益，通过同他们的接触交往，身居隆中的诸葛亮能够迅速地了解时局的发展，获得朝廷和各个诸侯的政治动向以及当时各政治集团的内幕活动等情报信息。这些情报信息对于正在密切关注时局、分析时局发展方向的诸葛亮来说是至关重要的。后来刘备三顾茅庐，诸葛亮拿出的那份著名的策划方案“隆中对”，就是此前他对天下形势充分了解和正确分析之后形成的。

诸葛亮利用与襄阳大族蔡氏、蒯氏、庞氏、黄氏的姻亲关系，广交士人，联络感情，经常往来于襄阳城内外。庞德公的器重加上司马徽、黄承彦的赞赏，终于使诸葛亮在襄阳地区声名鹊起，后来刘备拜访司马徽时，司马徽语气坚决地称赞诸葛亮为当世俊杰，为刘备的三顾茅庐创造了条件。

三、结交青年才俊

年轻的诸葛亮才华横溢、性格坦诚、重情重义，这样的性格特点使他愿意结交朋友，这样的人格魅力也使别人愿意和他交朋友，他一生交友无数，甚至专门写了一篇文章论述交友，他写道：“势利者的交往，很难经得起长时间的考验。有知识有道德的人结交朋友，就像草木温暖时不随便开花，松柏寒冷时不改换树叶的绿色，这种友谊能够经历冷热四季而不衰败，经历顺境和逆境后更加牢固。”[①] 他是这样说的，也是这样做的。早在寓居襄阳期间，在不断的游学过程中，他就结交了很多青年才俊。这些青年才俊或出自襄阳名门，或来自战乱的北方，无论是本地世家大族还是外地流寓人士，诸葛亮都与他们建立了良好关系、结下了深厚友谊。

---

① 诸葛亮《论交》：“势利之交，难以经远。士之相知，温不增华，寒不改叶，能四时而不衰，历险夷而益固。”诸葛亮著，段熙仲、闻旭初编校：《诸葛亮集》，中华书局，2012 年版，第 45 页。

诸葛亮在荆州期间，与因战乱流寓荆州的博陵人崔钧，颍川人徐庶、石韬，汝南人孟建等人结为好友。他们关注天下大势，常常一同探讨时局。一次在畅谈仕途前景时，诸葛亮坦率地对他们说："你们三人做官的话可以官至刺史、郡守。"刺史、郡守已是二千石的高级官员，封疆大吏，镇守一方，做官做到这个级别已经相当了不起。三人听后就问诸葛亮的志向，诸葛亮却只是笑了笑，什么也没有说。诸葛亮不说话，既是照顾朋友们的面子，也暗含着他的志向比刺史、郡守更大。其实，他自比管仲、乐毅，志向已经很明确了，那就是出将入相，成就一番安邦定国的伟业。这样的自我定位，周围的人大多当作是诸葛亮的年少轻狂，并不认可，只有崔钧和徐庶等人，作为诸葛亮的挚友，洞悉他的才能，了解他的胸怀，对此深信不疑。在诸葛亮离开隆中前后，他的几个外地挚友孟建、崔钧、徐庶、石韬等人陆续北上，加入了曹魏集团，从此诸葛亮与他们天各一方，失去了联系，诸葛亮后来还曾寻找机会打听他们的下落。孟建北上后，任曹魏凉州刺史，官至征东将军。北伐时，诸葛亮曾在前线答复司马懿的信中，请他的手下转告对孟建的问候。石韬历任郡守、典农校尉，徐庶历任右中郎将、御史中丞。曹魏太和年间，当诸葛亮在北伐前线打听到石韬、徐庶的任职时，曾叹息说："魏国人才真多啊，为什么他们两人未被重用呢？"替他们未能充分发挥才能而遗憾、抱屈。后来，诸葛亮回忆起他们早年的交往，还不无感慨地说："当年和崔州平成为朋友，他常常指出我做事的得失；后来又结交了徐元直，他给了我很多启发和教诲。"语气之中充满了对过往友情的眷念。

庞德公的侄儿庞统与诸葛亮的二姐夫是堂兄弟，因为这层关系，他们成了亲戚。他们常在一起读书、交流，一起向名士学者请教，结下了深厚的情谊，又成了好友。庞德公是他们的长辈，通过长期的考察，给这两位才华横溢、胸怀大志的年轻人以极高的评价，诸葛亮“卧龙”、庞统“凤雏”的美名都出自庞德公。庞统其貌不扬，投靠刘备后，刘备以貌取人，只任命他做了小小的县令，这让庞统很是郁闷。后来，由于诸葛亮的竭力推荐，刘备才开始重用他，与诸葛亮一起担任军师中郎将。

诸葛亮与马氏家族的马良、马谡兄弟交情颇深。马良字季常，马谡字幼常，襄阳宜城人，马氏家族兄弟五人都很有才气，马良、马谡二人尤其出众，马良容貌上有一个特殊之处，眉毛中夹杂着一撮白毛，乡间流传着“马氏五常，白眉最良”的赞誉，而马谡则一直被人称许为“才器过人”。诸葛亮在襄阳时就与他们交往甚密。曹操攻袭荆州时，一大批荆州士人投向刘备阵营，马良兄弟也在其中。刘备、诸葛亮先后入蜀，马良随关羽留守荆州，他曾写信给诸葛亮，信中称诸葛亮为“尊兄”。裴松之认为马良大概曾与诸葛亮结为兄弟，或者他们之间有亲戚关系，诸葛亮比马良年长，所以马良才称诸葛亮为兄。可见诸葛亮在襄阳期间就已与马良结下了深厚的友谊，二人称兄道弟，关系十分亲密。诸葛亮对马良的弟弟马谡尤为偏爱，马谡喜欢谈论军计，诸葛亮对他特别器重，任命他为参军，每次和他谈论，总是从白天谈到夜晚。诸葛亮南征时，马谡给诸葛亮送行，送了几十里远还依依不舍，诸葛亮向他征求良策妙计，马谡提出了著名的“心战为上，兵战为下”的战略思想，诸葛亮南征的胜利与马谡的良策是分不开的。马谡在哥哥马良死后，与诸葛亮虽是上下级，却成为无话不谈的好友，不幸的是，马谡因为失街亭，二人的交情最终演变成“挥泪斩马谡”而遗憾收场。

诸葛亮与宜城向氏家族的向朗、向宠、向充等人也有交往。向朗小时候就拜司马徽为师，与徐庶、庞统关系很亲密，而徐庶、庞统都是诸葛亮的好友，因此诸葛亮在襄阳时与向朗结成友谊是顺理成章的。向朗曾被刘表任命为临沮县长，刘表死后归附刘备，刘备派他统管秭归、夷道、巫山、夷陵四县军事民政，入蜀后先后任巴西、牂牁、房陵太守，步兵校尉，丞相长史。诸葛亮对向朗的侄子向宠评价颇高，在《出师表》中写道："向宠将军性情和善，做事公平，对军事很精通，以前试用的时候，先帝就夸他能干，也因此经过大家的讨论，推举他当禁卫军的都督。我认为军营里的事，大大小小最好都能先征询一下他的意见，一定能使军队和睦，好人坏人都能得到恰当的安置。"诸葛亮死后，向宠的弟弟向充与另一位襄阳人步兵校尉习隆共同上表后主刘禅，请求为诸葛亮在沔阳建庙祭祀。这篇表文层次分明，说得既委婉又入情入理，蜀后主刘禅无话可说，于是下诏在沔阳为诸葛亮立庙宇。

习氏是襄阳著名的豪族大姓，[①] 王莽末年，南郡邔县人秦丰聚众起兵，割据黎丘（今襄城欧庙附近）一带，自立为楚黎王。汉光武帝刘秀在平定秦丰之后，和襄阳人习郁一起到黎丘巡视，当天晚上，刘秀与习郁这对君臣异床同梦，都梦见了苏岭山山神，刘秀觉得此事怪异，下令习郁为山神立祠，并雕刻了两只石鹿置于门前，百姓于是称呼山神祠为鹿门庙，苏岭山从此改称鹿门山。光武帝念及习郁协助自己一统天下、中兴汉室的功勋，封他为襄阳侯，襄阳习氏于是逐渐兴起，从东汉初年

---

①《晋书·习凿齿传》称习氏"宗族富盛，世为乡豪"，见房玄龄《晋书·习凿齿传》（卷82），中华书局，1974年版，第2152页。《襄阳耆旧记》记载："习融，襄阳人，有德行，不仕。子郁，字文通，为黄门侍郎，封襄阳侯。"见习凿齿著，舒焚校注：《襄阳耆旧记校注·人物》（卷1），荆楚书社，1986年版，第27—28页。

到东晋的三百余年，习氏家族名人辈出。习氏家族的许多成员与诸葛亮建立了深厚的情谊，他们选择了加入刘备集团，与诸葛亮同朝共事，为蜀汉政权做出了不同的贡献。如习氏家族的习祯风流倜傥，善于谈论，名气小于庞统，而在马良之上，为时人所推许，官至广汉太守。习祯之子习忠在蜀汉亦有名气，习忠之子习隆任蜀汉步兵校尉。习氏家族的习珍以忠于蜀汉而闻名，曾任零陵北部都尉。建安二十四年（219年）关羽北攻樊城时，孙权派吕蒙袭取荆州，关羽败走麦城，被俘身亡，荆州诸军纷纷投降东吴，习珍却拒不投降。后在其弟的劝说下，为了保存实力，假意投降，暗中约樊胄等举兵反吴，孙权派遣潘浚率军前去征讨，吴军所到的地方都被攻下，习珍只好率领剩下的数百人登山自守。潘浚多次送信给习珍，劝其投降，习珍都不予理会。潘浚只好独自到山下，约习珍面谈，劝其投降，习珍态度坚决地说："我宁可做汉鬼，也不做吴臣！"说罢发箭射向潘浚，潘浚只好继续围攻习珍。习珍在山上坚守了一个多月，粮箭皆尽之际，对其部下说："我受汉中王（刘备）厚恩，不得不以死相报，至于你们怎么办，你们自己决定吧！"说罢拔剑自刎而死，壮烈殉国。[①]虽然习珍为蜀汉殉国之事不一定是信史，[②]但习氏家族有不少人入仕蜀汉却是不争的事实。

杨氏家族是襄阳另一世家大族，汉末时期，襄阳城东南方的汉水中有一个沙洲，沙洲西岸有一个洄湖，杨仪住在上洄，杨颙住在下洄。杨

① 习凿齿著，舒焚校注：《襄阳耆旧记校注·人物》（卷1），荆楚书社，1986年版，第102—103页。

② 叶植：《〈襄阳耆旧记〉所载习珍忠烈事迹献疑》，《诸葛亮与三国文化》（四），四川科学技术出版社，2011年版，第516—528页。

颙和杨仪都先后追随刘备入蜀，二人都得到诸葛亮的重用。杨颙先后担任巴郡太守、丞相主簿，他深受诸葛亮的信任，在担任丞相主簿时，曾对诸葛亮亲自校对文书进行劝谏，他比喻说："有一个人，他安排奴仆负责耕种，婢女负责做饭，公鸡负责报时，狗负责防盗，牛用来载重，马用来载人，一件事也没有耽误，生活得舒缓、无忧。突然有一天，他想要亲自去做这些事，但这些琐碎的事务让他身体疲劳、精神困倦，最终一件事也没有做成。这不是因为他的智力不如奴仆、婢女、公鸡和狗，而是因为他这样做违背了作为一家之主的原则。"因此他认为，身为一国丞相而事必躬亲，有越俎代庖之嫌，而且整日劳累、空耗精力，最终只会一事无成，杨颙的话得到诸葛亮的肯定。[①] 杨颙去世后，诸葛亮十分悲痛，认为杨颙之死是蜀汉朝廷的一大损失。杨仪也长期在诸葛亮手下做事，建兴三年（225 年）被诸葛亮任命为参军，代行相府事宜。建兴五年（227 年）跟随诸葛亮到汉中，建兴八年（230 年）被提拔为长史。诸葛亮多次出兵，杨仪总是帮他制订规划，筹措粮草，他才干出众，做事果断，深受诸葛亮的倚重。

此外，诸葛亮的大姐夫蒯祺、二姐夫庞山民也都是襄阳的年轻俊杰，诸葛亮常去看望两位姐姐，同他们的来往自然也不会少。

诸葛亮同荆州青年才俊的交往为刘备集团争取到了一大批人才。赤壁之战以后，荆州地区被曹操、孙权、刘备三方瓜分，但荆州士人绝大部分归附了刘备，其中原因固然与刘表在襄阳大力推行儒家正统教育、导致襄阳士人强烈的国家认同感有关，也与诸葛亮在襄阳的广泛交游密

---

① 司马光：《资治通鉴·魏纪二》（卷 70），中华书局，1956 年版，第 2215 页。

不可分。表面上看，刘备三顾茅庐只请出了诸葛亮，实际上通过诸葛亮，刘备得到了一大批诸葛亮在襄阳结交的青年才俊，如庞统、庞林、马良、马谡、杨仪、杨颙、向朗、廖化、习祯等，[①]与其说是他们选择了追随刘备，不如说是他们选择了追随诸葛亮。以“卧龙”诸葛亮和“凤雏”庞统为核心，后来这一大批有政治信念的青年人又追随刘备入蜀，成为蜀汉政权能够建立与稳定的重要政治基础。

总之，寓居襄阳的十余年里，诸葛亮结交了一大批具有政治眼光的饱学之士，他们关注天下形势，常常在一起各抒己见，畅所欲言，相互激励，取长补短。通达的人际关系使诸葛亮虽然身处隆中，却能够及时获取各方面信息，洞悉天下大势，胸有成竹地指点江山。诸葛亮在与他们的交往中不断丰富自己，提升自己，完善自己，终成年青一代的领袖人物。在与襄阳名士频繁的交往过程中，诸葛亮依靠自身的才学和努力，获得了襄阳名士的交口称赞，一传十，十传百，诸葛亮在襄阳越来越有名气。后来深知诸葛亮才能的徐庶在投奔刘备受到器重后，立即向刘备举荐了诸葛亮，并希望刘备亲自去拜访，这才有了刘备的三顾茅庐。后世有无数人物曾经效仿诸葛亮的职业轨迹，先躬耕隐居，再出山建功立业，却少有成功的。除了个人禀赋的差异外，一个重要的原因就是他们没有诸葛亮那样的一大批良师益友，缺少了朋友们的帮扶，想在隐居和入世之间游刃有余地切换，恐怕绝非易事。

---

① 丁邦友、魏晓明先生根据《三国志》《后汉书》《华阳国志》《晋书》制作了《三国时期人力资源表》，数据显示，荆州地区出仕蜀汉的人数达 71 人，其中襄阳一地即有 22 人之多，占了总数的近三分之一。见丁邦友、魏晓明：《人才资源与三国鼎立》，《广东社会科学》，1996 年第 5 期。

第五章　审时度势的明智选择

作为杰出的政治家、外交家，诸葛亮善于仔细分析、研究并预测时势的特点和变化，根据变化了的形势因时制宜，在转瞬即逝的时机中抓住机遇，在纷繁复杂的矛盾中抓住主要矛盾，及时调整策略，做出当时条件下最明智的选择，体现出一位成熟政治家审时度势、深谋远虑的杰出谋略。

一、宁缺毋滥的择主标准

东汉末年，社会混乱，诸侯割据，天下动荡不安，处于这样一个动乱时代的士人，陷入了出仕与退隐的矛盾中。一方面，儒家要求士人努力加强道德修养，以积极入世的精神参与到现实政治中去，努力发挥自己的作用。就传统的社会价值观而言，出仕依然是许多士人的第一选择。另一方面，对于士人来说，选择一个合适的君主十分重要。如果能够选择到一个合适的君主，士人的政治抱负就能够实现，例如周瑜等人。如果选择不当，不但可能一事无成、虚度生涯，更可能灾祸立至、生死不测，袁绍的谋士田丰、沮授就是先例。因此，在汉末特定的时代背景下，出现了君臣双方相互选择的局面。

诸葛亮是一个深受儒家思想影响的知识分子，他的政治抱负是做一个管仲那样助明主成就霸业的贤相，因此他是不会甘心一生隐居隆中的。但是他偏偏又躬耕于隆中，“苟全性命于乱世，不求闻达于诸侯”，不肯轻易为人所用。诸葛亮一生谨慎，尤其在择主的问题上，他心目中理想的人主应该是以复兴汉室为己任，既具有雄才大略而又能礼贤下士的一代英主。因此，他在择主之前，必然要对天下大势和各路英豪进行充分比较，寻找一个最能实现自己的政治抱负、最大限度体现自己人生价值的明主。

在一般人看来，按诸葛亮的条件，与他有亲戚关系又兵多将广的荆州牧刘表应该是他择主的第一人选，但诸葛亮在叔父去世后却选择了隐居隆中，而且一住就是十年，根本没考虑在刘表手下谋个一官半职，这样的选择颇为令人不解。他为什么做出这样的选择呢？我们相信，这个决定是诸葛亮深思熟虑之后的结果。

因为叔父的关系，诸葛亮对刘表有一些初步的了解，与黄氏成亲后，刘表成了诸葛亮的姨父，日常生活中不可能没有接触，诸葛亮对刘表的了解就更深了。在诸葛亮看来，刘表年事已高，再也没有了当年单人匹马平定荆州的锐气，又缺乏宏大的政治抱负，不思进取，只求自保，无法给诸葛亮提供施展才能的广阔舞台。刘表并没有匡扶汉朝的远大志向，他只想守住自己的一亩三分地，这与诸葛亮的志向严重不符。退一万步说，即使刘表志在天下，刘表政权的组织结构也决定了诸葛亮难以进入权力核心。刘表的政权主要由三部分人组成：一是荆州豪强，如蔡氏家族的蔡瑁、蒯氏家族的蒯越、黄氏家族的黄祖等，这是刘表倚靠的主要力量，是荆州政权的核心；二是荆襄名士，如从事中郎韩嵩等，这是刘表团结的对象；三是外来名士，如东曹掾傅巽等，但这只是刘表政权的点缀，外来名士基本是受排斥的。当时流寓荆州的人士后来在魏、蜀、吴各方大有作为者不胜其数，如后来归附曹魏的司马芝、裴潜、和洽、王粲、桓阶、邯郸淳、徐庶等，归附蜀汉的诸葛亮、庞统、魏延、黄忠、马良、蒋琬、廖化等，以及归附东吴的甘宁等，在荆州都未能得到任用。在刘表这里，首先他不是荆州本地的豪强，其次他不是名满天下的名士。即使刘表用了他，他也不可能是刘表手下第一谋士，顶多只是众多幕僚的其中一个，还随时有被排挤的可能。

何况，当时刘表的幕府中并无诸葛一辈的年轻人，刘表的谋士、将领主要是蒯良、蒯越兄弟及蔡瑁等人，蒯良、蒯越兄弟年龄不见记载，但根据蒯越与刘表都曾经做过大将军何进的部属推测，蒯越的年龄应该与刘表相当。蔡瑁小时候就和曹操关系亲近，年龄应与曹操差不多，而曹操比刘表小十三岁，推测蔡瑁的年龄也比刘表稍小一些。可见刘表的幕府以年龄与刘表相当的谋士为主，诸葛亮比刘表整整小了三十九岁，辈分上又晚了一辈，在刘表眼中只不过是个后生小子，自然入不了刘表的法眼。从刘表长子刘琦以抽梯问计的方式与诸葛亮谋划一事来看，诸葛亮交往的对象主要是年轻一辈。当时曹营中也没有什么年轻人，东吴阵营中倒是年轻人比较多，如周瑜只比孙权大七岁，鲁肃只比孙权大十岁，吕蒙只比孙权大四岁，陆逊甚至还小孙权一岁，但东吴重用年轻人是因为掌权的孙氏兄弟本身是年轻人，所以大孙权二十六岁的张昭等老臣才逐渐被边缘化。

当时襄阳有一大批本地豪族和外地名士就坚决不和刘表合作，对其避而远之。本地豪族里除了蒯家、蔡家与刘表政权关系密切外，其余的习家、杨家、向家等基本属于在野派，如庞家的庞德公、黄家的黄承彦等，不仕刘表的外地名士则以司马徽为代表。诸葛亮经常拜访求教于庞德公、司马徽、黄承彦等襄阳名士，接触频繁，在耳濡目染、潜移默化之中，这几位名士的政治见解、处世原则对诸葛亮产生了深远的影响，他们不加入刘表政权的态度对年轻的诸葛亮起到了示范作用。诸葛亮在叔父去世后隐居隆中，与庞德公、黄承彦、司马徽等名士不仕刘表有相似之处。

普通的人把工作当作饭碗，优秀的人把工作当作事业，而杰出的人把工作当作实现志向的平台。诸葛亮无法在刘表手下找到这个平台，他唯有等待，等待着自己心目中理想人主的出现，等待着实现志向的平台的出现。这一等就是漫长的十年，十年里，诸葛亮也曾有过焦虑和迷茫，不知道理想的人主到底会不会出现，何时才能出现。所幸，刘备的出现，让他十年的等待有了结果。

那么，“挑剔”的诸葛亮为何最终选择了刘备？要知道，刘备“三顾茅庐”时，尚无立锥之地，既没有自己的地盘，又没有什么兵力，寄人篱下，还受到刘表的猜忌。荆州集团的实权人物蔡瑁等也对其存有戒心，必欲除之而后快。刘备当时的处境可说是举步维艰，与雄踞北方、虎视江南的曹操和在江东已有三世基业的孙权相比，势力微乎其微。既然如此，在当时“不但是君择臣，而且臣也择君”的大环境下，诸葛亮为何不投靠实力雄厚的曹操、孙权，而是选择了势单力薄的刘备呢？

诸葛亮不选择曹操的原因是显而易见的。首先是感情上的难以接受。初平四年（193 年）、兴平元年（194 年）曹操两次征讨徐州，大肆屠杀无辜民众，大量徐州民众无辜惨死，幸存者不得不流离失所，远遁他乡，诸葛家族也不得不加入避难队伍，彼时的诸葛亮仅有十三四岁，连绵的战乱、野蛮的屠杀、无奈地逃离，深深地刺痛了诸葛亮幼小的心灵。曹操给少年诸葛亮留下了残忍嗜杀的第一印象，这种童年经历深刻地影响到诸葛亮对待曹操的态度，并对此后择主时放弃曹操产生了重大影响。其次是理想上的根本分歧。诸葛亮深受儒家思想影响，一生以“兴复汉室”为己任。曹操“名为汉相，实为汉贼”，诸葛亮在“隆中对”中称曹操“挟天子而令诸侯”，一个“挟”字已经反映出诸葛亮对曹操的厌恶态度，因此曹操根本不在诸葛亮的考虑之列。第三或许也有现实上的具体权衡。当诸葛亮在群雄争战的江湖背景中作为一种新生力量成长起来时，曹操作为最大的一方势力，政治规划早已完成，队伍建设已经完备，谋士如郭嘉、荀彧、贾诩、荀攸等，都在曹操的政治、军事生涯中起到过重要作用，参与过重要决策，他们长期追随曹操，经过了长期的磨合，是共同的创业者，也是利益共同体，有感情，有默契，甚至也不乏精神上的共鸣，后发的诸葛亮跻身其间，很显然并没有任何优势，诸葛亮对此也有清醒的认识，曹操手下有的是能人，不可能再给诸葛亮一个重立大旗、重新规划的机会。裴松之认为，以诸葛亮的才智，如果选择追随曹操，也能尽展其才华，成就一番更大的事业，这恐怕是一厢情愿的书生之见。一来曹操平定北方后，其帐下一时猛将如云，谋臣如雨，诸葛亮初出茅庐年纪尚轻，且投靠时间偏晚，要想在曹操众多的文臣武将中脱颖而出谈何容易，对此状况，诸葛亮是有清醒的认识的。当好友孟建准备返回北方求取功名时，诸葛亮并没有劝他留下，只是淡淡地提醒说："中原地区能人很多，要成就一番事业何必非要回到故乡呢？"这一点还可从孙吴大臣张昭向孙权举荐诸葛亮、诸葛亮却不肯留在东吴看出来。别人问他不肯留下的原因时，诸葛亮回答说："孙将军能够重用我，但却无法让我的才能充分发挥，所以我不愿留下。"诸葛亮对孙权的拒绝何尝不是对曹操的拒绝呢？二来在门阀士族势力相对比较强大的北方，诸葛亮的家道已经衰落，其仕途必然会受到一定影响，因此诸葛亮想要在曹魏集团中取得一人之下、万人之上的地位，恐怕不太可能。后来，诸葛亮听说昔日的朋友石韬、徐庶在魏国官职不高，感叹道："曹魏的能人真是多呀！为何他们两人没得到重用呢？"诸葛亮的感叹，除了感叹朋友的境遇之外，何尝不是对自己当初择主刘备的庆幸呢？曹操与孙权虽然是人中豪杰，两人的个人能力都远在刘备之上，而且霸业初立，但他们不能让诸葛亮的才能充分发挥，这是诸葛亮不肯投靠曹操、孙权的原因之一。

至于孙权，本身就是偏安一隅缺乏雄心，另外，东吴事实上的割据，也与诸葛亮匡扶汉室的政治理想相悖，此木并非良木，根本不用绕树三匝，完全不在诸葛亮的考虑之列。

那么，诸葛亮又为什么选择刘备呢？诸葛亮选择刘备，同样有感情上的因素。早在还在阳都老家时，诸葛亮就听闻过刘备的大名，对刘备有一些朦胧的认知。刘备当时应徐州刺史陶谦之请增援徐州，他的表现迥异于曹操，不仅帮助徐州牧陶谦抵抗曹操的进攻，而且谦让徐州牧一职。可以说，刘备的仁义形象当时就已经走入了少年诸葛亮的心中。十几年之后，当他们再次相遇于襄阳时，少年时期的一幕幕往事涌上心头，诸葛亮对刘备的好感更加明晰起来。

当然，仅有好感是远远不够的，最主要的原因，是刘备与诸葛亮有着一致的政治目标——兴复汉室。刘备作为汉景帝之子中山靖王刘胜之后，拥有汉室血统，是汉室宗亲，虽然屡战屡败，但是始终心怀天下，一心想着兴复汉室，与诸葛亮的抱负相契合。刘备三顾茅庐，君臣二人一见如故。此后“兴复汉室”成为刘备集团的行动纲领，蜀汉建立后，又成为蜀汉政权的基本国策。可以说，正是兴复汉室的共同目标使他们走到了一起。刘备与诸葛亮不仅在兴复汉室这一点上一致，而且对于兴复什么样的汉室，看法也是一致的。刘备与诸葛亮曾谈到两汉政治，认为“亲贤臣，远小人”是西汉“所以兴隆”的原因；反之，“亲小人，远贤臣”是东汉“所以倾颓”的原因。每论及此，刘备与诸葛亮“未尝不叹息痛恨于桓、灵也”，说明刘备与诸葛亮的“兴复汉室”，不是要维护东汉的腐败政治，而是要重兴高祖帝业，重走光武中兴之路，重建一个全新的大汉王朝。

诸葛亮深知，“兴复汉室”绝不是一件容易的事，其间必然充满着挫折，正因如此，一位有着折而不挠精神的当世英雄是实现此目标的必然选择，而刘备恰恰是一位折而不挠的英雄人物。刘备是当世英雄，这是当时很多人对他的评价，袁绍、曹操都曾直接这样评价他。刘备具有雄才大略、雄心壮志。具体来说，他具有兴复汉室的政治抱负，不甘人下的英雄气魄，折而不挠的刚毅性格。刘备早期的经历可以说是屡战屡败，当时就有人嘲讽他“拙于用兵，每战则败”，这话虽有夸大之嫌，但大体不差，前期的刘备确实是败多胜少。但刘备又是刚毅的，虽然屡战屡败，却又屡败屡战，他来自社会底层，没有什么可以凭借，完全是靠自己不屈不挠的主观努力而成功的。刘备二十四岁参加镇压黄巾起义，因征讨黄巾军有功，被授予安喜县尉一职，不久，朝廷要裁汰一批凭借军功担任官职的人员，刘备怀疑自己在裁汰之列，正好这时督邮[①]来到县里，刘备请求谒见，想借机打探一下消息，没想到督邮竟然借口生病拒绝和刘备见面。刘备心中愤恨，回到县衙，带上自己的亲信，冲进督邮住处，假称自己奉太守的命令抓捕督邮，就这样绑着督邮离开县衙，到了县界边，他把督邮绑在树上，又解下自己的官印，系在督邮的脖子上，鞭打督邮之后，弃官亡命天涯。[②]不久，刘备再次从军，因有战功，任高唐县尉、高唐县令，但不久被黄巾攻破城池，只好投奔了少年时的同学公孙瓒，做了公孙瓒的别部司马，因抗拒袁绍有功，担任平原相。十余年间，他虽能凭借战功获得一定的任命，但职位低微，屡得屡失。三十四岁是刘备人生道路上的一个重要转折点，这一年，曹操征讨陶谦，刘备同青州刺史田楷一起赴救，陶谦推荐刘备任徐州刺史，继而领徐州牧，成为一方诸侯。但好景不长，他很快就遭到袁术、吕布的袭击，丢掉了徐州，不得已而依附于曹操。曹操给他增兵，助他攻打吕布，结果又被吕布打败。此后，刘备跟随曹操回到许昌，但他担心曹操看出他的志向，只好闭门不出，低调做人。他不甘心依附于曹操，参与了车骑将军董承密谋诛杀曹操的“衣带诏”事件，因此心里不安，借

---

① 汉代各郡郡守的属吏，代表郡守督察县乡，宣达政令。

② 陈寿撰、裴松之注:《三国志·先主传》(卷32)，中华书局，1959年版，第872页。

机离开了许昌，反叛曹操而与袁绍联合，自此以后便与曹操撕破了脸，终生与曹操为敌。建安五年（200 年），曹操东征刘备，刘备一败涂地，连关羽也被生擒，刘备只得投奔袁绍，不久他发现袁绍不能用人，又南下荆州投奔刘表，但刘表对他表面信任，暗地里防备，将他安置于新野，作为抗击曹操的第一道防线。十数年间，刘备屡战屡败，抛妻弃子，四处投奔，寄人篱下，郁郁不得志。可见，刘备前半生的人生道路非常曲折，自始至终充满着危机，常常如丧家之犬一般惶惶不可终日。但刘备从未放弃，他折而不挠、败而不馁，为了憧憬的目标始终不懈奋斗着。

诸葛亮选择刘备集团，还因为刘备集团具有广阔的发展空间。诸葛亮的志向，是要出将入相，一人之下，万人之上。当时的刘备寄人篱下，无寸土可以立业，手下人才也匮乏，武将不过关羽、张飞、赵云，谋臣不过糜竺、孙乾、简雍等数人，刘备的这些“劣势”对于诸葛亮来说恰恰是巨大的“优势”。试想，假如刘备和曹操一样手下人才济济，诸葛亮还能受到特殊的重用吗？正因为刘备手下人才的极度匮乏，恰恰给诸葛亮大展宏图提供了广阔的空间。也因为当时的刘备手下人才奇缺，他才思贤若渴，诸葛亮无论是投靠曹操还是孙权都只是锦上添花，而投靠刘备则是雪中送炭，因而两人之间关系如同鱼水，情好日密。

诸葛亮自比管仲、乐毅，他希望未来的人主是一位善于用人的仁义之君。刘备在创业的前期即有仁义的名声，他虽然不善用兵，但他待人真诚，虽然屡遭挫败，但不久便能重新把队伍集中起来。论智谋刘备不如诸葛亮、庞统、法正，论武功则不如关羽、张飞、赵云、黄忠，但文臣武将皆能为之用，这一点很像汉高祖刘邦。一个杰出的政治家并不一定个人能力多么出众，能团结众人，知人善任，最大限度地发挥下属的才能，用集体的力量战胜敌人，这才是最宝贵的才略。刘备入蜀初期，还比较注意广泛团结各方力量，在人事安排上还比较恰当。刘备领益州牧之后，任诸葛亮为军师将军、益州太守，任法正为扬武将军、蜀郡太守，以关羽总督荆州，张飞、马超为将军，许靖、麋竺为宾友，董和、黄权、李严等人原是刘璋的下属，吴壹、费观等人是刘璋的亲戚，刘巴则是与刘备有嫌隙的人，然而刘备都能尽量根据他们每人的才能合理安排。因此，蜀地有志之士无不竞相劝勉、愿为效力。[①] 不管是长期追随刘备的有功之臣，还是刘璋的旧部，益州的知名人士，甚至曾经反对自己的仇人，刘备都做了恰当的安排，调动了各个方面的积极因素，扩大了统治基础，使新建的蜀汉呈现一片兴旺气象。刘备在世时，蜀汉的人才虽然比不上魏、吴，但也称得上人才济济，对比后来诸葛亮时期的“蜀中无人”，可以看出刘备的知人善任恐怕并不逊色于诸葛亮。刘备不但知人善任，还有知人之明。比如深受诸葛亮赏识的马谡，刘备临终前却特别提醒诸葛亮：“马谡言过其实，不可大用！”后来马谡虽曾在诸葛亮南征时出过“攻心为上”的好主意，但他刚愎自用，丢失街亭，使诸葛亮首次北伐的成果毁于一旦，却证明了刘备的先见之明。

此外，还有一点原因，向来很少为人关注，那就是诸葛亮与刘备学术方向的一致。刘备是古文经学大儒卢植的弟子，而卢植又是古文经学大儒马融的弟子，可见刘备的思想是倾向于古文经学的，诸葛亮也研习古文经学，刘备与诸葛亮在思想方面有共通之处，诸葛亮最终选择辅佐

① 陈寿撰，裴松之注：《三国志·先主传》（卷 32），中华书局，1959 年版，第 882—883 页。

刘备或许与此也有关系。刘备、诸葛亮两人的这一共同点值得重视，他们能在共同的事业上走到一起绝不是偶然的。

刘备三顾茅庐的这一年，诸葛亮已经二十七岁，同龄之人在孙权、曹操处已经崭露头角，而他的地位、声誉、影响仍然比较有限，已经没有太多的选择余地和机会，时不我待，机遇来了就要及时抓住，是时候结束隐居的生活，走出隆中的山林了。

二、联吴抗曹的不二选择

建安十二年（207 年），诸葛亮在“隆中对”中为刘备规划设计了三步走的战略目标：第一步近期目标，夺取“用武之国”荆州和“天府之土”益州，作为刘备的立足之地。第二步中期目标，从内政、外交两方面发展壮大实力，利用外交争取盟友、稳定后方，整顿政治，发展经济，做好内部建设。第三步远期目标，一旦“天下有变”，对曹魏两路出兵，发起钳击，夺取中原，最终实现复兴汉室的目标。应该说，这三步战略是有其先后顺序的，诸葛亮希望刘备按照规划好的路线，踏踏实实一步一步地逐步实现“兴复汉室”的最终目标。此后刘备集团的战略行动也基本上是按照这个战略规划逐步进行的。在诸葛亮的规划里，刘备集团在实现占领荆州、益州的近期目标后，对外要和孙吴搞好关系，也就是要和曹魏、东吴三足鼎立，三分天下，然后伺机北伐，统一中原。诸葛亮之所以要走先三分、后一统的“曲线救国”道路，是因为他深刻地了解了当时的历史、经济和地理背景。

自黄巾起义以来，北方战乱四起，黄巾起义的主要战场在北方的青、豫、兖、徐、冀、青、幽、并八州，这一地区社会生产开始遭到破坏，随后的军阀混战使北方人口锐减，社会生产遭到彻底的破坏。初平元年（190 年），关东州郡起兵讨伐董卓，董卓挟持汉献帝迁都长安，临走之前，纵兵大肆烧杀劫掠，将首都洛阳两百公里内几百万人强行西迁，造成洛阳附近方圆两百里成为无人区。董卓死后，其部下李傕、郭汜又在长安附近混战，兵连祸结，关中也成了无人区。曹操为报父仇讨伐徐州，大肆屠杀无辜民众，致使徐州地区人民大量死亡，侥幸免于死亡的人民大量向外迁徙，昔日繁华的中原大地，如今一幅“出门无所见，白骨蔽平原”的凄惨景象，使中原地区的经济遭到严重的破坏。曹操基本统一北方地区之后，虽然占有了广大的地域，人口却少得可怜，户口数只有以往的十分之一。[①] 曹魏虽然占有数州之地，但人口还没有以前一个州的人口多，[②] 甚至比不上文景时期的一个郡，[③] 可见当时人口减少的严重程度。

反观这一时期的南方地区，社会经济却有了进一步的发展。南方地区气候优越、水源充足，长期以来受制于劳动力及生产技术，经济发展落后于北方地区。汉末北方的战乱迫使大量北方人民迁移到相对安定的

① 陈寿撰，裴松之注《三国志·张绣传》（卷 8）记载：“是时天下户口减耗，十裁一在。”中华书局，1959 年版，第 262 页。

② 陈寿撰，裴松之注《三国志·杜畿传附子恕》（卷 16）记载，杜恕于太和年间（227—232 年）上疏称：“今大魏奄有十州之地，而承丧乱之弊，计其户口，不如往昔一州之民。”中华书局，1959 年版，第 499 页。

③ 陈寿撰，裴松之注《三国志·陈群传》（卷 22）载其青龙年间（233—236 年）上疏称：“今丧乱之后，人民至少，比汉文景之时，不过一大郡。”中华书局，1959 年版，第 636 页。《三国志·蒋济传》（卷 14）载其景初年间（237—239 年）疏：“今虽有十二州，至于民数，不过汉时一大郡。”中华书局，1959 年版，第 453 页。

南方，李傕、郭汜之乱时，关中、南阳地区有数万人迁入益州，刘焉将他们全部收编为军队。还有一些北方民众经南阳盆地迁徙到荆州，关中人民流入荆州的就有十余万家。随着人口的迁移，南方人口逐渐增多，人口的南北分布趋于平衡。大量南迁的北方人不仅给南方地区带去了大量的劳动力，而且带去了北方先进的生产工具和耕作方法，铁器和牛耕作为当时的先进生产工具在南方地区得到进一步的推广，农业科技水平也进一步提高，南方地区与北方地区的经济差距逐步缩小，南方逐渐形成足以抗衡北方的经济均势。

此外，在冷兵器时代，运输条件落后，战争对自然地理条件依赖性很强，地理环境在古代政治、军事格局形成中所起的作用不容忽视。地理环境有时甚至直接决定着战争的胜败，并直接影响着历史的进程。汉末三国局面的形成固然是各政治集团力量较为平衡的结果，也与三方所在的地理环境有密切关系。蜀地偏居西南，四塞险固，北有秦岭、巴山之阻，东有巫山、峡江之险，刘备、诸葛亮能以三方最弱的实力与曹魏抗衡，使蜀汉维持四十多年，与巴蜀地区得天独厚的地理优势不无关系。孙吴则有长江之险，在北方士兵不习水战的情况下，宽阔的长江江面无疑是北方士兵难以逾越的天堑，造成东吴政权对北方进攻虽不足，防守却有余，赤壁之战，孙吴以依托长江天险，士兵习于水战而克敌制胜，确保了孙吴政权在江南站稳脚跟。

总之，当时南北方经济条件和地理环境的均势，使得蜀、吴两方联合起来，进攻虽不足，防守却有余。在北方经济尚未恢复到绝对优势之前，是难以迅速一统天下的，这是当时历史条件的必然。诸葛亮认识到，在三足鼎立、两方弱一方强的情况下，两个弱方要想生存下去，只有联合起来才有出路，这是最好的策略。如果两个弱方自相残杀，结果注定是两败俱伤，到那时，只能任人宰割了。诸葛亮看到了孙、刘联合的必要性、重要性，鲁肃也看到了这一点，他主张把南郡“借”给刘备，正是具有远大战略意义的策略。诸葛亮认识到了这一点，故在“隆中对”中提出先三分后一统的战略步骤，而在这三个步骤中，东和孙权、共抗曹魏是不可或缺的一环，但诸葛亮的本意是先“跨有荆、益”，再“东和孙权”，这一顺序却被曹军南下的铁骑打乱了。

建安十三年（208 年），曹操率大军南下，直扑荆州，刘备原定的等待时机夺取荆州的计划被完全打乱，“隆中对”的规划几乎无法进行下去，诸葛亮不得不对战略规划作一些调整。在曹军的进攻下，刘备一路败退，几乎全军覆没，当此生死存亡之际，诸葛亮“受任于败军之际，奉命于危难之间”，主动请缨前去江东联合孙权，尝试提前实践“孙刘联合”的外交策略。

曹军的南下也给孙吴带来了巨大的震动，孙权深知，曹军的下一个目标就是自己，站在长江边的孙权仿佛已经看到曹军铁骑的身影。果然，曹操轻易地就占领了荆州，他志得意满，企图一鼓作气，一举吞并江东。孙权很清楚自己的家底儿，他明白，仅靠东吴是不足以抗衡曹军的，因此也有联合刘备的需要。于是鲁肃紧急奔赴荆州，以吊唁刘表的名义，寻求与刘备集团的合作。

面对曹操的军事恫吓，孙吴内部是战是降争论不休。以张昭为首的主和派认为曹操兵多势众，又以天子的名义出征，名正言顺，占据了荆州要地，具有了上游优势，失去了长江天险的东吴无力与曹操对抗，不如投降。以周瑜、鲁肃为首的主战派则认为只有抗击曹操，东吴才有出路。孙权既缺乏战胜曹操的信心，又不甘心将父兄开创的基业拱手让人，因此举棋不定，一时拿不定主意。

来到东吴的诸葛亮很快看出了孙权内心的犹豫，他向孙权客观分析了敌我形势，指出曹操虽然兵多将广，却有诸多不可克服的弱点：曹军号称八十万，实际不过十五六万，而且长途跋涉，不过是强弩之末而已，不足为惧。况且北方将士不擅长水战，也不适应南方的气候，战斗力必然大打折扣。荆州新降之兵与曹军并不一心，不会真心为他出力。此外，曹操的后方并不稳固，关西的马超、韩遂是其后顾之忧。所以，曹操貌似强大，却并不是不可战胜的，在诸葛亮、鲁肃和周瑜的共同努力下，孙权终于不再犹豫，坚定了抗曹决心。

孙刘双方结盟是诸葛亮主动争取到的关键一步棋，结果正如诸葛亮所料，赤壁一战，弱小的孙刘联军一举击败了貌似强大的曹操。战后，曹、刘、孙三方瓜分了荆州，曹操占据了南阳郡和南郡的北部；孙权占据了江夏郡和南郡的南部；刘备则占据了武陵、零陵、长沙和桂阳四郡。刘备在获得了荆州的大部分地区后，又从孙权手中借来了南郡的大部分地区，成为赤壁之战的最大受益者。不久，刘备又入蜀占有了益州，初步实现了跨有荆、益二州的目标，成为与北方的曹操、东南的孙权鼎足而立的三大势力集团之一。

从以上事实看，刘备势力在赤壁之战后的迅速崛起，毫无疑问是诸葛亮联吴抗曹外交策略的结果。假如没有孙刘的联合，刘备很有可能被曹操所灭，即便侥幸逃脱，恐怕也难以再有所作为。孙刘的联合形成了足以抗衡曹操的力量，使孙刘双方都避免了被曹操吃掉的厄运，也暂时遏制了曹操并吞天下的野心，孙权和刘备的这次联合实现了

“双赢”。因此，从根本上说，刘备的胜利是诸葛亮联吴抗曹外交策略的初步胜利。

但赤壁之战后，蜀、吴矛盾开始凸显，同盟关系逐渐破裂，究其根本，在于在荆州的问题上，双方有着难以调和的矛盾。荆州位于长江中游，对下游的江东是一个严重威胁，孙权要想巩固江东，非夺取荆州不可。鲁肃曾经对孙权分析当时形势时说：“我私下以为，汉朝不可能复兴，曹操也难以立刻除掉。为将军打算，只有像鼎足那样立足江东，观察天下的变化。”建议孙权乘北方多事之际，迅速剿除屯驻夏口的黄祖，进而进攻刘表，控制整个长江流域，然后再与曹操周旋，图谋天下。鲁肃为孙权谋划了发展势力的三个步骤：第一步鼎足江东，第二步全据长江，第三步图谋天下，这就是可与“隆中对”相媲美的“江东对”，其出笼比“隆中对”早了七年，并已经得到很好的初步实施。鼎足江东和进伐刘表的目标已经实现，对于孙权来说，若蜀汉据有荆州全境，就像在孙权的头上悬了一把随时可能落下的宝剑，这将使孙权坐卧难宁，毫无安全感可言。正因如此，占据荆州、全据长江是孙吴集团的核心利益所在，也成为孙吴集团上下孜孜以求的战略目标，“隆中对”打乱了东吴全据长江的战略规划，是东吴绝对不能接受的。对于蜀汉来说，荆州是两路出兵、北伐中原的基地之一，跨有荆、益二州，才能实施诸葛亮在“隆中对”中提出的两路出兵、兴复汉室的计划。如果断了荆州这条路，蜀汉要进攻曹魏就只剩一条路，成功的可能性大打折扣，所以荆州在蜀汉政权中的地位也非常重要，这就决定了蜀汉集团也不会甘心放弃荆州。东吴对荆州的觊觎打乱了“隆中对”的战略规划，也是蜀汉不能接受的。荆州地区对孙刘双方来说都是势所必争之地，这就注定了双方的争端不可避免。赤壁之战以后，曹、孙、刘三家三分荆州。面对这种局面，孙权的如意算盘是笼络住刘备，将刘备逐步纳入其麾下，以东吴为主共同进占益州，孙权曾派孙瑜图谋益州，但遭到刘备的坚决反对，未能实现。刘备的如意算盘则是占据荆州尤其是南郡以为立足之地，隔开东吴，然后独自占领益州，以实现“隆中对”的战略目标，所以才有刘备向孙权“借荆州”（实际只是借南郡）之举，孙权一时未能察觉到刘备的野心，加之也需要借助刘备的力量分担曹魏的军事压力，同意了将南郡借给刘备，为此后双方争夺荆州埋下了祸根。

果不其然，很快，蜀、吴两方就在荆州问题上屡起争端。建安十九年（214 年）刘备夺取益州后，孙权立即派诸葛亮的大哥诸葛瑾出使蜀汉，想要讨回荆州，刘备当然不愿意将荆州拱手让人，他推脱说：“等我占领了凉州，就把荆州还给东吴”，委婉地拒绝了孙权的要求。孙权这时才如梦方醒，认识到刘备的野心，他恼羞成怒，于是指派行政长官去强行接管荆州南部的长沙、桂阳、零陵三郡，但孙权委派的官员很快就被关羽以武力驱逐出境，双方为荆州归属问题而产生的矛盾由此逐步升级。孙权见无法以和平方式讨回荆州，于是决定诉诸武力，刘备也不甘示弱，亲自领兵赶往前线，双方剑拔弩张，大战一触即发。恰在此时，曹操率兵进入汉中，威胁到益州后方，刘备不得不对孙权妥协，让出荆州的部分地区，双方约定，以湘水为界中分荆州，湘水以东的江夏、长沙、桂阳三郡归孙权，湘水以西的南郡、武陵、零陵三郡归刘备。中分荆州只是暂时缓和了双方的紧张关系，双方在荆州问题上的矛盾并未得到根本解决。“全据长江”的核心利益使孙吴集团一定会伺机再夺荆州。果然，当建安二十四年（219 年）关羽北攻襄阳的曹军之际，东吴不惜背弃盟约，偷袭关羽，夺取了荆州，这充分说明联吴的外交策略在赤壁之战以后已不能完全适应新的形势，必须要做一些战略调整了，要么放弃与东吴争夺荆州，要么放弃与东吴的联合，二者必选其一而无法同时选择。从当时的形势看，作为三方中势力最为弱小的一方，蜀汉放弃联合东吴就意味着同时与两个势力均强于自己的势力对抗，灭亡之祸恐怕近在眼前，这无疑不是一个明智的选择，不幸的是，刘备当时并未看到这一点。

孙权袭取荆州，关羽被杀，使“隆中对”拟定的两路出兵，北取中原的战略计划破产，刘备当然不甘心，因而决意用武力夺回荆州，刘备的这一举动遭到了很多蜀汉大臣的反对，其中赵云的意见很具代表性，他说：“我们的对手是曹操而不是孙权，应该先灭曹魏，东吴自然归服。曹操虽然已经死了，但曹丕篡夺了皇位，引起百姓的不满。我们应当顺应民意，尽早夺取关中，占据黄河、渭水上游，征讨曹魏，那么关东义士一定会携粮策马以迎王师。现在不应置曹魏不顾而先和东吴开战。战端一开，就不可能很快结束。”因而他认为，伐吴并非上策。但盛怒之下的刘备根本不听，而且，由于赵云持反对意见，他就没有让赵云随军出征，而是让他留守后方。从事祭酒秦宓说天时不利，必难取胜，试图阻止刘备出兵，刘备勃然大怒，要杀了他，幸亏诸葛亮求情，虽然没被杀，却被关进了监狱。

值得注意的是，诸葛亮对这场战争的态度模糊不明，我们翻遍史籍，也没有找到任何诸葛亮对伐吴的表态，按道理说，诸葛亮是一直主张结好孙权的，因此他应该不会积极主张伐吴。但诸葛亮也没有反对出兵，这样模糊的态度就很耐人寻味了，分析起来，在“隆中对”中，诸葛亮为刘备集团规划的战略方针是先跨有荆、益，后两路出兵。荆州丢失，两路只剩一路，“隆中对”的战略目标落空，诸葛亮自然也是极不甘心的。他当然也清楚东击孙权并非上策，但却觉得夺回荆州或至少夺回一部分是有可能的，只是他对战争形势估计不足，未曾料到战争结局竟会如此之惨，所以才会既不赞成出兵，也不坚决反对出兵。

战争以刘备的夷陵惨败而结束，不仅未能夺回荆州，反而使蜀军精锐尽失，蜀汉元气大伤。大败之后的刘备终于头脑清醒起来，恰好此时孙权也面临新的危机，曹魏大军南攻东吴，孙权为了避免两面作战，于十二月间派人前往白帝城拜谒刘备，希望双方握手言和。此时的刘备也终于意识到“东和孙权”对蜀汉存亡的重要性，因此接受了东吴的橄榄枝，蜀、吴两国自此重新通好。经历了这一番曲折，蜀、吴双方不得不重新回到了联合抗曹的老路上来。此后不久，刘备去世，托孤于诸葛亮，时年十七岁的太子刘禅继位，是为后主，加封诸葛亮为武乡侯，以丞相开府治事。次年，诸葛亮又领益州牧，政事无论大小，都归诸葛亮管理，诸葛亮开始掌握蜀汉大权，并继续积极践行“东和孙权”的战略方针。此后，双方使节往来于道，络绎不绝，诸葛亮才得以从容整顿内政，准备北伐。

无论历史的风云如何变幻，诸葛亮坚定地执行着联吴抗曹的既定策略，在当时的历史条件下，这个策略无疑是最明智的，这样的选择体现了一位成熟政治家审时度势、一切从实际出发的可贵品质，也是诸葛亮杰出智慧的表现。

三、深谋远虑的宏才大略

作为一名杰出的政治家，诸葛亮看问题比一般人更深刻，考虑问题比一般人更长远，同时，他还能根据实际情况的变化，审时度势，因时制宜，提出当时条件下最佳的解决方案，这一切无不体现出他深谋远虑的杰出谋略，这种谋略在荆州征兵、结好刘琦、劝进称王、绝盟好议等几件事上体现得尤为明显。

从兴平元年（194 年）来到襄阳，到建安十二年（207 年）出山，诸葛亮在襄阳已经生活了十几年。十余年来，他爱上了这片土地，也熟悉了这片土地，尤其对于荆州的内外局势更是洞若观火，这为他出山之初就为刘备提出一系列长远谋划奠定了坚实基础。

诸葛亮出山后，随刘备暂时屯驻于樊城，他迅速摸清了刘备的现状，立即着手为刘备出谋划策。当时刘备手下士兵只有数千，诸葛亮辅佐刘备的当务之急是为刘备集团扩充兵源、壮大实力。但刘备受到刘表的猜忌，公然招兵容易引起刘表的警觉，招致刘表的反对。针对这一情况，为了减少征兵的阻力，诸葛亮提出了“游户自实以益兵众”的建议，前文已述，当时北方战乱，荆州地区相对平静，因而迁入荆州的流民极多。而刘表不思进取，只想守住自己的一亩三分地，并没有整顿户籍。于是诸葛亮对刘备说：“荆州并不是人少，只是登记在册的少罢了。如果公开征调在籍者，刘表肯定不高兴。你可以禀报刘表，征集那些游散的百姓，借以扩充自己的实力。”这个建议既打着抗曹的名义，有利于荆州安定，又没有直接损害刘表的利益，刘表没有理由拒绝，刘备立即采纳了这一建议，实力果然大大增强，当曹操南下、刘备撤离樊城时，仅关羽的水军就有精兵万人，可见刘备的实力确实大大增强了，这份实力也为此后不久的孙刘联盟奠定了基础。

诸葛亮在襄阳十余年，又与荆州领导集团上层有着错综复杂的亲戚、师友关系，因此十分熟悉荆州内部的情况。当时的荆州外部看起来平稳强大，内部实则矛盾重重、危机四伏，荆州内部存在着刘表长子刘琦与次子刘琮的嗣位之争，存在着亲曹派与抗曹派的路线之争。这些矛盾暂时掩盖在荆州相对平稳的局势之下，而一旦有了大的变故，荆州的分裂在所难免。而如何在荆州分崩离析的过程中自保乃至进取，刘备与诸葛亮君臣二人的未雨绸缪在后人看来显得极为精准。

首先是对抗曹派的团结。荆州亲曹派以蒯越、蔡瑁、韩嵩等人为代表，早在袁绍、曹操在官渡对峙时，刘表的属下韩嵩、刘先就劝刘表投降曹操，就连协助刘表开创荆州的蒯越也劝刘表投降曹操。亲曹派都是些掌握实权的人物，他们几乎掌控了荆州政局，连刘表的长子刘琦都不能轻易见到父亲一面，甚至刘表本人也被架空。抗曹派则主要是刘表、刘琦、刘备、王威等人。刘表苦心经营荆州十九年，使荆州成为“地方数千里，带甲十余万”的独立王国，他自然不肯轻易拱手让人。刘琦作为刘表的长子、刘表事业的继承人，当然是希望保持荆州现状的。刘琦非常敬重诸葛亮，诸葛亮是坚决的抗曹派，从刘琦与诸葛亮的关系，也可以看出刘琦抗曹的政治态度。刘备是要兴复汉室，建立霸业的，况且他与曹操早已撕破了脸面，绝不会也不能投降曹操。还有刘表的大将王威，在刘表已死、刘琮降曹、刘备败走之时，仍向刘琮建议，趁曹操没有防备，在险要处设伏，活捉曹操。可见，荆州的抗曹派还是有一定市场的。亲曹派与抗曹派明争暗斗，甚至几乎刀兵相见。刘备驻樊城时曾出席刘表举行的宴会，亲曹派的蒯越、蔡瑁二人打算乘宴会之机杀掉抗曹派刘备，幸亏刘备人缘不错，有人向他通风报信，刘备赶紧假称去厕所，借机溜走。刘备来时从樊城乘船过江，船只停靠在襄阳城西的码头，刘备溜出襄阳城西门，便快马加鞭直奔码头而去，西门外不远处有一条檀溪，刘备慌乱之中连人带马掉入水中，追兵在后转瞬即到，情况十分危险。刘备喊着的卢马说："的卢，今天的安危全靠你的努力了！"说完猛一夹马肚子，的卢马似乎听懂了刘备的话，奋力一跃，跃过檀溪，带刘备逃出了险境。从刘备马跃檀溪这样一个事件我们可以清楚地看到，抗曹派与亲曹派相比力量要薄弱得多，作为旁观者的诸葛亮当然更是看得清清楚楚。荆州哪些是可以团结的对象，也尽在他的胸中。

其次，是对刘琦的支持。诸葛亮的岳父黄承彦与刘表是连襟，刘表因此成为诸葛亮的姨父，但诸葛亮对这位姨父似乎并无好感，他对刘表的态度是不合作，叔父去世后，他宁愿隐居隆中，也不愿在刘表手下做事。在"隆中对"中，他为刘备谋划的第一步就是占领荆州，可见他对刘表的态度。但诸葛亮与刘琦却来往密切，二人既有亲戚关系，又都是抗曹派，来往密切也在情理之中。刘表原本很喜欢刘琦，不仅因为他是长子，而且因为他很像自己。但刘表的次子刘琮娶的是刘表后妻蔡氏的侄女，蔡氏想要刘琮接班，因而经常对刘表说刘琦的坏话，加上掌握荆州军政大权的刘表妻弟蔡瑁、外甥张允又投到刘琮门下，力量的天平不可避免地失去了平衡。刘表对刘琦逐渐疏远起来，刘琦感受到了危险，只好求助于诸葛亮，希望诸葛亮帮自己出个主意，但诸葛亮此时已加入刘备阵营，他担心贸然介入刘表的家事，会对刘备不利，一开始总是推脱，并不愿为刘琦出谋划策。无奈之下，刘琦只好以游览后园为由邀请诸葛亮前来，两人共上高楼观景。等上了高楼，刘琦命人撤掉梯子，再次向诸葛亮求教，称此时上不沾天，下不挨地，诸葛亮说的话只会入刘琦一人之耳，旁人不会知晓。在这样的情况下，诸葛亮只好给刘琦出主意，但他并没有直说，而是给刘琦讲了一个故事：春秋时期，申生、重耳都是晋献公的儿子，申生是太子，晋献公的宠妃骊姬想让自己的儿子奚齐做太子，便设计陷害申生和重耳。一天，骊姬对申生说："你父王梦到你母亲了，你去祭祀一下她。"申生赶紧去祭祀自己的母亲。祭祀完毕，把祭祀用的酒肉拿回来献给父王，恰好晋献公外出打猎未归，骊姬便代为收下酒肉。申生走后，骊姬往酒里肉里掺了毒药。晋献公回来后，骊姬假意献酒，却故意把酒洒在地上，剧毒掉在地上，立刻起了反应。骊姬又假惺惺地说："酒里有毒，肉里也一定有毒。"便找来一只狗，让狗吃了一块肉，狗当场毙命。晋献公大怒，下令逮捕太子申生。有人劝申生要么揭穿骊姬的阴谋，要么逃出晋国避难，都被申生拒绝，最后申生被逼自杀，重耳眼看危险逼近，就跑到国外，过起了流亡生活。申生留在国内被逼自缢，重耳流亡到国外并最终回国即位，是为晋文公。"君不见申生在内而危，重耳在外而安乎？"诸葛亮的言下之意很明显，就是刘琦待在刘表身边会有危险，只有远离襄阳才能活命。刘琦有所感悟，他决定离开襄阳，寻求在外发展个人势力，恰好此时孙权进攻江夏，江夏太守黄祖被杀，于是刘琦主动请缨，最终得以出任江夏太守。

诸葛亮为刘琦出谋划策是典型的"一石二鸟"之计，不但免去了刘琦的杀身之祸，而且为刘备预留了一条退路。诸葛亮深知，亲曹派掌控着荆州政权，刘表又体弱多病，万一荆州有变，抗曹派刘备势必与掌权的亲曹派相冲突，到那时，抗曹派刘琦的江夏郡还可以作为一块立足之地。后来刘琮投降曹操，刘备带百姓南走江陵、在当阳被曹操击溃时，诸葛亮当年劝刘琦出走的这一步棋才真正发挥出作用。若没有刘琦坐镇江夏，刘备甚至没有逃生之地。不仅如此，赤壁之战后，刘备还打着刘琦的旗号迅速占领了荆州南部四郡，若无刘琦之名号，刘备师出无名，很难在短时间内控制荆南四郡。第二年刘琦病逝，刘备顺理成章地成为荆州牧。事实证明，诸葛亮的这一计，不仅挽救了刘琦，也挽救了刘备集团。刘琦在江夏的兵力，后来成为孙刘联合抗曹的重要筹码。诸葛亮在高楼上的一句话，就为刘备今后的发展铺平了道路。能科学地预见数年之后可能出现的情况，不得不说诸葛亮虑事之深远。

建安二十五年（220 年）是不平凡的一年，这一年的正月，曹操去世，其子曹丕继承王位，加快了篡汉的步伐。诸葛亮敏锐地察觉到，曹氏即将篡汉，刘备集团应该怎么办呢？如果对此毫无回应，不符合蜀汉“兴复汉室”的政治纲领，无疑是不明智的。如果兴兵讨伐，蜀汉又力不从心，蜀汉前一年才失掉荆州，不仅领土大为缩减，而且损兵折将，元气尚未恢复，此时讨伐曹魏无疑也是不明智的。在这种情况下，最明智的做法无疑是针锋相对地和曹魏做政治斗争。

诸葛亮对这种情况的出现早有思想准备。建安二十一年（216 年），曹操进封魏王，享受着几乎是皇帝的待遇，而且这种待遇还可以传于子孙，为子孙篡汉打好了基础。针对曹操称魏王，在诸葛亮的策划安排下，刘备在建安二十四年（219 年）夺取汉中后针锋相对地称汉中王，这年七月，以平西将军马超领衔，许靖、庞羲、射援、诸葛亮、关羽、张飞、黄忠、法正、李严等一百二十人联名向东汉朝廷上了一道表章，请求封刘备为汉中王。刘备称王后又给汉献帝上了一道表章，除表明自己不得已称王的苦衷外，再次重申消灭贼臣、兴复汉室的政治立场。其实，此时的东汉朝廷早已名存实亡，刘备称王根本不需要朝廷的批准，而且此时的朝政掌握在曹操手中，曹操也不可能批准，那为什么还要多此一举呢？实际上此举并不多余，而是体现了诸葛亮高超的政治斗争艺术，这份表章实际上是一篇讨伐曹操的檄文，是一面兴复汉室的旗帜，刘备集团以“匡扶汉室”为政治斗争口号，蜀汉此举就是要向天下庄严宣告，自己才是东汉政治遗产的合法继承者。此举对外可以起到宣传的作用，以团结、争取天下心存汉室的人士与曹魏斗争；对内也可以凝聚蜀汉人心，促使蜀汉人士同心协力，为了一个共同的目标努力奋斗。刘备称汉中王，和曹操称魏王针锋相对，一旦曹氏篡汉称帝，刘备也将由汉中王进而称帝。诸葛亮的安排体现了他高瞻远瞩的政治眼光和高超的政治斗争艺术。

诸葛亮的智慧还体现在他善于分析时局，能够根据形势的变化，因时制宜，抓住主要矛盾，及时调整外交策略。荆州的丢失和夷陵的惨败，促使诸葛亮反思，他意识到蜀汉一时无力夺回荆州，面对主要的敌人曹魏，有必要与东吴冰释前嫌，重结盟好，于是，他主动向东吴让步，默认了东吴占领荆州的事实，派邓芝使吴，说服孙权同蜀汉恢复了盟好，为平定南中叛乱和北伐曹魏争取了稳固的后方。放弃荆州也就意味着放弃了“隆中对”两路北伐的战略方针，这是诸葛亮审时度势做出的明智选择。

吴蜀联盟恢复以后，一段时期内双方往来频繁，且在北伐曹魏时有一定的配合，但双方关系的发展也不是一帆风顺的，诸葛亮第三次北伐后，吴蜀联盟遭遇了新的挑战。蜀汉建兴七年（229年）四月，一个令人震惊的消息传来，吴主孙权在武昌正式称帝，并专使通报蜀汉，要求以后孙权和刘禅“二帝”并称，这是诸葛亮主政以来最为重大的一次外交危机。在蜀汉眼里，曹魏是篡汉的“国贼”，先帝刘备是汉朝的继承人，是唯一的正统，北伐曹魏、匡扶汉室是蜀汉的基本国策，如果承认孙权称帝，等于说否定了蜀汉政权的唯一正统性，如果不承认孙权称帝，那么吴蜀联盟将会破裂，三国中实力最为弱小的蜀汉将被孤立，直接面对魏、吴两方的威胁，其压力将是巨大的。这真是一个两难的选择，考验诸葛亮的政治智慧的时候到来了。

蜀汉群臣得到消息，群情激愤，认为“再与孙权结好，名不正言不顺，应当与其断交，以彰显我们的正统”，后主刘禅一时也拿不定主意，便派人赴汉中询问丞相诸葛亮。此时的诸葛亮面临着理智与情感的两难选择，诸葛亮意识到，生存是蜀汉的第一要务，如果蜀汉不能生存，就更谈不上北伐中原、兴复汉室。只有暂时忍辱负重生存下来，然后寻机发展，才是上策。因此，痛苦抉择之后，诸葛亮回奏后主，表达了三层意思，第一层：孙权早就有篡逆之心，发生现在这种情况并不意外，我们之所以与他结盟，是因为需要他牵制曹魏；第二层：诸葛亮举了两个例子，一个是汉文帝用谦卑的言辞给匈奴单于写信，另一个是刘备曾经向东吴妥协，以湘水为界平分荆州，有理有据地说明外交应该根据客观形势的变化采取灵活的策略，考虑长远利益，而不是逞一时之愤；第三层，如果现在我们与孙权断交，他们必然迁怒我们，两国一旦开打，则曹魏坐收渔翁之利，这不是上策，现在曹魏和东吴划江而治，不是他们不想吞并对方，而是心有余而力不足，这对于我们就是北伐的大好时机。这篇奏表深刻地表达了诸葛亮坚定地联吴抗曹的立场和灵活变通的外交策略，展现了一位成熟政治家的理性与智慧。很快，诸葛亮派遣尚书令陈震出使东吴，祝贺孙权称帝，孙权非常高兴，双方歃血为盟，约定两家齐心，共同对敌，相互支援，互不侵犯，待天下平定，平分天下。

诸葛亮放弃蜀汉唯一的正统地位，承认孙权称帝，是从现实出发，从长远利益着眼，在科学地分析主要矛盾和次要矛盾的基础上做出的外交策略，是在尊重客观事实的基础上做出的明智选择，反映了诸葛亮作为伟大政治家的务实精神。此后，吴蜀联盟前所未有地稳固，蜀汉的北伐不仅没有了后顾之忧，而且得到了孙吴在东线的呼应与配合，这对于北伐是极为有利的。事实证明，诸葛亮灵活变通的外交策略是极为明智的！

第六章　循名责实的政治才能

诸葛亮是一位杰出的政治家，他为刘备集团制定了兴复汉室的三步走战略，他深知，战争说到底是综合国力的较量，为了提升蜀汉的综合国力，他尤其重视经济发展，实行重本抑末、劝民务农的政策，推行盐铁专卖制度，高度重视水利建设；他奉行人才强国，举贤任能，任人唯贤，提拔了一批忠于职守、廉洁奉公而又卓有才能的官吏；他注意法制建设，严格执法，带头守法，形成了蜀汉良好的社会风气。经过他的励精图治，贫困弱小的蜀汉道不拾遗，夜不闭户，取得了卓越的政绩，成为魏、蜀、吴三国里治理得最好的国家。

一、卓有成效的经济建设

东汉末年，频繁的战争和连绵的自然灾害不仅带来了政局的动荡，更严重地破坏了社会生产力，使社会经济处于崩溃状态。诸葛亮十几岁时离开家乡琅琊，一路颠沛流离，所见到的到处是一片“白骨露于野，千里无鸡鸣”的经济凋敝景象。诸葛亮从战乱频仍、经济凋敝的北方来到和平安定、繁荣富庶的襄阳，强烈的对比深深地刺激了少年诸葛亮，使他认识到发展经济、改善民生的重要性，激发了他内心深处对发展经济的重视。诸葛亮从十四岁来到襄阳，到二十八岁离开襄阳，在襄阳度过了十几年的青少年时光，这十几年正是荆州经济社会一片繁荣的黄金时期。荆州牧刘表重视发展生产，使得襄阳经济繁荣、社会安定，诸葛亮耳濡目染，自然也会增加对经济的重视程度。于是，在隆中躬耕的十年间，诸葛亮深研经济之道，尤其注意钻研管仲的经济思想。诸葛亮出仕之前自比于管仲，为相之后又为后主抄写《管子》一书，他的治蜀实践对管仲治国方略的经济方面策略多有借鉴。

在先秦诸子著作中，《管子》以其丰富的经济思想独树一帜。在生产上，提倡“毋夺民时”，修筑水利，“通货积财”，农商并重，以扩大生产。在消费上，一方面大力提倡节俭，另一方面则因时采取“侈靡”政策，鼓励统治者和富有者多消费、高消费甚至侈靡消费，以扩大内需，通过刺激消费来刺激生产，为贫民创造更多的就业机会。对内加强国家宏观调控，实行一系列相应的财政政策、货币政策，实现国家对经济的管制。税收方面，主张根据土地好坏来确定地税的纳税等级，以充分调动农民的生产积极性；主张减少关税，以促进工商业的发展；主张扩大税源，以增强国家税收；对关系到国计民生的物资如盐、铁等实行国家专卖制度，于直接税收之外获得巨额收益。对外则提出国家间货币战的理论，提倡利用经济手段削弱他国实力。管仲的经济政策极富开创性，尤其是开国家宏观调控、货币战争、经济垄断的先河，使得齐国民富国强，牢固奠定了称霸诸侯的经济基础，对此后两千多年的中国历史产生了持久而深远的影响。

诸葛亮一贯重视经济，也一直注意发展经济。早在“隆中对”中，诸葛亮建议刘备夺取荆州和益州的理由之一，就是因为荆、益二州具有优越的经济条件，所谓“荆州北据汉沔，利尽南海”“益州险塞，沃野千里”。赤壁战后，刘备任命诸葛亮为军师中郎将，但主要任务不是让他参与军事，而是让他负责征调零陵、桂阳、长沙三郡的赋税，做后勤保障工作。刘备夺得益州后，升诸葛亮为军师将军，但其主要任务仍然是留守后方，负责钱粮等后勤工作，诸葛亮不负所望，总是做到“足食足兵”。刘备夷陵惨败，外有强敌虎视眈眈，内有数郡拥兵反叛，可谓内忧外患一时俱至。诸葛亮一手抓政治、外交，一手抓经济建设，很快稳定了内外局势。直至北伐期间，诸葛亮还在前线实行“分兵屯田”的政策，可以说，经济活动贯穿于诸葛亮的一生。

巴蜀地区在刘焉父子统治时期，由于政治腐败，生产破坏比较严重。诸葛亮从建安十九年（214 年）进入成都，到建兴五年（227 年）开始北伐，有十三年的时间精心治理巴蜀，发展经济。他从发展生产、兴修水利、工商并重、盐铁官营、轻徭薄赋、勤俭节约等方面恢复、发展经济，取得了卓越的成绩。

生产是经济活动的中心环节，诸葛亮注重发展生产，尤其是农业生产。他认为，治理国家首要的就是安定人民，而安定人民就必须使人民丰衣足食。因此，治国首要的任务就是发展农业生产。针对当时大量人口从事商业的情况，诸葛亮认为，要使国富民安，就必须实行重农抑商、劝民务农的政策。为此，他不仅安抚百姓，让他们专心务农，劝一些商人、手工业者返归农业，而且还在蜀地设立大司农和屯骑校尉，具体管理和推行农战结合的屯田措施。作为益州屏障之地的汉中曾是经济较为繁荣的地区，但曹操与刘备对汉中的争夺严重地削弱了汉中的经济实力，为使汉中恢复旧有的繁荣，诸葛亮针对汉中地区人少地多又处于与魏对峙的前沿地带的特点，一方面大量移民充实汉中的劳动力，另一方面大力推行屯田，终于使一度荒凉的汉中地区重新恢复了勃勃生机，成为蜀汉的富庶之地和北伐重要的后勤基地。建兴三年（225 年）平定南中后，鉴于南中经济处于极端落后的状态，诸葛亮教导夷人搬出大山，帮助他们修建房屋，让他们开始过上先进的农耕生活。为充分利用南中地区的自然资源，诸葛亮还组织夷人煮盐冶铁，派人传授织锦方法，提高生产技术，这些措施既促进了南中政治的稳定和经济的发展，也极大地满足了蜀汉北伐的物资需求。

在农业社会里，水利是农业生产的命脉。为保障农业的丰收，诸葛亮高度重视水利建设。战国时期蜀郡太守李冰主持修筑的都江堰是蜀汉境内规模大、效益好的水利灌溉工程，是成都平原农业丰收的重要保障，正是因为有了都江堰，成都平原才成为沃野千里的天府之国。诸葛亮敏锐地察觉到了都江堰的巨大价值，为了充分发挥其灌溉作用，他专设官员精心管理，并派一千二百多人常驻堰区，负责疏通河道、修筑堤坝，开创了历代朝廷设都江堰专职管理官员的先河。这项伟大的水利工程之所以能够长期滋润天府沃野，开创者李冰固然居功至伟，维护者诸葛亮也功不可没。正是因为诸葛亮开创性地管理都江堰，这项水利工程直到两千年后的今天依旧在灌溉农田，造福了千秋万代。诸葛亮还主持修筑了九里堤，以防止水患，保护成都，并告诫居民不许损坏，从而保证了生产生活用水来源的稳定，使沃野千里的成都平原大大减少了水旱之忧。诸葛亮还大力推广先进的农业生产技术，改进农具，努力增加粮食产量，又专门挑选有理财经验的人担任主管农业的官员，加强粮食管理和农业生产的督导，这些措施大大促进了蜀汉农业生产的发展，“天府之国”的美誉实至名归。

在重农的同时兼重工商是诸葛亮经济政策的一大特色。早在先秦时期，许多思想家已经提出“重本抑末”的思想，所谓“本”指的就是农业，所谓“末”则主要指工商业，韩非甚至把工商之民列为危害社会的五害之一。在对“末”的认识上，诸葛亮有超越前人之处，他并没有一刀切地抑制工商业，而是主要控制珠玉翡翠之类的奢侈品的生产和交换，而对于事关国计民生的工商业盐、铁、蜀锦等，他不仅不打压、限制，而且关心、支持。在诸葛亮的关心和支持下，蜀汉地区盐、铁、蜀锦等工商业不仅迅速得到恢复，而且在之前的基础上有所发展，既满足了社会需要，又增加了国家的财政收入。

盐、铁事关国计民生，是政府财政收入的重要组成部分。蜀汉地区盐、铁资源丰富，自古以来煮盐业、冶铁业就很发达，西汉时蜀郡临邛的卓氏以冶铁致富，传到卓王孙（卓文君之父）这一代，家财累计，富可敌国。后来卓文君与司马相如私奔，卓王孙分给他们铜钱百万、奴仆百人，卓文君和司马相如回到成都，用这笔钱购买田地住宅，过上了富足的生活。司马相如本来穷得家徒四壁，卓王孙随便拿出一份钱财，就让一个穷小子摇身一变而成富人，可见他的富有。临邛的程郑也经营冶铁业，他常把铁器卖给西南地区的少数民族，财富与卓氏相当。巴蜀地区的煮盐业汉代就很发达，临邛、广都、什邡等地有许多盐井，当时甚至已经能够使用天然气煮盐。东汉朝廷取消盐铁禁令，允许民间经营，官营制度迅速瓦解，豪强地主控制了盐、铁经营权而获得巨利。刘备率军入蜀之后，在诸葛亮等人的支持下，重新实行盐铁官营政策，设置司盐校尉、司金中郎将等官职，督导盐、铁生产。控制盐铁之类的战略物资，不仅增加了国家的财政收入，还从经济上打击了地方豪强势力，巩固了蜀汉政权。

锦是一种名贵的丝织品，是蜀地的特产。三国时期，蜀锦天下闻名，成都的别名锦官城、锦城，就是由于管理丝织业的机构——锦官设在此处而得名的。诸葛亮敏锐地发现，通过出口蜀锦，能拓宽收入来源，解决财政困难，保障军费供应，为此，他提出并实施了“决敌之资，唯仰锦耳”的重商政策，大力提倡养蚕种桑，开辟丝源，以扩大蜀锦的生产规模，甚至率先垂范，在成都郊外自家田地中种桑八百株。在他的带动下，成都平原上“栋宇相望，桑梓接连”。此外，他还专门设置锦官管理蜀锦的生产，从而使蜀锦取得突飞猛进的发展。诸葛亮还向境内少数民族赠送蜀锦以及蜀锦的纹样图谱，并派会织锦的士兵向他们传授织锦技术，号召各民族织锦，以扩大产量。当时，由于江东还不会织锦，孙吴所用的锦全部从蜀汉购买，蜀汉利用便利的长江水运，将蜀锦从成都运到江州（今重庆），再沿三峡东下，运到东吴的江陵（今荆州）、夏口（今武汉）、建业（今南京）等地，这些地方成为蜀锦的批发集散地，由此分销到东吴其他地区。曹魏王公贵族对蜀锦也十分喜爱，多次派人入蜀购买。诸葛亮把蜀锦生产放在发展手工业的首要位置，使蜀锦成为蜀汉政府的主要财政来源和对外贸易的主要商品，增强了蜀汉的经济实力，巩固了蜀汉的统治。

重视农业发展，同时大力发展特色产业，重视对外贸易和技术进步，诸葛亮这种“重本而不抑末”的经济政策，使得国小民少的蜀汉，能够有足够的经济实力支撑频繁的北伐战争。

赋税是国家正常运转的重要保证，无赋税则无以立国，但赋税过重又必然伤民，为保证农业生产的时间和充分调动农民的生产积极性，诸葛亮实行轻徭薄赋的政策，不仅使社会经济得到发展，也使阶级矛盾得到缓和。三国时期，曹魏发生农民起义达二十四次，孙吴发生农民起义达二十三次，而这一时期的蜀汉却仅有三次农民起义，因蜀汉不设史官，实际数字可能不止此数，但比曹魏、孙吴无疑要少得多。

虽然采取了一系列发展经济的措施，但蜀汉毕竟是个小国，疆域小，人口少，财政收入非常有限。在开源的同时，诸葛亮还注意节流，主张勤俭节约，减少财政开支。在诸葛亮治蜀之前，蜀地民风奢靡，婚丧嫁娶往往倾家荡产地办理，诸葛亮着力改变这种不良风气，他要求蜀汉官员清心寡欲，要求蜀汉人民勤俭节约。酿酒需要消耗大量粮食，为保证人民基本的粮食供应，在灾荒之年禁止酿酒，私自酿酒者要受到刑罚。为了厉行节俭，身为丞相的诸葛亮带头清廉，他家的财产仅有八百棵桑树，十五顷薄田，他在给后主刘禅的一篇上表里说：“我任职在外，没有额外的花费，随身所需的衣食，都靠官俸供给，我也不想另外营生，来增加什么财富。只希望我死之后，家里没有多余的布帛，外面没有多余的钱财，以免辜负了陛下的厚望。”在诸葛亮的感召下，蜀汉出现了一大批廉洁奉公的官员，在诸葛亮的治理下，蜀汉出现了一片繁荣景象，有力促进了蜀汉社会经济的发展和政治的稳定，也为北伐奠定了牢固的物质基础。诸葛亮的经济政策显示出当时无人可比的才智，不但在三国时期首屈一指，即便对于今天的经济发展仍然具有一定的借鉴意义。

二、人尽其才的用人策略

春秋战国之际的诸侯兼并，使得贤能之士受到推崇，出现了一股“尚贤”的时代大潮，涌现出一大批人才，有力地推动了历史进程。诸葛亮的家乡齐鲁大地人才辈出，诸葛亮从小就听着这些先贤安邦定国的故事，很早就认识到了人才的重要性，因此，他治理蜀汉，把举贤任能作为治理国家的重要条件之一。他认为，人才是治国的根本，举贤是治国的要务，对国家负责最重要的表现莫过于推荐有用的人才。他曾生动地把国家和人才的关系比喻为房屋和柱子的关系。没有柱子，房子就难以修建；没有人才，国家也就难以维持。诸葛亮充分认识到了任用贤才与治国管理之间相辅相成的辩证关系，一个国家的管理者必须选拔人才，招纳贤能，形成一个有力的管理集团，才能真正实施有效的管理。一个国家要达到国富民强、长治久安，必须是贤能为之用、所用当其才。而如果所举非其才、所用非其能，要想达到国治民安是不可能的。

早在刘备三顾茅庐时，诸葛亮就在“隆中对”中从各个方面强调了人才的重要作用。他认为，实力弱小的曹操之所以能够打败实力雄厚的袁绍，不只是依靠“天时”，更是依靠“人谋”；孙权之所以能够“占据江东”，不仅是因为“国险而民附”，更是因为“贤能为之用”；尚无立锥之地的刘备之所以有可能“兴复汉室”，在于他具有“总揽英雄，思贤若渴”的可贵品质。后来，他又在《出师表》中把两汉的兴衰归因于用人的得失，他说：“亲贤臣，远小人，此先汉所以兴隆也；亲小人，远贤臣，此后汉所以倾颓也。”他以两汉用人的历史经验和教训来开导和告诫刘禅，希望后主能够任用贤良、远离奸佞，成为一位英明有为的中兴之君。

诸葛亮躬耕隆中十年，旁观刘表用人的成败得失，对刘表用人的失误洞若观火。刘表治下的荆州人才济济，可惜刘表不能很好地任用，最终导致荆州的覆亡，这种亲身的经历在客观上也促进了诸葛亮对人才工作的重视。

要举贤任能，首先应当有知人之明、识人之能。诸葛亮在知人的理论和实践方面都有其独到之处，他写了不少专门论述考察、识别、使用人才的文章。诸葛亮认为，人才难得，而知人更难。人的性格各异，善恶悬殊，有的人表面温良而内心狡诈，有的人外表谦恭而内心险恶，有的人貌似勇敢而内心怯懦，还有的人虽能尽职却并不忠诚。这些表里不一的现象说明了人性的复杂和知人的艰难。但他认为，不论人的性格怎样复杂，只要掌握了正确的方法，还是可以透过现象看出本质的。诸葛亮根据自己的实践经验，概括出七种考察人才的方法：“一曰问之以是非而观其志，二曰穷之以词而观其变，三曰咨之以谋而观其识，四曰告之以难而观其勇，五曰醉之以酒而观其性，六曰临之以利而观其廉，七曰期之以事而观其信。”即考察人才判别是非的能力和个人志向，考察人才随机应变的能力，考察人才的见识，考察人才战胜困难的信心和勇气，考察人才能否节制自己而不因酒误事，考察人才在金钱物质的诱惑下能否廉洁自律，考察人才办事的信用如何。诸葛亮提出的从志、变、识、勇、性、廉、信七个方面对人才进行考察的原则，对我们今天考察和识别人才仍有借鉴意义。当然，这七条考察方法还只是初步的，真正要全面地了解一个人，还必须在实际的工作当中进行考察，看他在任职期间是否称职。诸葛亮认为要对各级官吏的工作业绩经常不断地进行考察，为此他进一步提出了“三载考绩”的思想，也就是对人才进行三年的考核，然后知贤与不贤，贤者升迁，不贤者黜免。由于他细心谨慎、实事求是、公正严明，遂使蜀汉境内“善无微而不赏，恶无纤而不贬”。在发现人才方面，他还积极鼓励群下推荐人才，“外举不避仇，内举不避亲”。

那么，什么样的人才是贤才呢？诸葛亮对人才的评价是德才兼备、以德为先。只有具备较高的道德修养的人才能任用，这是任贤的起码标准。不忠、不信、不仁、不义之徒纵有天大本事，也不能任用，在有德的基础之上再来选才，因其所长而用之。正因为诸葛亮对被选拔者的道德素养极为重视，故而他荐举的官员大多道德高尚，他们或者忠贞不二，或者廉洁奉公，或才能出众，或兼而有之，诸葛亮对贤才的举荐赢得了朝野上下一致的赞誉，大家普遍认为诸葛亮充分发掘了当时人才的才能。

魏、蜀、吴三国之中，蜀国国土最小、人口最少，人才也最缺乏，因而在有限的人力资源中积极发现并荐举贤才就成为诸葛亮治蜀的一大要务。为了发展和巩固新生的蜀汉政权，诸葛亮坚持任人唯贤的原则，他不问资历、不论门第，广泛吸收和团结各方面的人才，尽可能发挥他们的才能和作用。刘焉、刘璋统治益州时，依靠东州地主集团，使用人才有浓厚的地域观念。蜀汉政府采取了与他们完全不同的方法，取得益州后，蜀汉政府就在成都之南修筑高台，以招揽天下的人才。蜀汉官员的来源大体有以下几类：一是从北方跟随刘备几十年的旧部，如关羽、张飞、孙乾、简雍、赵云等。二是刘备在荆州时跟随他的荆襄才俊，如马良、马谡、蒋琬、廖立、陈震、庞统、黄忠、张南、冯习、向宠、伊籍等。三是占领益州后接收过来的人才，如法正、马忠、张嶷、董和、李恢、黄权、刘巴、谯周、许靖等。此外，还有一部分从曹魏方面来的人物，如王平、姜维等。诸葛亮不管他们来自何方，对他们都加以考察，量才录用，使他们各自发挥其才能。董和、黄权、李严等本是刘璋当年重用的人，吴兢、费观等是刘璋的亲戚，刘巴是当年攻击过刘备的人，他们都得到了显要的官职，为蜀汉政权效力，这对于新生的蜀汉政权的巩固和发展是极为有利的。

诸葛亮用人不拘出身，不论资历，破格提拔了一批忠于职守又富于实干精神的基层官吏。蒋琬本是荆州一个默默无闻的小吏，随刘备入蜀后担任广都县长，有一次，刘备突然来到广都视察，发现蒋琬喝得酩酊大醉，不理政事，刘备当即大怒，要治他的罪，深知其才干的诸葛亮立即劝谏道，蒋琬为政务实，不搞形式主义，仅仅当个县长远远不足以发挥他的才干，希望刘备明察。后来，蒋琬进入朝廷工作，先任尚书郎，后任丞相府长史，诸葛亮北伐期间，他把后勤工作做得有声有色，诸葛亮临终时推荐他做继承人。他秉承诸葛亮的治国方针，执政稳重，把政务处理得井井有条。他为人豁达开朗，严于律己，宽以待人，胸襟博大，从善如流，与费祎、董允和衷共济，使整个执政团队保持了清正廉洁之风。江夏（今河南信阳市罗山县）人费祎少年丧父，跟随长辈费伯仁生活。费伯仁的姑姑是刘璋的母亲，刘璋请费伯仁到蜀地，费伯仁便带着费祎一起入蜀。费祎与南郡人董允齐名，难分上下。蜀汉太傅许靖的儿子去世，董允与费祎要一起出席葬礼。董允之父董和给了他们一乘简陋的小车。董允见此车简陋，觉得丢人，面有难色，费祎却神色从容地上了小车。到了丧所，诸葛亮及国中显贵们都来了，车子都很华丽，董允更觉得没面子，而费祎却泰然自若。驾车人回来后，董和对儿子说："我以前觉得你跟费祎难分优劣，但从今以后，我对这个问题不再有疑惑了。"通过这件事，诸葛亮也看出费祎非同常人，于是有意栽培他。诸葛亮南征凯旋，众官员到城外迎接，诸葛亮只叫费祎上车，与之同乘，众人莫不对他刮目相看。在与东吴的外交来往中，诸葛亮屡次派他出使，孙权、诸葛恪等人以言辞刁难他，费祎据理以答，辞义兼备，始终不为所屈，孙权非常惊异于他的才能，对他倍加礼遇，曾将自己经常佩带的宝刀赠予费祎。王平原是曹魏的下级军官，曹操与刘备争汉中时投降刘备。他文化水平不高，不怎么识字，更不会写字，但他悟性很高，他听别人读《史记》《汉书》，听完之后便能知其大义，论说的时候不失其主旨。王平遵守法度，与人交谈从不开玩笑，从早到晚，都能端正坐姿。王平具有丰富的作战经验，建兴六年（228年），他随诸葛亮北伐，诸葛亮派遣马谡守街亭，王平任先锋，马谡执意要到山上设防，王平看出来这样做很危险，连连规劝，但马谡一意孤行，果然被张郃切断水源，惨遭大败，士兵们死的死，散的散。唯有王平将诸营军士统一起来，率领他们平安归还。因为表现突出，王平被诸葛亮拜为参军，统领无当飞军，封为亭侯。诸葛亮死后，又任镇北大将军，镇守汉中。杨洪原是犍为太守李严的一名普通下属，刘备北伐汉中时，诸葛亮向他征询意见，他认为汉中是益州的咽喉，无汉中则益州难保，诸葛亮发现他很有政治眼光，立即提拔他为蜀郡太守，官位与李严等同。杨洪手下有一个负责誊写文书的小吏名叫何祇，主管刑狱断案工作，他很有才干，但有个毛病，喜欢在工作期间搞娱乐活动，导致很多案子都积压起来。这个事情被诸葛亮知道了，打算第二天调查一下，如果他真的不称职，就要严肃处理，所有的人都为何祇捏了一把汗。但是，何祇却一点也不急，当天晚上，他挑灯夜战，用了一夜的时间将长期积压的案件全部断得清清楚楚，记录得明明白白。第二天，诸葛亮让他讲讲处理的案件，他对答如流，诸葛亮很诧异，不但没有处理何祇，而且提拔他为成都县令，后来郫县县令空缺，诸葛亮甚至让他同时兼任成都县令和郫县县令，没过几年，又提拔他为广汉太守。当时杨洪任蜀郡太守，昔日的下属与自己平起平坐，有一次开会，何祇先到，杨洪开玩笑说："你的马怎么跑得那么快？跑到了我前边。"何祇回答说："不是我的马跑得快，而是你没有快马加鞭呀！"这件事一时传为美谈，蜀地人士都佩服诸葛亮能做到人尽其用。

身为丞相，诸葛亮带头廉政，在蜀汉上层创造了一个廉政奉公的政治氛围，蜀国官员以诸葛亮为榜样，为官节俭，力戒奢华，他们处处向诸葛亮学习，严于律己、廉洁奉公，造就了一个廉政时代。费祎担任录尚书事，是当时总揽朝政的最高文职官员，但他的家里却没有任何积蓄，他的家人一律布衣素食，出入从不乘车，和老百姓没有什么两样。[①]姜维位高权重，但他家的房屋破旧狭小，也没有多少财产，他清心寡

① 陈寿撰，裴松之注:《三国志·费祎传》(卷44)，中华书局，1959年版，第1062页。

欲，衣服只要够穿就行了，车马只要齐整就行了，饮食也很有节制。[①]邓芝做将军二十多年，一向俭朴，始终不肯营谋私人财产，妻子儿女不免挨饿受冻，他死的时候，家里没有留下什么财物。[②]董和作为刘备所封的掌军中郎将，穿粗衣、吃蔬食，生活上不逾矩犯上，有意在当地推行俭朴风气，从而使当地风气有所改善，百姓都十分敬畏他。[③]董和之子董允在他勤政廉洁思想培养下，官至侍中兼尚书令，与诸葛亮、蒋琬、费祎并列为蜀汉“四英”，成为蜀汉国家的栋梁之材。由于诸葛亮用人以“德”为先，因此，自诸葛亮治蜀后，官吏大多奉公洁己、以身作则，社会风气大变。就选拔和培养德才兼备、清正廉洁的继承人而言，诸葛亮取得了巨大的成功。

诸葛亮深知，人无完人，每个人都有缺点，因此，诸葛亮用人并不求全责备，而是用其所长，容许别人存在某些缺点。前面提到的何祇才干出众，但他喜欢娱乐，生活奢侈，这既不符合诸葛亮厉行节俭的要求，也不符合当时蜀汉的经济状况，但诸葛亮没有因为他的缺点而打压他，仍然对他提拔重用。襄阳人杨仪才能出众，诸葛亮北伐，杨仪协助制订规划，筹措粮草，他思维敏捷、办事利索，军中的许多事情都由杨仪安排和检查。但是杨仪为人性情急躁，与将军魏延的关系非常紧张。诸葛亮非常爱惜杨仪的才干，还是坚持任用他。此外，法正心胸狭窄、李严善营私产，诸葛亮也并没有苛求他们改正。

在广泛吸收人才的同时，诸葛亮还善于调和部下之间的矛盾，使他

---

① 陈寿撰，裴松之注:《三国志•姜维传》(卷 44)，中华书局，1959 年版，第 1068 页。
② 陈寿撰，裴松之注:《三国志•邓芝传》(卷 45)，中华书局，1959 年版，第 1073 页。
③ 陈寿撰，裴松之注:《三国志•董和传》(卷 39)，中华书局，1959 年版，第 979 页。

们的才干得到最大的发挥。关羽性情高傲，马超归属蜀汉时，关羽唯恐马超强于自己，便专门写信给诸葛亮问其才能如何，诸葛亮深知其意，说马超很强，关羽必然不服气，而说马超不行，则既不符合事实，也有伤马超的自尊，经过考虑，诸葛亮回信答道："马孟起文武兼具，勇猛过人，可谓一代俊杰，属于黥布、彭越一类人物，可与张益德并驾齐驱，但还不及美髯公您绝伦逸群。"看了诸葛亮的回信，关羽十分高兴，把它交给宾客幕僚们传阅。[①]这封回信分寸把握十分得体，协调了两员大将的关系，有效地避免了一场冲突。建安二十四年（219年），刘备进位汉中王，欲重用黄忠为后将军，诸葛亮劝刘备说："黄忠的声望，平常就不能和关羽、马超两人相比，现在让他们同列，马超和张飞在您身边，亲眼看到他立功，还可以理解，但关羽在远方听了，恐怕会不高兴的，是不是再考虑一下？"刘备回答说："我自有解决的办法。"即派遣益州前部司马费诗前往，果然不出诸葛亮所料，关羽闻黄忠为后将军，怒曰："大丈夫终不与老兵同列！"经费诗劝解，方肯受封。

荆州零陵人刘巴起初并不看好刘备，当曹操南征荆州时，当时荆州士人大多选择了归附刘备，刘巴却选择了投靠曹操，曹操令他招降荆州南部郡县，不料刘备抢先占领了荆州南部地区，刘巴没法向曹操复命，就准备南下交趾，诸葛亮爱惜他的才能，追上他，劝他归附刘备，但他仍然拒绝了。后来，他辗转进入益州，刘备平定益州后，刘巴这才选择了归附刘备。经过诸葛亮的几次推举，刘备任命刘巴为左将军西曹掾。刘巴为人博学多才，为刘备解决了入蜀后的财政困难问题，又与诸葛亮

① 陈寿撰，裴松之注：《三国志·关羽传》（卷36），中华书局，1959年版，第940页。

等共同制定蜀汉法律《蜀科》。他虽然为官清廉，但性格清高，张飞敬仰他，到他家拜访，刘巴却嫌弃张飞是一介武夫，连话都懒得跟他说，使张飞十分恼怒。诸葛亮得知这一情况，主动调和刘巴与张飞的关系，他劝刘巴说："张飞虽是武人，但他非常仰慕你。主公正召集文武人才，以成就一番事业。先生虽然天性清高，但也应该随和一些。"刘巴回答道："大丈夫处世，当结交四海英雄，和一介武夫有什么好说的？"刘备听说此事后，非常愤怒，说："我想定天下，而这个刘巴却专门捣乱。他本来是要回到北方曹操那儿去，只不过是从这儿借道，又怎么会帮助我成就大事呢？"诸葛亮又赶紧调和说："运筹策于帷幄之中，我和刘巴相比差远了！"劝解刘备多看到刘巴的长处，不要同他计较这些小事。

大将魏延从荆州跟随刘备多年，勇猛过人，是蜀国能征惯战的一员猛将，但他性情高傲，不善与人合作共事。长史杨仪也很有才干，经常参赞军机，筹措粮草，立过许多功劳，但他心胸狭窄，不肯对魏延忍让，二人矛盾非常尖锐，有如水火。诸葛亮既爱惜杨仪的才干，又赞赏魏延的勇略，以二人的不和为莫大的遗憾，但他不偏袒任何一方，经常给他们从中调解、周旋，尽量使他们发挥各自的才能，避免有所偏废。[①]诸葛亮在世时，二人的才干确实得到充分的使用。但诸葛亮刚死，魏延和杨仪的矛盾就公开爆发。魏延举兵攻打杨仪，兵败身死，杨仪也因心胸狭窄，以至发展到为追求个人名位而犯罪自杀，双方同归于尽。这一事实，从反面证明了诸葛亮善于团结部下共同工作，善于发挥部下才能的政治家风度。

① 陈寿撰，裴松之注：《三国志·魏延传》（卷40），中华书局，1959年版，第1005页。

三、公平公正的立法执法

前文已述，诸葛亮出生于诞生了管仲学派的齐地，在齐地度过了少年时代，寓居隆中后的诸葛亮把自己比作管仲，可见对管仲十分推崇。管仲学派是一个包含道、法、儒、阴阳、轻重等诸家学者在内的庞大学术团体，其中的法家号称齐法家，其思想大多集中于《管子》一书中。《管子》富含法家思想，特别强调公正执法、赏罚分明，主张有功必赏，有过必罚，以维护法的权威性。

诸葛亮家族虽为儒宦世家，但又有兼通法家的传统，比较诸葛亮先祖诸葛丰与诸葛亮的个性特点及法治思想，不难发现有许多一脉相承的痕迹。诸葛丰为了国家安定，甘愿身死，诸葛亮也有“鞠躬尽瘁，死而后已”之志；诸葛丰执法“刺举无所避”，诸葛亮亦一贯强调“刑不择贵”。从法治实践来看，诸葛丰和诸葛亮都是那种法必行、行必果的人。虽然诸葛丰生活的时代比诸葛亮早了两百年之久，但诸葛丰的正直名声和诸葛家族的家风却流传下来，潜移默化，代有所承。

诸葛亮既然自比于管仲，他对集管仲思想之大成的《管子》一书不可能不反复研读。据记载，诸葛亮曾亲手为后主刘禅手抄《申》《韩》《管子》《六韬》诸书，《管子》赫然在列，反映出诸葛亮既熟悉《管子》，又重视《管子》，否则不会于百忙之中亲自手抄。《申》《韩》《管子》固然都强调法治，但又有所不同。申不害讲法以任术见长，韩非则集法、术、势之大成，《管子》却于法治之外又参以德教，以礼法并用区别于《申》《韩》。诸葛亮法律思想的形成与先秦法家管仲、商鞅、申不害、韩非等人的学说均有密切关系，但诸葛亮对先秦法家思想并非照抄照搬，他看到了法家一些学说的局限性，因而根据时代的需要加以改造，摒弃了法家思想中严刑峻法、玩弄权术的一面，继承和发扬了公平公正、赏罚分明的一面，并以儒家思想中的若干积极因素加以补充，最终博采众长、融会贯通，自成一套法家思想体系，贯彻于自己的法治实践中。陈寿评价说："诸葛亮身为丞相，尽力安抚民心，颁布各项法制规范，不滥设官职，依从权责所在订立制度，开诚布公。对于尽忠国家有益时局的人，即使有仇怨的，也一定奖赏他；对于触犯法律、怠慢职责的人，虽然是很亲近的人，也必定受到处罚；那些如实坦白、服从刑罚的，犯的罪过再重，也有开释的机会；那些言辞狡诈、善于作伪的，虽然过错很轻，也往往难逃刑戮。做好事的，不因为它的微小而不奖赏；做坏事的，更不因它的细微而不贬斥。在处理事情方面，他充分表现了精明干练的魄力，凡事都要探讨它的根本，依着名分去督求实情，他最厌恶的莫过于虚伪了。在他所辖的地域内，民众没有不敬畏爱戴他的；刑罚施政虽然不免严厉，然而却没有人埋怨；这是因为他用心公平而劝导明确的缘故。诸葛亮可以称得上是有见识、懂政治的良才了，足以和管仲、萧何相媲美。"[①] 这是对诸葛亮法治思想的高度概括和精审评价。诸葛亮治蜀二十年，使得"国贫民虚，地处孤绝"的蜀汉上下"吏不容奸，人怀自厉，道不拾遗，强不侵弱，风化肃然"，如此卓越的政绩与他的"科教严明，厉行法治"是密不可分的。

立法是法治的前提和基础，齐法家重视法制建设，强调由君主主持制定法令，以强制手段推行法制，自上而下，贯彻实施，成为所有人

---

① 陈寿撰，裴松之注：《三国志·诸葛亮传》（卷 35），中华书局，1959 年版，第 934 页。

共同遵守的准则。受齐法家的影响，诸葛亮也很重视立法工作，在他的主持下，法正、刘巴、李严、伊籍等人共同制定了一部比较完善的法典《蜀科》，作为蜀汉政权实行法治的基础。《蜀科》为蜀汉治国的“常制”，影响深远。《蜀科》今已不存，但根据史料记载，诸葛亮治国，政令畅通，君臣上下，职司严明，足见实践了齐法家的上述理论主张。

管仲学派主张审时度势、因时立法，诸葛亮接受了这种观点，并在负责制定《蜀科》时加以运用。《蜀科》是诸葛亮等人在汉代旧律的基础上修改而来，并没有照搬照抄《汉律》，虽然基本上保持了汉律的体系，但在新形势下和特定的地区加以执行，又不全同于汉律。与汉律比较，蜀汉立法较宽而执法较严。汉律的一大弊病就在于繁复严苛，曹操就曾“嫌汉律太重”而另立科条。与刘焉、刘璋时期的法律相比，蜀汉立法也较宽。刘焉只是为了树立威信，就找借口杀了蜀郡的豪强王咸、李权等十余人。刘璋继位后，只因张鲁日渐骄横，不顺服自己，就杀死张鲁的母亲和弟弟，从此两人变为不共戴天的仇敌。彭羕因被众人诽谤，就被听信谗言的刘璋处以刑罚、贬为奴隶。由此可见，刘焉、刘璋统治时期，不但立法严酷，而且执法时带有很大的随意性，这样任性地执法，正是导致其灭亡的原因之一。与同时期的曹魏、孙吴相比，蜀汉立法也是比较宽容的。蜀汉“夷三族”的刑罚是用来对付叛逆的，但仅在诸葛亮死后用于魏延案，且仅此一例，对于其他叛逆者则较为宽大。如被迫降魏的黄权，刘备并未株连其家属，反而像平常一样对待他们；对于主动投降曹魏的孟达，蜀汉执法官员请求诛杀他的妻子儿女，刘备却没有同意；对于通敌害死关羽的糜芳，刘备更是以“兄弟罪不相及”来宽慰糜竺，而且“崇待如初”。这种宽大，在历代封建王朝都是比较罕见的。

在执法方式上，诸葛亮也主张审时度势、因时制宜。前文已述，与汉律比较，蜀汉立法较宽而执法较严，这是有特定背景的。原益州牧刘璋性格软弱，境内法律松弛，豪强胡作非为，百姓怨声载道。建安十九年刘备平定成都后，封诸葛亮为军师将军，署左将军府事，管理益州政务。诸葛亮鉴于刘璋父子统治益州时既不能实行德政以惠民，又不能用法令的威力来整肃不正之风，试图扭转这种局面，因此厉行法治，严格执法，采取以严济宽的强硬手段，严厉打击豪强士族势力，坚决维护法令的权威，使益州的官风民气大为改观，社会秩序迅速稳定，但这也招来了一些守旧势力的非议和责难。代表益州地方势力意见的蜀郡太守法正劝告诸葛亮，他以汉高祖刘邦入关后仅仅“约法三章”使秦人感恩的史例，劝说诸葛亮降低要求，放宽执法，以安定民心。诸葛亮并未采纳法正的意见，他在《答法正书》中依理反驳道，治国不可以滥施小恩小惠，用职位去恩宠下级，等到无高位可给时他们就会渐生轻视；用恩惠去笼络下级，等到无恩可施时他们就会滋生怠慢，这正是弊政症结的所在。如果用严峻的刑法去震慑下级，待法令贯彻之后，他们就会知道什么是恩德；严格限制封赏官爵，一旦加官晋爵，他们就会懂得什么是荣耀。恩威并用，互为补充，上级与下级之间就有了秩序，治理国家的要领就体现于此。所以他坚持“治乱世用重典”，采取严刑峻法、恩威并济的措施来纠正时弊。经过诸葛亮的努力，蜀汉很快就出现了安定局面。

诸葛亮特别注重公正执法。管子执法就力求公正，他曾经剥夺了齐国大夫伯氏三百户的采邑，使伯氏沦落到只能吃粗粮的地步，但因为他执法公正，伯氏无话可说，至死都没有说过怨恨他的话。这一事例成为我国古代公正执法的光辉典范，更是诸葛亮学习的楷模。

诸葛亮执法，不挟私怨，不徇私情，赏罚严明，执法公正。诸葛亮不讲封建王朝“刑不上大夫”之类偏袒权贵的“传统”，而是认为“赏不可不平，罚不可不均”，主张不论身份，一视同仁。建兴六年（228年），赵云、邓芝兵出斜谷，由于缺乏警惕而受挫，尽管赵云亲自断后而不致大败，但诸葛亮仍对其按军法处置，将其贬为镇军将军。在街亭阻击战中，参军马谡违背节度，导致军事失利。论私情，马谡与诸葛亮情同父子，可是他犯了法，诸葛亮还是依法处置了他。李严与诸葛亮同受刘备遗诏辅政，协助诸葛亮掌管全国军政，可谓位高权重，但是他犯了法，照样受到诸葛亮的制裁。

管子认为公正执法应该首先从制定法律的领导阶层做起，诸葛亮执法对自己也一视同仁。街亭战败后，尽管主要责任在于马谡，但诸葛亮严于律己，认为自己用人失当，负有领导责任，请求自贬三等，体现了他对管仲法家“上下贵贱皆从法”思想的坚决贯彻。法律面前人人平等是现代法制社会的不懈追求，而早在一千八百年前的三国时期，诸葛亮就已将这种思想贯彻在自己治国理政的实践中，更加显得难能可贵。

由于诸葛亮执法公平，所以被他责罚过的人都无怨无悔、诚心改过。廖立受到诸葛亮的责罚，流放到汶山郡后，率领妻子儿女躬耕自守，诸葛亮逝世的消息传到汶山后，廖立竟至于失声痛哭。同样受过诸葛亮惩治的李严听到诸葛亮逝世的消息后，竟至于忧愤而死。《三国志》的作者陈寿之父曾任马谡的参军，马谡失街亭，陈寿之父连带被诸葛亮处罚，尽管如此，陈寿对诸葛亮并无怨恨，仍然对诸葛亮评价甚高，也是因为诸葛亮执法公平。

东晋襄阳人习凿齿评价诸葛亮的执法说："从前管仲夺了伯氏的采邑三百户，伯氏终生没有怨言，圣人都以为是件难事。诸葛亮去世使廖立流泪哭泣，李平发病而死，岂止是没有怨言而已！水最平正，倾斜的物体会取以为准；镜最明亮，丑陋的人会忘记发怒。平水、明镜所以能使万物原形毕现而不招致怨恨的原因，是由于它们无私。"[①]宋代的苏辙也将管仲执法公平与诸葛亮执法公平相提并论。尽管两人相距近千年，后人却将其并提，正是因为二人在执法公正方面有相同之处。

诸葛亮强调执法有信，言出必行，决不自毁成约，得到了军民人等的拥护。诸葛亮北伐期间，为了与曹魏大军持久抗衡而又不使军队疲乏，采用了"十二更下"制，即将前线部队分为十二部，每月用相应的后备兵力替换一部，让其休整。某次换班期满，恰逢战事紧急，前线的军队难以撤回，有人向诸葛亮建议说："暂时留下换班的军士，等新来军士到了再把他们换下来。"诸葛亮回答说："我统率军队，以大信为本。那些该撤下的兵士已经收拾好了行装，待命回家，他们的妻子家人也延颈企盼，计算着他们的归期。虽然现在形势很危急，但定好的制度不能随意废止。"于是发出号令，催促该换班的军士启程到后方休假。军士们听到这道命令，无不感激涕零，都愿留下来与魏军决一死战。战斗打响以后，蜀军士兵奋勇争先，以一当十，大败魏军。这正是诚信的力量！诸葛亮赏罚有信，既赢得了军心，也赢得了民心。《三国志》作者陈寿由衷地感叹："赏罚之信，足感神明！"

① 司马光:《资治通鉴·魏纪四》(卷72)，中华书局，1956年版，第2300页。

重视教化，先德后刑是诸葛亮法治的一大特色，这使诸葛亮的法治充满着人性关怀。诸葛亮深受儒家思想影响，儒家“德治”“仁政”思想的基本原则就是重视道德教化，主张先德后刑，反对不教而杀。孔子的弟子颛孙师（字子张）有一次问孔子：“怎么样才可以治理好国家？”孔子答道：“尊奉五种美德，除掉四种恶政，就可以治理好国家。”[①]孔子所说的四种恶政之一就是“不教而杀谓之虐”，意思是说，不加以教育而杀人就叫虐。后来，“不教而杀”演化为成语“不教而诛”，指事先不教育人，一犯错误就加以惩罚。诸葛亮虽然执法如山，但却十分重视教化，反对不教而诛。他曾批评商鞅之法“长于理法，不可以从教化”，透露出他德刑并用的特点，他明确提出为政之道应“以教令为先，诛罚为后”，注重防患于未然。他以法家学说教育皇室子弟，在他提倡下，刘备的儿子们不但读《汉书》《礼记》《六韬》，还学习《商君书》等法家著作，诸葛亮甚至还专门为刘禅抄写了《申子》《韩非子》《管子》等法家著作。他反复对官吏进行教导，订立《八务》《七戒》《六恐》《五惧》等训诫属下的规章制度。他还积极对民众进行普法教育，鼓励并引导臣民学法、知法，以避免犯罪，这些都是诸葛亮治蜀中重道德教化的表现。陈寿说，诸葛亮治蜀，整个蜀汉上下对他又敬又爱，虽然严刑峻法，却没有人抱怨，究其原因，很重要的一点就是有言在先。总的说来，诸葛亮的法治思想及其实践，始终贯穿着德刑并重、礼法兼容、恩威共施的精神基调。

诸葛亮执法能晓之以理，动之以情，既不因情废法，而又法外有

① 程树德撰：《论语集释·尧曰》（卷39），《新编诸子集成》，中华书局，1990年版，第1370页。

情，故使人心服口服。对犯错的人，诸葛亮也不是简单地治罪，而是结合其认罪态度和悔过表现妥为论处。在李严的问题上，他就曾对李严的儿子李丰表示，李严若能诚心改过，将允许他重新复职。又如车骑将军刘琰为人偏执好斗，因与魏延不和而争吵，说话狂妄荒诞，诸葛亮免了他的官职，刘琰写信向诸葛亮检讨道："我德行微薄，再加上有沉溺饮酒荒废事情的恶习，自先帝以来，人们对我议论纷纷，几乎使我垮掉。承蒙您能明察我一心为国，宽恕我身上的恶习，帮助我渡过难关，获得现在的职位。近来喝醉了心智迷乱，说了错话，您又仁慈地宽容了我一时的莽撞，不将我送到司法官员那里审判，使我得以保全性命。我一定深切自责约束自己，改正错误，以死报国，并以此向神灵发誓。"[①]诸葛亮见刘琰有悔改之意，便马上派他回成都，恢复了他的官职。

严格执法、反对赦免是诸葛亮法治的又一特色。所谓"赦"，就是君主颁布赦令，大赦天下。齐法家反对违背"公法"的赦免，《管子·法法》说："人民没有重罪，是因为过失不大；人民不犯大错，是因为君主不随意赦免。君主赦免小错，则人民就多重罪，这是逐渐积累所形成的。所以说，赦令常出，人民就不加警惕；恩惠常行，过失就日益增多。把恩惠和宽赦政策加于人民，监狱虽满，杀戮虽多，坏人也不能制止了。所以说，邪恶的事不如早加禁止。凡行赦免，总是小利而大害，时间久了则不胜其祸；不行赦免，则是小害而大利，时间久了则不胜其福。因此，赦免好比丢弃奔马的缰绳；不赦好比用针灸治疗痈病。对文人只有三次赦免，对武人则一次赦免都不能有。所谓惠，就是多赦，行

① 陈寿撰，裴松之注：《三国志·刘琰传》（卷40），中华书局，1959年版，第1001—1002页。

起来先易后难，久而不胜其祸；所谓法，则是行起来先难后易，久而不胜其福。所以，惠是人民的仇敌，法是人民的父母。最上等的是事先用法制规范人的行为，其次是有错误而能制止，虽有过也不致严重。赦过忘善，人民就不能勉励；有过不赦，有善不忘，勉励人民的政策，就发挥作用了。"[①] 按照齐法家的观点，赦免并不能防止犯罪，却使百姓对法律无所敬畏，法律也会失去应有的权威。因此齐法家提出"有过不赦"的施法原则。商鞅也认为必须坚决执法，才能"明法""贵法"。法律不被严格遵守，国家就不能有效的治理。因此，"刑重而必得"，才能使犯罪者无侥幸之心，未犯罪者有敬畏之心。因此，对触犯法禁者坚决绳之以法，绝不以任何形式加以赦免。

汉代的赦免频率还是比较高的，据不完全统计，自高祖元年至献帝延康元年共四百二十六年的时间内，共颁布大赦令一百四十六次，平均不到三年即大赦一次。其中西汉六十二次，东汉八十四次。三国时期，大赦更加盛行。曹魏自文帝曹丕即位至元帝曹奂咸熙元年四十一年间，共行赦令二十八次；孙吴自孙权黄武元年（222 年）即位至末帝孙皓天纪二年（288 年），共行大赦二十九次，平均两年左右就大赦一次，是三国中大赦最多的。蜀汉承袭汉制，出于某些政治考虑，也有大赦。但诸葛亮深知大赦的弊端，坚持"慎赦"的原则，使蜀汉形成了良好的法治氛围。

诸葛亮曾说，治理国家应该用大恩大惠，不用小恩小惠，所以汉元帝时的丞相匡衡、汉武帝刘秀的大司马吴汉都不主张实行大赦。刘备也

① 黎翔凤撰:《管子校注·法法》(卷 6),《新编诸子集成》, 中华书局,2004 年版, 第 294 页。

说过：“我从前同陈元方和郑康成往来，经常受到他们的启发告诫，一治一乱的道理讲得很详尽，但从来没有谈到过大赦的事。”如果像刘表和刘璋父子那样年年赦免，对治理国家又有什么好处呢？[①]刘表和刘璋都喜欢用小恩小惠去笼络人心。他们认为，只要对臣民们有恩惠，大家就会拥护他，结果却适得其反。为什么会如此呢？诸葛亮对此作了哲理性的论述，他在《答法正书》中说：“宠之以位，位极则贱。顺之以恩，恩竭则慢。所以致弊。”就是说，对待臣民，用职位去恩宠他们，到无高位可给的时候，他们就会轻视你；用恩惠去笼络他们，到无恩惠可施时，他们就会怠慢你。事实也是如此。刘璋的谋臣法正、张松等本已高官厚禄，但他们却不忠于刘璋，而是想方设法将益州拱手送给刘备。刘表的亲信蔡瑁、张允可谓受刘表恩宠之至，但当刘表一死，便迫不及待地怂恿刘琮将荆州之地献与曹操。诸葛亮从中得到启迪，不搞小恩小惠。诸葛亮执政十余年，从未进行过大赦，然而政通人和，民乐其业。他死之后，刘禅在三十年内先后大赦十二次，平均两年多一次，政局却日益昏乱，最终并未能挽救蜀国的灭亡。可见法家的反对赦免、坚决执法比起儒家的“三宥三赦”更具合理性和科学性。

但是，诸葛亮执法的严明并不等于严刑酷法。在封建社会，刑罚株连比比皆是，但诸葛亮主张刑罚只能惩罚罪犯本人，对犯人家属绝不施行牵连。李严犯罪被贬为庶人，然而其子李丰仍然在朝为官，继续受到信任和重用。诸葛亮还经常教育他，希望他能够正确对待他父亲的问

---

① 司马光：《资治通鉴・魏纪七》（卷 75）记载：“治世以大德，不以小惠，故匡衡、吴汉不愿为赦。先帝亦言，‘吾周旋陈元方、郑康成间，每见启告，治乱之道悉矣，曾不语赦也。’若刘景升（刘表）、季玉（刘璋）父子，岁岁赦宥，何益于治！”中华书局，1956 年版，第 2367 页。

题，积极进取，努力工作。蜀国夷陵战败后，镇北将军黄权因后退无路，迫不得已投降了曹魏。有关部门请求逮捕黄权的家属治罪，刘备、诸葛亮没有同意，对黄权的家属仍待之如初。黄权到了魏国，蜀国的降人谣传黄权的家属已被诛杀，魏文帝曹丕准备为黄权的家属治丧。黄权却说："臣与刘备、诸葛亮推心置腹，他们一定知道我的本心。我怀疑此消息不实，请等落实了再说。"后来，果然证实了黄权的家属安然无恙。[①]不但如此，黄权的儿子黄崇也未受到牵连，后来还做了蜀汉的尚书郎。将军来敏因言语狂悖被诸葛亮罢官，但处罚并未牵连其家人。治州从事彭羕为人性格狂傲，刘备调他外出任职，他心生不满，口出狂言，以下犯上，称刘备为"老革"（老兵痞子），又对马超说："你为外任，我为内应，天下不难平定。"[②]怂恿马超谋反，事发之后彭羕被杀，并未牵连其他人。在古代谋叛之罪十恶不赦，犯者满门抄斩，然而诸葛亮仅仅处理了彭羕一人，他在执法上对宽严标准的精准把握成为后人学习的榜样。

总之，诸葛亮的法制思想表现为"劝惩结合""宽严相济"，他以严明公正的法治思想治理蜀汉，在中国古代历史上独具一格。他融汇先秦法家理论，参以儒家思想，运用于治理蜀汉的实践中，获得了巨大成功。诸葛亮的以法治蜀得到了蜀汉朝野上下的一致拥护，陈寿对此评价说，诸葛亮法令严明，赏罚公正，罪责无不受到惩罚，善行无不给予表彰，官吏不营私舞弊，人人自勉，道不拾遗，强不欺弱，社会风气安定

---

① 陈寿撰，裴松之注：《三国志·黄权传》（卷43），中华书局，1959年版，第1044页。

② 陈寿撰，裴松之注：《三国志·彭羕传》（卷40），中华书局，1959年版，第995页。

祥和。直到现在梁州、益州的百姓，说起诸葛亮，仿佛他的话还在耳边。即使是《甘棠》称颂召公[①]，郑国人歌颂子产[②]，也没有像这样久远。[③]这是对诸葛亮以法治蜀成功实践的高度评价。

---

① 召公，西周初期政治家。召公到乡下视察，在棠树下决断政务，从诸侯到百姓各得其所，受到百姓的拥戴。召公死后，百姓怀念他，作《甘棠》之诗称颂召公。

② 子产，春秋时政治家，公元前 554 年任郑国卿后，实行一系列政治改革，主张保留乡校、听取国人意见，善于因才任使，采用宽严相济的治国方略，将郑国治理得秩序井然，受到郑国百姓的称颂。

③ 陈寿撰，裴松之注《三国志·诸葛亮传》(卷 35）记载："亮科教严明，赏罚必信，无恶不惩，无善不显，至于吏不容奸，人怀自厉，道不拾遗，强不侵弱，风化肃然也。""至今梁、益之民，咨述亮者，言犹在耳。虽《甘棠》之咏召公，郑人之歌子产，无以远譬也。"中华书局，1959 年版，第 930—931 页。

第七章　因势利导的军事奇才

自从陈寿评价诸葛亮“治戎为长，奇谋为短”“应变将略，非其所长”之后，关于诸葛亮军事才能的争论持续了一千八百多年。与其他杰出军事家如白起、韩信等人相比，诸葛亮确实算不上战功显赫，但这是有客观原因的。纵观诸葛亮的一生，在刘备去世前，诸葛亮主要在负责后勤保障工作，没有什么机会统兵征战。赤壁之战，诸葛亮并未深入前线；攻占益州，诸葛亮只是作为援军；争夺汉中，诸葛亮负责镇守成都。诸葛亮真正开始统兵只是在刘备去世后的十年间，主要就是南征和北伐。尽管诸葛亮并不以战功显赫著称，但一个人的军事成就应包含军事谋略、治军练兵、战事胜负等许多方面，诸葛亮在战略规划、战术思想以及军事科技等方面取得了杰出成就，他仍不失为我国历史上的杰出军事家。

一、隆中对策的战略规划

建安十二年（207年），刘备在徐庶的推荐下“三顾茅庐”，年仅二十七岁的诸葛亮在与刘备会见时，向刘备提出了一套完整的三分天下、建基立业、兴复汉室的三步走战略构想，这就是著名的“千古一策”——“隆中对”。

> 自董卓已来，豪杰并起，跨州连郡者不可胜数。曹操比于袁绍，则名微而众寡，然操遂能克绍、以弱为强者，非惟天时，抑亦人谋也。今操已拥百万之众，挟天子而令诸侯，此诚不可与争锋。孙权据有江东，已历三世，国险而民附，贤能为之用，此可以为援而不可图也。荆州北据汉、沔，利尽南海，东连吴、会，西通巴、蜀，此用武之国，而其主不能守，此殆天所以资将军，将军岂有意乎？益州险塞，沃野千里，天府之土，高祖因之以成帝业。刘璋暗弱，张鲁在北，民殷国富而不知存恤，智能之士思得明君。将军既帝室之胄，信义著于四海，总揽英雄，思贤如渴，若跨有荆、益，保其岩阻，西和诸戎，南抚夷越，外结好孙权，内修政理。天下有变，则命一上将将荆州之军以向宛、洛，将军身率益州之众出于秦川，百姓孰敢不箪食壶浆以迎将军者乎？诚如是，则霸业可成，汉室可兴矣。

“隆中对”所规划的战略可分为两个部分：一是从政治、经济、军事、地理和人事等方面对当时的战略形势进行了科学具体的分析并得出相应的结论：曹操已据有北方，拥兵百万，挟天子而令诸侯，占据了天时、地利、人和，因而暂时无法与他争锋。孙权经营江东已经经历了三代，地势险峻，人民依附，拥有地利与人和，因而只可以作为援手。在战略发展方向中，只有荆、益二州尚有发展空间。荆州为用武之国，但荆州牧刘表没有能力守住，益州险塞，天府之国，但刘璋暗弱，“智能之士思得明君”，刘备为“帝室之胄，信义著于四海”，可以向荆、益发展以为立国之根本。二是设计规划了三步走的战略目标，具体来说：第一步近期目标，即“跨有荆、益，保其岩阻”，夺取“用武之国”荆州和“天府之土”益州，用作刘备的立足之地；第二步中期目标，即利用内政外交发展壮大实力。“西和诸戎，南抚夷越，外结好孙权”，利用外交争取盟友，稳定后方。“内修政理”，整顿政治，发展经济，做好内部建设。第三步远期目标，待“天下有变”，则对曹魏两路出兵，发起钳击，夺取中原，最终实现复兴汉室的目标。

“隆中对”包括了政治、经济、军事，内政、外交及各方态势，战略形势分析判断、战略步骤、主次战略方向及时机选择等各方面内容，高屋建瓴，对形势的分析全面准确，战略构想切实可行，因而成为刘备集团立国和兴复汉室的基本指导思想，成功地指导了刘备集团的前期军事行动并取得了巨大成功。但是“隆中对”绝不是一篇即席谈话，它是在当时社会条件下经过一定时期酝酿而形成的，是许多政治家、思想家共同智慧的结晶，是诸葛亮多年对社会形势的观察与分析的结果，也是诸葛亮认真总结历史经验与时人思想的产物。

“隆中对”是对当时天下大势科学预见的产物。诸葛亮躬耕隆中的十年间，军阀割据形势发生了急剧的变化，在北方，曹操打败了袁绍，基本统一了北方，在南方，孙策、孙权兄弟占据了地势险要的江东，北方和江东实现了局部统一。早在诸葛亮提出“隆中对”的七年前，东吴政治家鲁肃第一次晋见孙权，分析当时形势时就提出：“我个人认为，汉朝不可能复兴，曹操也难以立刻除掉。为将军打算，只有像鼎足一样据有江东，观察天下形势的变化。”[①] 建议孙权乘北方多事之际，迅速剿除屯驻夏口的黄祖，进而进攻刘表，控制整个长江流域，然后建立帝国、图谋天下。鲁肃清楚地认识到当时的形势，明确提出把夺取荆州、益州作为对抗曹操进而图谋天下的重要步骤，因此他规划的方案是与曹操南北分治。不过，鲁肃提出这一谋划时孙权刚刚上台，正忙于巩固内部，尚无力予以实施。几年后，曹军南下前夕，名将甘宁也向孙权献计：“当前汉室势力衰微，曹操迟早会篡位，荆州地理形势便利，江河畅通，是国家西部的命脉。依我看刘表这个人缺少长远的计划，他的儿子又不成材，难以守住他的基业。请主公趁早行动，不可落在曹操后面，我们要设法先解决黄祖，黄祖年事已高，日益昏聩，钱粮缺乏，战备不修，如果我们去征伐，肯定可以打败他。一旦打败他，就可以一路往西，占领楚关，然后进一步图谋巴蜀。”[②] 鲁肃、甘宁的对策可称之为“江东对”，两人的建议大致相同，都非常重视荆州的战略地位。

以“江东对”与“隆中对”相比较，两大对策一前一后，虽然细致性、条理性和准确性存在一些差异，但基本构思却很相似，都认识到短

① 陈寿撰，裴松之注：《三国志·鲁肃传》（卷 54），中华书局，1959 年版，第 1268 页。

② 陈寿撰，裴松之注：《三国志·甘宁传》（卷 55），中华书局，1959 年版，第 1292—1293 页。

期内不可能战胜曹操，都重视荆州的战略地位，都有先据荆州后取益州的战略构想。这说明，当时有见识的智能之士对天下大势的进一步发展有着相似的看法，并非只有诸葛亮慧眼独见，“隆中对”的出现是对当时天下大势进一步发展科学预见的必然结果。

“隆中对”战略构想的提出，既有现实条件的考量，又有历史依据的参照。诸葛亮熟读史书，在制定战略时一定程度上借鉴了历史经验。两汉之际，公孙述曾在成都建立“成家”政权，其部下李熊建议公孙述北据汉中，阻塞褒谷、斜谷的险要关隘；东面扼守巴郡，据守扞关（一说在今重庆奉节县，一说在今湖北长阳县），时机有利则出兵扩大地盘，时机不利就坚守四境，发展农耕以自给自足。东面可下汉水以窥视秦地，南面顺着江流以震动荆州、扬州。[①] 李熊设想的割据范围包含汉中、巴蜀以及荆州的西部，鼎盛时期的成家政权据有西汉所置益州的大部分地区，即蜀郡、巴郡、广汉郡、犍为郡、越嶲郡、汉中郡全境和武都郡、南郡部分地区，与“隆中对”所说的“跨有荆、益”范围大体相当。可见，“跨有荆、益”是对公孙述割据益州、荆州历史先例的效仿。“益州之众出于秦川”是走高祖刘邦由汉中夺取天下的老路，公元前 206 年，西楚霸王项羽封刘邦为汉王，建都南郑。四月，刘邦来南郑就国。八月，用韩信明修栈道、暗度陈仓之策，出南郑，定三秦，最终一统天下。号召“兴复汉室”及“荆州之军以向宛、洛”则是参考光武帝刘秀奋起南阳，昆阳一战大破王莽主力，最终中兴汉朝的历史经验。

诸葛亮长期生活在荆州，与荆州名士往来密切，当时荆州名士对时

---

① 范晔：《后汉书 • 公孙述传》（卷 13），中华书局，1965 年版，第 535 页。

局的看法对诸葛亮有一定启发。当北方战乱之际，荆州襄阳聚居着一大批名士，他们有的来自北方州郡，很了解中原的情况，有的本籍荆襄，熟悉南方的情形，有的则与东吴、刘表方面有密切的关系。来自北方的名士都是因躲避战乱才一时云集于此的，对时局的变化发展自然十分关注，如何结束战乱、恢复和平无疑是他们最为关心、讨论最多的话题。襄阳名士有很多是诸葛亮的亲戚朋友，如蒯氏家族的蒯越世有谋略，先祖蒯通是刘邦的著名谋士，[1]蒯越本人谋略出众，大将军何进听闻他长于谋略，请他任东曹掾，蒯越曾劝何进先发制人，尽快杀掉宦官，但何进犹豫不决，蒯越预料何进必会败亡，于是自请出任汝阳令，后来何进果然为宦官所害，蒯越却成功避祸，他还曾为刘表谋划“宜城对”，刘表于是很快平定了荆州。庞氏家族的庞德公、庞统都善于知人，精于谋略。这些有学问、有见识的亲戚朋友彼此之间关系亲密，可以毫无顾忌地高谈阔论，抒发各自的政治见解，诸葛亮长期生活在这样的环境之中，对于他战略思想的形成有着很大的影响。“隆中对”在某种程度上表达了荆襄名士们对时局的看法，可以说是诸葛亮与这些名士们共同智慧的结晶。可以说，“隆中对”是在当时的政治军事斗争形势下应运而生的，是当时已有的一些零散思想的系统化、完善化。

“隆中对”为迷茫中的刘备指明了前进方向，此后，刘备集团按“隆中对”所提出的指导方针，果然逐步实现了跨有荆益、鼎足三分的战略意图。从建安十二年（207 年）“隆中对”开始，到建安二十四年（219 年）进位汉中王，刘备用十三年的时间实现了华美的逆袭，他的

---

① 蒯通之事见《汉书·蒯通传》（卷 45），中华书局，1962 年版，第 2159—2167 页。

事业发生了惊天的逆转，由原来疲于奔命、寄人篱下、无立锥之地，一变而成为与曹操、孙权一样鼎立一方的霸主，达到其一生功业的顶点。从这个方面说，“隆中对”战略取得了巨大的成功。但“隆中对”也绝不是完美无缺的，就其本身来说，它存在着两个致命缺陷，正是这个缺陷为以后刘备集团的衰落、失败埋下了伏笔。

第一个缺陷是“跨有荆、益”的战略目标与“联吴抗曹”的外交方针之间存在深刻的内在矛盾。诸葛亮认识到荆州因其四通八达的地理位置，是兵家必争的战略要地，但这也恰恰决定了荆州必然是各方势力争夺的焦点和中心，任何一方要想单独控制荆州都是不现实的。在“隆中对”中，诸葛亮认识到孙权在江东立国的根基在于“地利”，即长江天险的阻隔。而荆襄地区地处长江中游，是长江下游地区的屏障，对于孙吴政权来说，如果蜀汉占据了荆州全境，就像在下游的孙吴头上悬了一把随时会落下的宝剑，对孙吴是极大的威胁，孙吴将处于东面受制于曹魏，西面受制于蜀汉的被动局面。正因为“全据长江”是孙吴集团的核心利益所在，也才成为孙吴集团上下孜孜以求的战略目标。这一点，孙权的几位主要谋士都有过论述。鲁肃曾建议孙权进攻刘表，占领长江中游，甘宁也建议孙权对荆楚之地“当早图之”。从孙策到孙权，东吴不断进攻江夏太守黄祖，名义上是为报杀父之仇，本质上却是为了占有荆州。

荆州因其经济条件和地理条件，在孙、刘两方的战略构想中都具有十分重要的战略作用。刘备想要占据荆州、益州作为根据地，孙权则想要夺取荆州以屏障江东。如此，“跨有荆、益”的战略目标与“联吴抗曹”的外交方针之间存在深刻的内在矛盾。诸葛亮在“隆中对”时看到了曹魏集团对刘、孙两家的巨大威胁，并以此为外部条件促成了孙刘联盟。但他当时没有看到，一旦北方的军事压力有所缓和，而作为江东藩篱的荆州又为刘备所独占，那就触及了以全据长江天险为立国命脉的孙吴政权的利益底线，孙权不可能坐视不理。从这个角度来说，“隆中对”所规划的“跨有荆益”和“结好孙权”是自相矛盾的，并和“江东对”相冲突。刘备夺取益州后，双方就曾围绕着南三郡展开争夺，以达成以湘水为界中分荆州而告终。后来，关羽率兵北攻襄阳，孙权立即乘虚而入，关羽丢失荆州和刘备夷陵惨败，使刘备的事业发展由顶峰跌入低谷，导致“隆中对”战略构想中途夭折，兴复汉室的理想终成泡影，不能不说是“隆中对”忽略东吴根本利益的必然结果。

第二个缺陷是“跨有荆益”缺乏必要的地理基础。益州是一个四塞之地，西面的青藏高原，南面的云贵高原，特别是北面的秦岭、大巴山和东面的巫山，像四面墙壁环抱着四川盆地，这样的地理形势使它成了一个几乎与外界隔绝的孤立世界。同时，益州气候适宜，土壤肥沃，资源丰富，经济发达。易守难攻的地理形势和丰富多样的自然资源，使该地很容易以自给自足的方式而生存，当年刘焉之所以入蜀，就是为了躲避乱世。因此，每当天下大乱，四川盆地总是一个独特的存在。在中国封建社会的历史上，建立于四川地区的割据政权很多，西汉末年的公孙述，三国时期的刘备，西晋末年的李特，五代时期的王建和孟知祥，元末的明玉珍和明末的张献忠，都曾在这里建立过自己的独立王国。这些事实足以说明其独立性很强，很难与其他地区融为一体。更为严重的是，荆、益之间的交通极为不便，两地之间横亘着崇山峻岭的巫山山脉，没有陆路可通。当年夷陵大战之后，刘备败归白帝城，镇守江北的黄权就因为后退无路而不得不投降曹魏。长江横贯荆州、益州，本来可以成为两者之间的交通孔道，但从益州东部重镇永安到荆州西部重镇西陵，其间横亘着崖壁峭立、水流湍急的长江三峡，江中礁滩密布，航行十分困难。交通的方便与否是一个地区能否有效地控制另一个地区的先决条件，荆、益之间复杂的地理形势，给用兵、运输等带来了极大的困难。因此，表面看来，荆、益二州接境毗连，经济富庶，是一个建立霸业的理想场所。但由于交通如此不便，实际上这两个地区却很难互相联系，互通声气，也就很难形成一个紧密的整体。荆州则是九省通衢的四战之地，北有曹魏，东有孙吴，各方都对荆州虎视眈眈，这就注定了荆州难以据守。赤壁之战以后，曹、刘、孙三方瓜分了荆州，孙权占有荆州的江夏郡、南郡的江陵及其附近地区；刘备占领荆州江南地区的长沙、零陵、桂阳、武陵四郡，又将军队驻扎在南郡的公安；曹操占领南阳郡、南郡的襄阳及其附近地区。荆州成为三方势力的交汇点，显示出极其重要的战略地位。

但“隆中对”是带有指导性质的总体战略构想，不是具体的实施方案，我们不能强求诸葛亮在当时就能准确预测此后事态的发展，因此，在具体执行“隆中对”的过程中需要根据未来形势的变化做出相应的调整。“跨有荆、益”虽然和“联吴抗曹”存在着深刻的矛盾，但只要来自曹操的这一主要威胁继续存在，吴蜀双方均不敢轻易抛弃联盟抗曹这个大局。也就是说，“跨有荆益”与“联吴抗曹”并不是绝对相互排斥的，而是有着共存的一面。“隆中对”固然有其自身的战略缺陷，但其未能最终实现的主要原因则是刘备和关羽在执行过程中偏离了“隆中对”的战略构想，出现了偏差。荆州丢失的直接原因在于关羽，关羽个性刚而自矜、骄傲自大，这种个性在与孙吴打交道的过程中，缺乏应有的外交能力，战略上又轻视孙吴，多次与鲁肃发生摩擦，从而使孙刘联盟渐生裂隙，双方的关系日益紧张。建安二十四年（ 219 年）关羽率荆州主力北攻襄阳、樊城，连战连胜，威震华夏，打破了三方在荆州的势力均势，引起了孙权、曹操的恐慌。这场战役发生在一个错误的时间，当时的蜀汉刚刚得到益州、汉中，百废待兴，国力疲弊。而益州对如此关系重大的战争竟然缺乏最基本的战争准备和支持，而是忙于封侯拜将，分金酬赏，完全陶醉在新得益州、汉中的胜利中，如此大战如此打法，无异于儿戏，焉能不败！此战若先制订全面的战争和外交规划，足食足兵，调蜀中大员坐镇南郡，另调统军大将统一指挥荆州与上庸之兵，联络并防备东吴，才有希望侥幸获胜，可惜这些一样也未能做到，从而给孙权的偷袭提供了可乘之机。

丢失荆州的根源则在于刘备在荆州问题上的一系列战略性错误。一是用人不当。刘备调诸葛亮入蜀增援，留下关羽镇守荆州，说明刘备主要是以军事手段确保荆州的安全，而忽视了以外交手段来协调吴、蜀双方可能因荆州而产生的矛盾。关羽在军事上的确是合适的人选，但他缺乏外交能力和战略眼光，对联吴策略的重要性认识不足。刘备应当调关羽入蜀增援，留诸葛亮率赵云等镇守荆州，这是兼顾政治、军事、外交各方面的最合理的人事配备。若如此，荆州或许能够保住。二是刘备夺得汉中并称汉中王后，志骄意满，结果不仅丢失了荆州，还丢失了上庸。如果刘备能考虑到荆州在孙吴战略构想中的地位，能清醒认识双方在荆州的战略态势，估计到孙吴不择手段夺取荆州的可能，并采取适当的应对与防范措施，纵然拿不下襄阳，确保荆州还是很有可能的。而刘备在战略上的一错再错，最终促成了关羽的败亡和荆州的丢失。第三个也是刘备最大的战略性错误是在荆州丢失后轻率地兴兵伐吴，结果是夷陵惨败，不仅未能夺回荆州，反而使蜀军精锐尽失，蜀汉元气大伤，使诸葛亮“隆中对”战略构想中途夭折。

对于“隆中对”的上述失误，后来诸葛亮是有所认识的，并及时地作了战略调整。在“跨有荆、益”和“结好孙权”不能并存的时候，他没有固执己见。夷陵之战后，刘备刚刚死去，诸葛亮就派邓芝出使东吴，承认了东吴对荆州的占有，恢复了双方的联盟关系。从此以后，蜀汉再也没有产生过夺取荆州的军事行动，荆州事实上成为孙权的势力范围，吴蜀联盟从此一直维持到蜀汉灭亡，“隆中对”和“江东对”第一阶段双方都以大打折扣而告终。诸葛亮之所以要这样做，是因为一来他认识到“结好孙权”要比“跨有荆、益”更为重要，失掉荆州，蜀汉还可以立国巴蜀，但如果不同东吴结盟，蜀汉将陷入双线作战的困局，根本无法同时对抗孙、曹两个强敌，亡国之祸恐怕近在眼前；二来蜀汉经过荆州大败和夷陵惨败，元气大伤，对荆州即使有心，恐也无力。正因如此，当孙权在建康称帝时，一向以“兴复汉室”为基本国策的蜀汉群情激奋，纷纷要求讨伐孙权大逆不道的犯上行为，此时的诸葛亮却异常冷静，他不仅没有讨伐孙权，反而好言劝慰要求与孙吴绝交的部下，并派遣卫尉陈震为使庆贺孙权称帝。事实上，如果非要诸葛亮在“结好孙权”和“跨有荆、益”之间二选一的话，诸葛亮是优先选择“结好孙权”的，这一政策也在他的坚持下执行始终。

放弃荆州是诸葛亮在当时形势下不得已的选择，这个选择使“隆中对”中提出的两路出兵、钳击中原的战略设想化为泡影，而且使此后的蜀汉困守于益州，前文已述，益州特殊的地理条件固然足以自守，却也难以向外发展。此后，尽管诸葛亮屡次北伐，却始终基本没有突破益州的地理范围。虽然这一选择的后果十分严重，但在当时的形势下，无疑是明智的，这一选择成功地为蜀汉政权续命几十年，如果诸葛亮固执己见、不知变通，坚持争夺荆州，恐怕蜀汉的历史就要改写了。

二、攻心为上的平定策略

蜀汉建国于西南，蜀汉南部的越嶲、益州、永昌、牂牁四郡地区被称为南中地区，主要包括今天云南、贵州的大部分地区以及四川南部、广西北部地区，因位于巴蜀之南而得名。南中地区是蜀汉政权的大后方，直接关系到蜀汉政权的稳固和蜀汉北伐时后方的安定，所谓“定南中，然后可以固巴蜀；固巴蜀，然后可以图关中。”[①] 攘外必先安内，诸葛亮在进行北伐前，首先要确保国内大后方的稳定。而且当时孙吴也在觊觎南中地区，平定南中对于蜀汉政权意义重大。南中地区土地广袤，物产丰富，储存有大量的金、银、铜、铁等重要矿产，琥珀、玛瑙、翡翠等珍奇珠宝，还有孔雀、犀牛、大象等珍禽异兽。平定南中，不仅有利于蜀汉政权的稳固，还能为蜀汉政权提供源源不断的军需物资和兵源。

刘备夷陵战败、死于永安之后，南中地区的反动势力蠢蠢欲动，南中诸郡几乎同时发动了叛乱。先是益州郡豪强世族雍闿反叛，将郡太守

① 顾祖禹：《读史方舆纪要·陕西方舆纪要序》，中华书局，2005 年版，第 2450 页。

张裔流放到东吴，接着，越隽夷王高定、牂牁太守朱褒也起兵叛乱。一时之间，蜀汉后院四处起火，局势异常动荡。当时诸葛亮就有亲自南征的打算，但当时的情况不容乐观，就内而言，因刘备大败于夷陵，蜀军元气大伤，暂时无力南征。加上刘备新丧，国内政局有待于进一步稳定。就外而言，吴蜀联盟遭到破坏，吴蜀关系降至冰点，而南中诸郡的反叛背后也有东吴的影子，雍闿等人与孙权遥相呼应，甚至将蜀汉益州太守张裔缚送孙权，孙权任命雍闿为永昌太守，还任命刘璋之子刘阐为益州刺史，让他居于交州、益州交界附近，伺机而动。由于时机还不成熟，诸葛亮不得不选择了暂时隐忍，因而没有立即对南中用兵。

为了尽快稳定内外局势，诸葛亮一方面发展生产，休养生息，以巩固经济基础，稳定内部；一方面则派邓芝为使，恢复和重建吴蜀联盟，以稳定外部环境。公元 225 年春，经过一年多的休整，蜀汉已经基本走出了夷陵兵败的阴影，内政、外交都趋于稳定，诸葛亮便正式决定出兵平定南中。但采取何种方式平定叛乱呢？其实，诸葛亮的心中早已有答案。早在十八年前的“隆中对”中，诸葛亮就提出了“南抚夷越”的主张，即对“夷越”实行安抚政策，让南中地区成为蜀汉政权稳固的后方，这是多年前的战略谋划。而今平定南中，就要具体实施这一战略了。

参军马谡对南征有自己的看法，他对诸葛亮说：“南中依恃地形险要和路途遥远，叛乱不服已经很久。即使我们今天将其击溃，明天他们还要反叛。目前您正准备集中力量北伐，以对付曹魏，叛贼知道我们国内空虚，就会加速反叛。如果将他们全部杀光以除后患，既不是仁者所为，也不可能在短期内办到。用兵作战的原则，以攻心为上，攻城为下；以心理战为上，以短兵相接为下，望您能使其真心归服。”[①] 马谡向诸葛亮提出了攻心为上的“心战”战术，所谓“心战”，是一种以军事实力为后盾，以宣传、威慑、谋略攻心等为手段的作战方式。诸葛亮比任何人都清楚，蜀汉的首要敌人是曹魏集团，首要任务是北伐中原，兴复汉室，“南抚夷越”是为这个战略目的服务的。因此，蜀军不能在南中旷日持久，而只能速战速决，而且还要避免南中再次反叛，达到南中长久稳定的目的。要一劳永逸，有两种办法，一是如马谡假设的那样对南中斩尽杀绝以除后患，但这样既不人道，又难以在短时间内完成，在道德上和时间上都难以做到。这就决定了只能走第二条路，即在军事征服的同时，展开心理征服，使南中少数民族心悦诚服。因此，在南中打一场速战决战的攻心战，既是对“隆中对”“南抚夷越”基本国策的延续，也是当时形势下的必然选择。于是，当马谡向他提出“攻心为上，攻城为下；心战为上，兵战为下”的战略时，诸葛亮立即欣然同意，并明确向将士提出，南征“利在疾战，不可久师”，而且深深感到与马谡英雄所见略同，从此对马谡更加另眼相看了。

诸葛亮率军来到南中地区，听说孟获在当地人中威信很高，因此下令活捉了他，捉到之后，诸葛亮带他参观蜀军的兵营阵列，只见蜀军明盔亮甲、军容整肃，诸葛亮问他：“这些军队怎么样？”谁知孟获却回答说：“以前不知道汉军的虚实，因此打了败仗。现在我观看了你们的

① 陈寿撰，裴松之注《三国志·马良传附马谡传》（卷40）记载：“南中恃其险远，不服久矣，虽今日破之，明日复反耳。今公方倾国北伐以事强贼。彼知官势内虚，其叛亦速。若殄尽遗类以除后患，既非仁者之情，且又不可仓卒也。夫用兵之道，攻心为上，攻城为下，心战为上，兵战为下，愿公服其心而已。”中华书局，1959年版，第983页。

兵营阵列，如果只是这样的军队，我一定可以轻易取胜！”诸葛亮知道孟获心里还不服，于是下令放了他，让他整军再战，经过七次活捉七次释放，当最后一次诸葛亮还要放了他时，孟获意识到诸葛亮确实智谋过人，而且也不是存心与自己过不去，更不想对自己赶尽杀绝，他最终心悦诚服地对诸葛亮说：“南中再也不敢反叛了。”①

诸葛亮深知武力解决南中叛乱，只能是暂时性的军事胜利，要想南中地区臣服蜀汉政权，必须让南中大姓势力心悦诚服。为此，在整个南中作战中，无论是首攻雍闿，再战高定，还是七擒孟获，都始终贯彻着“心战”这一战略方针。要么是心战为先，兵战为后；要么是兵战为主，心战为辅，始终没有偏离战前制定的“心战”方针，并最终获得了平定南中的完全胜利。在大军开拔之前，他采纳马谡的“心战”之策，并作《南征教》颁赐三军，作为南征的作战指导方针。在叛乱发生之初，诸葛亮令都护李严前后六次写信给雍闿，动之以情，晓之以理，对雍闿展开心理攻势。在擒纵孟获的过程中，通过多次向孟获展示蜀军强大的军威，进行心理威慑，迫使孟获放弃抵抗。孟获的最终投降，一方面固然是屈服于蜀军强大的军威，另一方面则是因为诸葛亮发动的心理攻势十分有效。这种心理攻势更多是通过谋略攻心与心理威慑进行的，多次捉放之后，孟获智穷力竭，走投无路，心理防线彻底崩溃。诸葛亮对孟获的心战取得了巨大成功，以至于“七擒孟获”成了“心战”的代名词。

平定南中后，如何统治这一广大地区，是诸葛亮必须解决的另一个

---

① 陈寿撰，裴松之注：《三国志·诸葛亮传》（卷 35）注引《汉晋春秋》，中华书局，1959 年版，第 921 页。

难题。诸葛亮从蜀汉兵少，不能在南中地区大量驻军，且当地人民与蜀汉政权仍有隔阂的实际出发，为了南中地区的长治久安，为了加强对这一地区的统治，继续实行和抚政策，为此，他采取了一系列措施。

首先，调整南中地区的行政区划，进一步推行郡县制。南中原有四个郡，通过重新调整，增加了朱提、云南、兴古三个郡，将四郡分割成七郡。重新调整郡县，可以打破大姓和少数民族首领的势力范围，分化和瓦解地方势力，使地方势力无力对抗中央，从而确保统治的长治久安。

其次，在统治方式上，汉代对少数民族地区实行“羁縻”政策，即分封土著王侯，让其保持原有的统治地位和统治方式，这种羁縻政策是后世土司制度的雏形，诸葛亮继承了汉代的“羁縻”政策，尽量少留汉官汉兵，而是大量任命少数民族首领为地方官员进行统治，既尊重了少数民族地区的民族自尊心和风俗习惯，又很好地处理了中央王朝与边疆少数民族地区的关系。

再次，南中地区多为少数民族，在长期的生产、生活中，逐渐形成了自己的风俗习惯和宗教信仰，其俗信巫鬼，好盟誓，为缓和并改善与南中少数民族的关系，诸葛亮尊重南中各民族的风俗习惯，在治理中充分利用当地风俗习惯和宗教信仰，以加强对少数民族人民的统治，如用铁券等形式确认夷帅的权力和对蜀汉的从属关系，令下属官吏与夷民结拜兄弟等，这些尊重当地风俗的做法收到了良好的效果。

诸葛亮征南中的“心战”，是一场以南中少数民族心理特征为依据，在不同阶段实施不同心理战术的心理战。第一阶段针对夷人迷信、彪悍、信服强者的心理，以神鬼的形式进行心理恐吓为主；第二阶段则是针对夷人在重大失败以后又害怕又不服气的心理，以一种强者的宽容进行心理打击；第三阶段再次针对夷人信鬼神、重盟誓的民族特性和对汉人的不信任感及报复心理，以图谱、盟碑、铁券和“以夷制夷”等政策，争取夷人的全部归顺，消除了隐患。诸葛亮南征的确不失为一场成功的“攻心战”。

诸葛亮的“心战”战术是对兵圣孙武“不战而屈人之兵”思想的继承与运用，通过实施“心战”作战方式，不仅成功地解决了南中叛乱问题，巩固了蜀汉在南中的统治，实现了后方的安定，解决了北伐的后顾之忧，而且南中丰富的自然资源为蜀汉北伐提供了大量的军事物资，“军资所出，国以富饶”，南中的平叛与治理，既继承了秦汉以来的羁縻统治政策，又为明清大规模的改土归流奠定了基础，成为中央王朝处理边疆少数民族关系的成功典范。

平定南中叛乱之后，诸葛亮在南中地区施行“和抚”政策，改变了以往中央王朝对少数民族地区的高压政策，得到了少数民族的支持与拥护，诸葛亮死后，南中地区人民对他的怀念持续千年而不衰，这绝不是偶然的。

三、以弱攻强的军事才能

关于诸葛亮军事才能的评价，古今之论者往往从北伐成功与否的角度看问题，如陈寿说他“连年动众，未能有克”，即五次北伐而未能成功，因此认为诸葛亮不善用兵，说他“治戎为长，奇谋为短”，“应变将略，非其所长”，这是典型的不顾客观实际只以成败论英雄的看法，是不全面、不客观的。

一个人的军事成就应包含谋略、治军、练兵、战事胜负等许多方面，诸葛亮在战术思想以及军事科技等方面的杰出成就，一直受到后人的赞誉。所谓胜败兵家常事，军事上的胜败不应成为评价军事才能的唯一标准。功业的成就与才能的长短固然有密切联系，但功业与才能不一定必然成正比。即使以胜负作为评价标准，也还要考虑力量对比等客观条件的具体情况，只看结果不看过程也是不合适的。

我们先来看诸葛亮的军事谋略。诸葛亮的“隆中对”就是他军事谋略水平绝佳的体现。孙子说，“上兵伐谋，其次伐交，其下攻城”，诸葛亮的“隆中对策”正是从这三个方面，为刘备顶层设计了联合孙权共抗曹操并跨有荆、益二州的战略规划。在汉末天下大乱群雄并起的情况下，诸葛亮能高瞻远瞩地提出曹操“不可与争锋”，孙权“可为援而不可图”，占有荆、益两州，与曹、孙三分天下的战略性决策，是十分难能可贵的。“隆中对”在未知条件较多，局势还不太明晰的条件下，对形势的预测、对战略方向的规划，如此具体和明朗，事后得到如此显著的应验，达到了前无古人的水平，可以说当时一流的军事家和政治家除诸葛亮外，没有一个人能对当时天下形势看得如此透彻。在赤壁大战的前夕，诸葛亮出使东吴，分析了敌我双方的军事形势，指出曹操有必败之势，消除了孙权对曹操兵多将广和善于用兵的疑惧，孙刘联军终于以少胜多大败曹军，扭转了局势，为“隆中对”的实现奠定了基础。所以，这次大战的胜利也是诸葛亮伐谋、伐交、伐兵取得成功的有力证明，这些都说明诸葛亮具有杰出的军事谋略。值得注意的是，陈寿说诸葛亮“奇谋为短”，是对比他的政治才能、治军才能及终极成败而言的，只是说他的将略次于理民之干，奇谋短于治兵之方，并非说诸葛亮的军事才能不及他人。

再来看诸葛亮的治军才能。史学家陈寿对诸葛亮的军事谋略有所怀疑，但对他的治军才能还是给予了充分的肯定，盛赞他长于治军。魏军统帅司马懿在诸葛亮死后观看蜀军军营，赞叹诸葛亮是“天下奇才”。诸葛亮训练的蜀军行军有法、纪律严明，可谓一支威武之师。第一次北伐时，由于军威整肃，魏国的南安、天水、安定三郡望风归降。他巧于发明，创设八阵法，制木牛流马、改进连弩，有效地增强了蜀军的战斗力。

蜀汉建兴五年（227年）三月，诸葛亮上书后主刘禅，要求北伐，这就是著名的《出师表》，并开始做北伐的准备工作，第二年正月开始北伐，这就是所谓的“六出祁山”[①]。第一次北伐是在建兴六年（228年）正月，诸葛亮出兵攻魏，曹魏猝不及防，天水、南安、安定三郡望风归降，初期形势一片大好，遗憾的是后来马谡丢失街亭，蜀汉被迫退兵，功亏一篑。第二次北伐是在同年十二月，诸葛亮率军出散关，围陈仓，久攻不下，粮尽退兵，退兵途中斩杀魏将王双。第三次北伐是在建兴七年（229年）春，诸葛亮派陈式攻武都、阴平，并打败前来救援的魏雍州刺史郭淮，遂攻占二郡而归。第四次北伐是在建兴九年（231年）二月，诸葛亮出兵围祁山，以木牛运粮，司马懿依险据守，诸葛亮求战不成而退兵，于途中射杀张郃。第五次北伐是在建兴十二年（234年）

---

①“六出祁山”是对诸葛亮北伐路线的概括提法，其实诸葛亮北伐只有两次围攻祁山。实际上诸葛亮北伐也只有五次，其中建兴八年七月，魏大司马曹真率大军分三路攻蜀，诸葛亮出兵应敌，因这一次是曹魏主动进攻，蜀汉属于被动御敌，不能算作北伐。

春，诸葛亮率十万大军伐魏，出斜谷，以流马运粮，进兵五丈原。吸收以前粮尽退兵的教训，分兵屯田于武功，作持久战的准备，司马懿仍坚守不战。同年八月，诸葛亮卒于军中，蜀军撤退。

从蜀汉建兴六年（228 年）到建兴十二年（234 年），在六年的时间里诸葛亮五次北伐。诸葛亮的北伐，从实现“复兴汉室，还于旧都”的角度看，无疑是失败的。但他在“天下有变”的前提并没有出现的形势下以弱势的国力对抗强大的曹魏，还能保持国内政治稳定，经济发展，已经非常了不起了。北伐之所以没有实现“复兴汉室，还于旧都”的目的，主要还是蜀汉与曹魏的力量对比差距太大，纵然诸葛亮英才绝伦，智慧卓绝，但在敌我力量悬殊的客观条件下，诸葛亮也只能是“出师未捷身先死，长使英雄泪满襟”了！

从双方力量对比来看，魏、蜀两国在国力和军事力量对比上差距过大。当时天下十三州，曹魏独占九个州，而蜀汉仅占一州之地。据《三国志》和《续汉书》的记载，当时曹魏有人口四百多万，而蜀汉仅有人口约百万、军队十余万，[①] 曹魏的人口和军队约为蜀国的五倍。就是这十余万军队，诸葛亮也不可能全部用来进行北伐，因为必然要留一部分兵力拱卫都城，还要留一部分兵力在蜀、吴边境防守孙吴，剩下的军队才有可能派往北伐前线。因此，诸葛亮每次北伐所带的兵力是相当有限的。更为严重的是，此前蜀汉接连丧失大量精锐，建安二十四年（219

---

①《续汉书·郡国志一》刘昭注引皇甫谧《帝王世纪》记载：“景元四年（263 年），与蜀通计，民户九十四万三千四百二十三，口五百三十七万二千八百九十一人。”《三国志·后主传》（卷 33）注引王隐《蜀记》记载：炎兴元年（263 年），后主“遣尚书郎李虎送士民簿，领户二十八万，男女口九十四万，带甲将士十万二千，吏四万人”。

年）关羽败亡于荆州，损失精兵数万，章武二年（222 年）刘备伐吴惨败，损兵折将又数万，孟达投降曹魏损失兵力亦有数万。蜀汉本就孱弱，又迭遭重创，元气大伤，到诸葛亮北伐时，兵力已严重不足。从兵力对比看，可能只有第二次北伐在局部兵力上略占优势，其他四次都处于劣势。双方如此悬殊的兵力对比而一味追求以弱胜强，实在是强人所难。何况与诸葛亮对阵的都不是等闲之辈，张郃为魏之名将，郭淮长于谋略，司马懿老谋深算。而且魏军采取了消耗战的战术，这是国力弱小的蜀汉消耗不起的。诸葛亮五次北伐，四次都是因为粮尽而被迫退兵，正反映出曹魏消耗战的成功。何况蜀军以步兵对抗曹魏的骑兵，军粮运输又有地理条件的巨大障碍，这些现实客观条件都不是人力所能改变的。

从外部条件来看，诸葛亮在“隆中对”中提出，北伐的最佳时机为“天下有变”，所谓“有变”，即指曹魏内部发生严重变乱或者天灾人祸，其统治面临巨大危机，此时才是蜀汉出师北伐的最好时机。然而，直到诸葛亮去世，曹魏政权并未“有变”，相反，曹魏的统治却日趋稳固，势力日渐强大。从这一点上说，诸葛亮期待的北伐天机完全落空了。“隆中对”原定的北伐之师，乃是兵分两路，钳击中原，一路从荆州出发攻占南阳、洛阳，一路从益州出发夺取长安，但是，由于东吴袭占荆州，关羽败亡，两路北伐的计划遂成泡影。更为严重的是，由于刘备人事安排不当，驻守蜀汉东北要地上庸的孟达投降曹魏，蜀汉继丧失荆州之后又失去一块战略要地。否则，蜀汉还能以上庸为基地，威胁曹魏控制的襄阳、南阳、洛阳，从东线配合诸葛亮的北伐。荆州、上庸的相继丢失，致使诸葛亮北伐时只有一路孤军。从这一点上说，诸葛亮的北伐又失去了地利。

蜀汉的北伐既不占天时，又不占地利，诸葛亮心里都是清楚的，北伐的成功率不高，诸葛亮也有着充分的思想准备，他在《后出师表》中就有“才弱敌强”的清醒认知。那么在如此不利的条件下，诸葛亮为何仍要执意北伐呢？流行的说法主要有坚持理想信念、以攻为守、蚕食魏土等几种看法，各有道理。我们认为，除以上原因外，诸葛亮的执意北伐，还在于他相信人谋的作用，相信弱能胜强。关于人谋，早在“隆中对”时，诸葛亮即指出，弱小的曹操战胜强大的袁绍，“非惟天时，抑亦人谋也”，肯定了人谋的巨大作用。诸葛亮总结以弱胜强的历史经验，相信弱能胜强。诸葛亮熟悉兵家著作《孙子兵法》，不会不熟知孙武统率吴军攻破强楚的史实。诸葛亮自比管仲、乐毅，不会不熟知乐毅以弱燕攻强齐，下齐七十余城的史实。诸葛亮熟知两汉历史，不会不熟知汉高祖刘邦战胜强大的项羽、光武帝刘秀大败王莽的史实。此外，此前不久的官渡之战、赤壁之战，实力弱小的曹操和孙刘打败了实力强大的袁绍和曹操，这些历史的、现实的以弱胜强的成功实践无疑会强化诸葛亮弱能胜强的信心。然而，诸葛亮面对的对手不是当年的项羽，“运移汉祚终难复”，诸葛亮的北伐毕竟没有实现兴复汉室的夙愿，“出师未捷身先死”，留下后人无尽的喟叹！

诸葛亮的北伐虽然未能实现最终目标，但也并非一无是处，一定程度上，北伐实现了牵制曹魏、缓和内部、锻炼军队的战略目的，这在当时的历史条件下已经非常难能可贵了！即使从北伐的战果看，诸葛亮在如此不利的内外条件下，仍然取得了一定的战绩。诸葛亮五次北伐，除第一次先胜后败外，其他四次都不是失败退军的，而是粮尽退军。在这五次北伐中，虽然没有取得大的胜利，但也没有大的失败，其战绩也可圈可点，如射杀曹魏名将张郃，占领魏之武都、阴平二郡等。有意思的是，魏军统帅即使像郭淮、司马懿这样长于谋略的人统军，并且兵力几倍于诸葛亮，但他们却从不敢向诸葛亮主动出击。诸葛亮率兵数万，长驱祁山，面对强敌，自来自去，使拥有优势兵力、号称“人杰”的司马懿吓得闭门不出，只能选择消耗蜀军补给的方式来拖延战局。要知道，司马懿是很擅长用兵的，这一点从他平息孟达和公孙渊的叛乱上可以看出来，可是与诸葛亮对垒，他却小心翼翼，从不敢主动出击。甚至诸葛亮死后退兵时，司马懿都不敢大胆地追赶，于是在当地的老百姓中流传着“死了的诸葛亮吓跑活着的司马懿”的谚语。从这些方面也可以看出，诸葛亮的军事才能非同一般。综合来看，诸葛亮的军事才能不容小觑，他无愧于中国历史上杰出的军事家之一。

诸葛亮的主动北伐共计五次，其间还有一次被动防御曹魏的进攻，历史上一般统称为“六出祁山”，当然，这其中真正出祁山的只有两次，但其他出兵地点建威、散关、城固、斜谷，也都在祁山附近。六出祁山一词虽然引来历代史家关于地点、次数的屡次争论，但很显然，人们对诸葛亮这种屡次出兵，仰攻强敌的坚韧意志的敬佩也从这个小小的词汇中透出，这其中彰显的，除了诸葛亮匡扶汉室的坚定信念，还有他冠绝古今的军事才能。

诸葛亮的杰出军事成就早已得到认可，唐开元十九年（731 年），唐玄宗李隆基为表彰并祭祀历代名将，将太公尚父庙更名为武成王庙，简称武庙，以周朝开国太师吕尚（即姜子牙）为主祭，以西汉留侯张良为配享，并以历代名将白起、韩信、诸葛亮、李靖、李勣、张良、司马穰苴、孙武、吴起、乐毅十人从祀，故有“武庙十哲”之称。“武庙十哲”的名单在不同朝代有所变化，如白起就曾被宋太祖赵匡胤以“杀戮太重”的理由请出十哲之列，但不管怎么变迁，诸葛亮一直稳居十哲之列，充分反映了历朝历代对诸葛亮军事才能的高度认可。

第八章　物究其极的巧思妙想

诸葛亮出生于齐鲁大地，地近齐鲁的宋人墨子是先秦诸子中唯一的重视自然科学与器械制造的思想家，墨子曾经用木材造了一只飞鸟放飞到空中，飞了三天也没有掉下。东汉时期的荆州也有精于机械制造的发明家，东汉初年的南阳太守杜诗发明了一种利用水力鼓动风箱的冶铁工具——水排，水排以水为动力，通过机械装置使皮制鼓风囊连续开合，将空气送入冶铁炉，从而大大节省了民力，提高了冶铁效率，当地百姓将杜诗与西汉时期为当地的农田水利建设做出了杰出贡献的南阳太守召信臣相提并论，赞誉他们为“召父杜母”，[①] 后来“父母官”成为老百姓对那些为官清廉、忠于职守、为民造福的地方官的敬称。诸葛亮继承了先贤重视器械制造之术的精神，他改进和创制了大量的军事器械，为其

① 范晔:《后汉书・杜诗传》(卷31)，中华书局，1965年版，第1094页。

军事思想增添了特有的色彩。他设计了木牛流马，提高了蜀军的运输效能。诸葛亮的机械知识，一方面来自书本，另一方面可能来自他在隆中躬耕期间的亲身实践和潜心钻研。此外，汉末的襄阳寄寓着大量能工巧匠，如汉末三国时期著名的冶金技术专家、曾应刘表征召任宜城县长的韩暨，他改良了水排，大大提高了生产效率，后来他担任曹魏的监冶谒者[①]，在职七年，为国家提供了充足的兵器械具。年轻时与尹默一起到荆州求学的李譔“博好技艺，算术、卜数、医药、弓弩、机械之巧，皆至思焉”，诸葛亮可能早就与他结识，后来入蜀后，提拔他为尚书令史。躬耕隆中的青年诸葛亮在读书之余，潜心钻研机械知识，并虚心地向能工巧匠们学习，为他以后设计、改良木牛流马、诸葛连弩积累了丰富的机械学知识。诸葛亮又生当汉末乱世，群雄割据，烽火绵延，诸葛亮不仅以“隆中对”所显示的军事谋略一鸣惊人，而且“推演兵法，作八阵图”，对军事理论和实践都有所贡献。

一、推演八阵图

“功盖三分国，名成八阵图”，这是唐代诗人杜甫称赞诸葛亮的两句诗，诗中提到的八阵图，是诸葛亮一项重要的“发明创造”，千百年来，引起后人无穷的遐想。遗憾的是，关于诸葛亮的八阵图，《三国志·诸葛亮传》中仅有“推演兵法，作八阵图”等寥寥数字的记载，由于资料的缺乏和唐宋以来众多猎奇者的演绎、神化，今天的我们已

① 曹魏负责管理冶铁生产的官员。

经很难确切地了解它的具体内涵了，但我们仍然可以从历史的蛛丝马迹中推测一二。

阵指的是军队的队形，军队在临战和宿营时有一些基本队形，就是所谓的阵形。阵法则是阵形在战斗中因地形、天气、敌情等条件不同而变化的方法。阵形及其变化被画图记录下来，就是阵图。所谓八阵图，其实就是八阵的阵图。这里的“八阵”不是指某一种具体的阵形或八种不同的阵法，而是对布阵之法的泛称。

八阵是不是诸葛亮的独创发明呢？翻阅史书发现，早在三国之前的两汉时期，相应的阵法就已经出现了。西汉朝廷有一项重要制度，在每年的十月份，京城长安都要举行大阅兵，参加者是京城近卫军的五大营的将士，五大营的将士摆成八阵前进后退，表演阅兵式。东汉的窦宪曾率骑兵万人以“八阵”迎战北匈奴单于的五万铁骑，战斗中，匈奴箭如雨下，而汉军却岿然如山，他们依据八阵之法奋勇杀敌，斩杀匈奴士兵一万三千多人，俘获牛、马、羊等牲畜百余万头，匈奴被俘和投降的多达二十万人。大胜之后，窦宪登上匈奴人的圣山燕然山，刻石勒功，并由《汉书》的作者班固撰写铭文，从此，“燕然勒石”和霍去病“封狼居胥”一起，成为中国古代军人的最高荣誉。可见，八阵之法，古已有之，并非诸葛亮的原创。

八阵虽然不是诸葛亮的原创，但八阵图却是诸葛亮的独创发明。诸葛亮“推演兵法，作八阵图”，可知诸葛亮绝不是对古代阵法机械地继承，而是在古代阵法的基础上根据蜀军作战的需要有所创新，形成了八阵的升级版。经过诸葛亮创新后的八阵吸取了前人八阵的优点，达到冷兵器时代阵法的顶峰，被当时和后世公认为是极佳的阵法，千百年来极受推重。一千多年来，人们一直没有中断对诸葛亮八阵法的研究，正表明它的巨大影响力。更加难能可贵的是，考虑到士兵的文化水平较低，如果只有文字叙述，士兵很难看懂，训练难以进行，他开创性地给八阵配了直观易懂的图形，士兵训练时有图可依，效果大大增强。因为给八阵配了图形，所以才叫八阵图。

遗憾的是，诸葛亮的八阵图在隋唐以前就已经失传，诸葛亮究竟是如何推演的，后世也无从知晓。幸运的是，还有一些遗迹可寻，见于魏晋南北朝时人记载的诸葛亮八阵图遗迹有三处，这些遗迹现在虽然都已经消失不见，而有关记载却是研究八阵图的宝贵资料，根据相关记载，诸葛亮八阵图遗迹一处在陕西汉中定军山附近，一处在四川新都县北，一处在四川奉节县东。这些遗迹共有石堆六十四个，八堆一行，并列八行，每个石堆相距九尺，都是由许多小石头堆砌而成，石堆排布整齐有序。

八阵图遗迹内都存在着石垒，这些垒到底作何用途呢？我们认为，八阵图用途有二，平时用作训练，战时用于对敌。

古代作战最大的难题是指挥联络，尤其是大兵团作战的时候。指挥无论用旗还是用金鼓，都难以得心应手，所以最好平时练就，使动作程式化，这就要求将士平时对阵法非常熟练，战场上才能灵活运用。要将士对阵法熟练，当然需要平时不断地练习。训练当然可以靠阵图，但阵图的直观性还是有限，特别是当时许多将领文化水平不高，掌握困难，最好的办法是对将领实地培训，这样八阵石堆就成为平时训练将士的实训基地。蜀国灭亡后不久，司马昭立即命令自己的亲信将领陈勰去蜀地学习诸葛亮的阵法，用来训练军队，说明诸葛亮八阵图确实有练兵的功用。八阵图中用以指挥士兵进退的信号主要是金鼓和旗幡，再好的阵法也离不开对军令的严格执行。在训练中，不仅训练士兵熟悉八阵阵法的演变，还训练士兵对军令不折不扣的执行，诸葛亮有一则《军令》说："凡战临阵，皆无喧哗，明听鼓音，谨视幡麾，麾前则前，麾后则后，麾左则左，麾右则右，不闻令而擅前后左右者斩。"各部将士都要耳听金鼓、眼视旗幡，或前或后、或左或右，擅自行动者斩，可见八阵的军令很是严明。

八阵图还有实战的功能。南北朝时期，北魏面临着北方草原上柔然的不断侵扰。柔然拥有强大的骑兵，在开阔的草原上骑兵的冲击力很大，步兵难以抵御。大臣刁雍提议，组建一支军队，"采诸葛亮八阵之法，为平地御寇之方。"即用诸葛亮的八阵图来抵御柔然骑兵的冲击。这个例子充分说明八阵图可用于实战，且主要用于开阔平原上步兵抵御骑兵的冲击。诸葛亮终其一生都在为北伐曹魏收复中原的战略目标奋斗，八阵图自然应是为解决对魏作战的有关战术问题而创制的。较之于蜀军，魏军的骑兵具有明显的优势。在使用冷兵器作战的时代，骑兵具有极强的机动突击能力和巨大的冲击力，是步兵无法直接抗衡的。在实际战斗中，步兵如果没有有利地形作为依托，仅靠盾牌防护骑兵的巨大冲击，存在着被骑兵冲乱阵形乃至被践踏的巨大威胁。曹军骑兵的精锐是所谓的虎豹骑，其成员百里挑一，是曹魏的王牌军团。建安十二年（207 年）北征乌桓时，骁勇善战的虎豹骑在战场上斩下乌桓单于蹋顿的首级，就连擅长马战的西凉马超的军队也曾被其打败。建安十三年（208 年），追袭刘备于当阳长坂的"精骑五千"就是这支骑兵，虎豹骑一日一夜长途奔袭三百里，在人困马乏的状态下，仍然轻易击溃了刘备数万部队，缴获了大批俘虏辎重，刘备、诸葛亮竟至于率数十骑仓皇而逃，可见曹魏骑兵的威力。蜀汉固然也有骑兵，但史籍中却没有蜀军大量使用骑兵作战并制胜的记载，蜀汉的南中虽然也产马，但南中的马用于作战，远不能与秦陇骏足相比拟，两汉的官办养马场主要在河西一带，凉州的军马向来闻名天下，后来诸葛亮北伐屡出陇右，原因之一即是想要获取秦陇的骏马。在以步兵对抗骑兵的劣势条件下，设置不利于骑兵发挥机动优势的障碍物就成为蜀军战术上的必然选择。

诸葛亮的八阵应该是利用某种障碍物来抵御骑兵的冲击，可惜缺少相关的记载，我们已经不能确知诸葛亮利用了什么障碍物。所幸的是，西晋时，名将马隆曾经依照诸葛亮八阵图大破鲜卑骑兵，据记载，马隆制作了一种扁箱车，在开阔地，就依八阵图联车为营，并插鹿角于车的外围，以抵御骑兵。遇道路狭窄，则将扁箱置于车上，以挡矢石。依靠这个营阵作为防护设施，一面作战，一面前进，军士在防护之下发射弓箭，弓箭所至，敌方骑兵无不应声而倒。

我们推测，诸葛亮的八阵很可能也是利用战车作为障碍物的。两军对垒之际，排列的车阵对高速进攻的敌骑构成障碍，削弱其高速、机动、冲击力强的优势，一定高度、组合有序的障碍物又构成狭窄的通道，既可迟滞敌骑的冲击，又打乱了冲入阵内敌骑的战斗队形。而布阵一方却可以依托障碍物保护自身安全，同时发挥弓弩优势，构成纵深的杀伤威力。可以说，八阵图最大限度地发挥了蜀军长处，同时也最大限度地削弱了魏军的优势。诸葛亮五次北伐，除第一次有所挫败外，其余四次均未遭受大的挫折，这应该与八阵图的应用有关。

诸葛亮的八阵图是在继承前代军事家阵法的基础上，结合蜀汉的战争实践形成的阵法体系，这套体系以守为主，以攻为辅，配合强弓劲弩，对敌人进行分割包围，逐步歼灭。在训练士兵和行军布阵过程中，诸葛亮灵活运用这些阵法，对于军队的行军、作战、扎营、撤退之法，都考虑得很周详，既考虑到进攻，也考虑到防守，既考虑到进军，也考虑到退兵，并能根据不断变化的客观形势，及时做出调整部署，从而大大提高了蜀汉军队的战斗力。

二、制作木牛流马

后勤保障供应直接关系着战争的胜负，蜀汉国小民乏，人力畜力有限，蜀军北伐战线较长，且所经之地多为险峻崎岖的山地，军粮运输难度很大，后勤供给成为蜀军北伐作战的瓶颈，诸葛亮第二次、第四次北伐都是因粮尽而主动撤军的。为了突破这一瓶颈，诸葛亮调动了一切力量参与运粮，甚至连女性也被征发到前线运粮，可谓全民齐上阵，甚至诸葛亮之子诸葛乔也亲自参与运粮，诸葛亮在写给其兄诸葛瑾的信中说："现在诸位将领的子弟都在参与军需运输，我想乔儿理应与他们共荣辱。现在派乔儿率领五六百士兵，和诸位将领的子弟一起在山谷中运转军需物品。"为了缩短战时运输距离，诸葛亮还在斜谷建立储粮仓库，建兴十一年（233 年）冬第五次北伐前，诸葛亮令各军把粮食运到靠近魏境的斜谷，作为北伐的后勤基地。即便如此，蜀军的粮食运输仍然困难重重，常有缺粮之困。

为了改变粮运不继的状况，诸葛亮在战争空隙苦心琢磨，会同下属们一起研制出两种新式运粮工具——木牛、流马。木牛、流马都是木制运输工具，由于它们不吃草、能运载，具有牛马的功能，故称之为木牛、流马。诸葛亮五次北伐，其中用木牛流马运粮共有两次。第一次在建兴九年（231 年）第四次北伐“始以木牛运”，第二次在建兴十二年（234 年）第五次北伐“以流马运”。

诸葛亮组织制作和使用木牛流马用以运粮是毋庸置疑的史实，但诸葛亮创制的木牛流马究竟是一种什么样的运载工具，由于相关记载不详，成为一个千古之谜。宋代的陈师道在《后山丛谈》中记载：“蜀中有小车独推，载八石，前如牛头。又有大车，用四人推，载十石，盖木牛流马也。”陈师道的记载比较接近真相，但他将木牛、流马搞反了，木牛较大，一次可以运一个士兵一年的口粮，应该是四个人推拉着前进的，适合在较为平坦宽阔的祁山道运输；流马是一种独轮车，较为轻便，可以走崎岖的褒斜道，但载重较少，遇到悬崖绝壁则需要设置粮仓储存和转运粮食。高承的《事物纪原》则记载说：“蜀相诸葛亮之出征，始造木牛流马以运饷。盖巴蜀道阻，便于登险故耳。木牛，即今小车之有前辕者。流马，即今独推者是，而民间谓之江州车子。”宋人的这一观点，即认为木牛流马是一种木制的人力运输车，为后世所广泛接受。

木牛流马的创意可能主要是诸葛亮提出的，所谓“木牛流马，皆出其意”，即指诸葛亮创意、构思，而由他人具体研制、制作。据说诸葛亮丞相府的西曹掾（丞相府的属官）蒲元参与了制作，蒲元是当时著名的冶金专家和机械专家，具有冶铁的丰富经验和制刀的高超技能，诸葛亮任命蒲元为丞相府下属官员，以全面提升蜀汉兵器的质量。据说蒲元制造的刀异常锋利，能够“斩金断玉，削铁如泥”。诸葛亮曾在斜谷口（今陕西周至县西南）命令他“熔金造器”制造三千把钢刀，蒲元很快完成了任务。为了检验钢刀的锋利程度，他用竹筒装满铁珠，叫人举刀猛砍，“应手虚落”，竹断珠裂，犹如斩草，被诸葛亮誉为“神刀”。蒲元所铸之刀之所以能够削铁如泥，是因为他掌握了用优良水质对刀件进行“淬火”的技术，所谓淬火，是将刀剑放到炉火中加热烧红后取出，迅速放入冷水中，使之快速冷却，这样反复多次，可以大幅提高刀剑的强度和韧度。淬火对火候要求很高，淬火不够，刀锋硬度不够，容易卷刃；淬火过头，刀锋韧度不够，又容易折断。只有恰到好处的淬火，才能让刀剑兼有合适的强度和韧度，成为神兵利器。蒲元“性多巧思”，他不但善于掌握淬火的火候，使之恰到好处，而且对淬火用的水质很有研究。他认为蜀江水是淬火的优质水源，因此在斜谷口造刀时专程派士兵到成都去取蜀江之水。取水士兵返程时，在涪津渡摔了一跤，水倒掉了一部分，士兵害怕被责罚，就灌了八升涪江之水掺杂进去，蒲元用取回的水淬刀，说水里掺杂了涪江水，不能用，取水士兵还嘴硬不肯承认，蒲元以刀画水，说：“水里掺杂了八升涪江之水，还说没掺杂！”取水士兵大惊失色，这才跪下承认确实掺杂了八升涪江之水。蒲元对水的分辨达到如此神奇的地步，故时人有“蒲元识水”之叹。这一记载虽然带有一些传奇色彩，但却证明一千八百多年前的蒲元已经掌握了不同水质对淬火效果的影响，这是非常难能可贵的。

蒲元之才为刘备、诸葛亮、姜维所赏识，多次参与蜀国的兵器锻造，堪称蜀汉的大国工匠，根据记载，木牛实际是蒲元设计制造的。[①]

---

①《蒲元别传》记载：“孔明欲北伐，患粮运难致。元牒与孔明曰：‘元等推意作一木牛，兼摄两环，人行六尺，马行四步，人载一藏之粮也。’”

当然，诸葛亮并非与木牛的发明完全无关，木牛应是在诸葛亮的授意下由蒲元具体负责设计制造的，诸葛亮可能进行过修改完善。蒲元作为诸葛丞相府西曹的长官，是诸葛亮的得力助手，一直在北伐前线负责兵器制造，由他秉承诸葛亮之创意具体实施木牛流马的制作是可能的。可以说木牛流马是由诸葛亮创意、构思，蒲元参与了研制、制作，是他们共同智慧的结晶。

木牛流马投入使用以后，一定程度上缓解了蜀军“粮运不继”的状况。诸葛亮一共五次北伐，前三次北伐都没有超过一个月，但第四次北伐却长达四个月，第五次更长达六个月。而正是第四次、第五次北伐，诸葛亮开始使用木牛流马运粮，应该说，第四、第五次北伐的时间长短与木牛流马在运粮中发挥了作用是分不开的。但木牛流马的作用又是有限的，作为依靠人力驱动的运输工具，不可能做到载重量和速度同时兼顾。木牛载重量虽然不小，但日行二十里的缓慢速度却是它的致命弱点，流马是木牛的改进版，速度虽然有所提升，但载重量却减少了，因此并不能解决蜀军的粮草运输问题。诸葛亮第四次北伐，尽管以木牛运粮，但最终还是“粮尽退军”，第五次北伐虽然用改进后的流马运粮，但依然“患粮不继”，诸葛亮不得不另取屯田之法以解决粮食问题。而且诸葛亮去世以后，再未见木牛流马应用于运粮。此后姜维数次出兵陇右，同样受到粮食运输问题的困扰，但姜维却没有选择使用木牛流马运粮，而是选择屯田以解决军粮问题，合理的解释只能是木牛流马并非行之有效的长途运输工具。如果木牛流马功效很大的话，姜维不至于弃之不用，这也充分说明木牛流马作为山地运输工具功效有限。

木牛流马虽然功效有限，但它比较适应山地运输的需要，节省了人力畜力，在当时来说无疑是先进的。木牛流马融进了诸葛亮的妙思，体现了诸葛亮的智慧，是毋庸置疑的。

三、研发诸葛连弩

蜀军人数远少于曹魏，因而只能靠提高单兵战斗力来弥补人数的不足，而武器装备是战斗力的一个重要方面，为此，诸葛亮不断改进蜀军武器装备，以提高部队战斗力。

弩是在弓的基础上发展而来的一种武器，本质上就是一种装有臂的弓，主要由弩臂、弩弓、弓弦和弩机等部分组成，有的还装有简易的瞄准装置——望山。弩与弓的一大区别在于弩具有延时性，可先进行引弓，再从容瞄准、伺机发射。与弓相比，弩可以综合运用腿部、腰部力量进行装填，大大提高了发射时箭矢的动能，其射程更远、穿透力更强，而且操作简便，一般人稍做训练就可以投入战斗。从文献记载和考古资料来看，大约在春秋战国之际，弩已经走上了战争舞台，当时，齐、韩、魏、秦等国军队中都广泛使用弩。据史书记载，公元前 342 年齐魏马陵之战中，庞涓所率的大军就是中了孙膑的弩阵埋伏而全军覆没的，显示了弩这一新式武器的巨大威力。秦汉时期，弩已进入鼎盛时期，《史记·汉兴以来将相名臣年表》中记载，有多位将军被命名为“强弩将军”即为明证。

一般认为，连弩是指通过机械装置实现自动装填、连续发射的弩，早在战国时代就已经出现了，1986 年江陵一座楚墓中就曾出土一件双矢并射连发弩。[①]到了秦代，秦始皇本人还曾亲自使用连弩射杀海中的巨鱼,《史记·秦始皇本纪》记载，秦始皇三十七年（前210年），始皇帝最后一次出巡，再次来到海上，方士徐市对秦始皇说，蓬莱仙药之所以未得到，乃是因为海中常有“大鲛鱼”为害，难以到达蓬莱仙岛，请求“入海”时“善射”者随行，见到大鲛鱼“则以连弩射之”，可知“善射”者使用的兵器是“连弩”。汉代连弩已经用于实战之中。飞将军李广在一次与匈奴的战斗中，就曾使用连弩射杀匈奴。李陵率领步卒五千苦战匈奴主力时，也曾用连弩射击匈奴。

连弩虽然威力巨大，但还不够完美，诸葛亮对连弩进行了改进，其所用之箭是铁制的，长度为八寸，经过诸葛亮改进的连弩一次能装十支箭，还能连续发射。为了达到连射的目的，诸葛亮对弩的结构做了改变，增加了箭匣，相当于现代枪支的弹匣，有了箭匣才能保证弩的连发。据《天工开物》记载，诸葛亮在原有的弩机上增加了一个箭槽，这一装置可以放入十支短箭，发射时，扣动一次扳机就发出一支箭，紧接着箭槽中掉下一支箭，这样扳机可以反复扣动，实现了弩机的连续发射，这种改进在当时是十分先进的。同时诸葛亮改造过的连弩还增加了射击力量。1964年成都出土了一张蜀汉景耀四年（261年）制造的铜制弩机,[②]这是诸葛亮病逝后二十七年制造的蜀军兵械，或许就是传说中的诸葛连弩，弩机上的铭文注其开弓拉力为“十石”，根据蜀汉的度量衡，一石为120斤（大约相当于今60斤），十石约合600斤，这样的十石弩

---

① 陈跃钧:《江陵楚墓出土双矢并射连发弩研究》,《文物》，1990年第5期。

② 沈仲常:《蜀汉铜弩机》,《文物》，1976年第4期。

射程远，穿透力也大为提高，大大提高了弓弩抗御骑兵的能力。

在改良武器的同时，诸葛亮还注意阵法的推演，使武器与阵法有机融合，形成合力。连弩主要是为了配合八阵图使用，在八阵图中，连弩主要用来对付已经靠近的敌人，并可与其他兵器配合，形成密集的“火力”网，以最大限度地消灭敌人的有生力量。大量连弩的集中使用构成的密集“火力”是对抗骑兵部队的有力武器，当时魏军具有骑兵优势，蜀军则以连弩弥补自身的不足，诸葛亮专门组建善射的连弩部队，用以对付曹魏骑兵，曹魏大将张郃就是被蜀军弓弩射杀的。

诸葛亮对连弩的改良当时就得到了高度评价。马均是三国时期著名的科学家，他曾改进前人所造织绫机、百戏木偶，发明翻车，是工程机械方面的专家，他见到诸葛连弩后，大赞其精“巧”，说明诸葛连弩确实有精巧之处，但是他认为还可以再作改进，[①] 又说明诸葛连弩并非尽善尽美，后来马钧还曾对诸葛连弩进行过改进。

经诸葛亮改进的蜀军武器，除了连弩外，还有刀、斧、剑、铠甲、蒺藜等。诸葛亮非常关注武器的质量，他多次下达教令，要求提高武器制作质量，蜀汉制造的弩机上面都要刻上主管者、监督者、制造者的名字，一旦弩机出现质量问题，可以据此追溯问责。他甚至亲自下达教令，对制作刀斧不合格的官员予以治罪。在诸葛亮的亲自指导下，蜀军武器先进、精良，有力地支持了蜀汉的北伐事业。

---

① 陈寿撰，裴松之注《三国志·杜夔传》注引傅玄序曰：“马先生，天下之名巧也……先生见诸葛亮连弩，曰：‘巧则巧矣，未尽善也。’言作之可令加五倍。”

第九章　享誉千年的人格魅力

诸葛亮的一生，表现了忠诚、勤勉、智慧、仁爱、廉洁、自律、勤俭等一系列美德。历史人物大多毁誉参半，唯有诸葛亮，生前即倍受赞扬，死后还尽享美誉，一千八百多年来，国人对诸葛亮一直是有口皆碑，古今共仰。他得到了不论是当世还是后世，不论是人民大众还是帝王将相，不论是己方阵营还是敌对阵营几乎交口一致的褒扬和赞誉。客观地说，诸葛亮的文治武功是相当有限的，就历史功绩和历史地位而言，中国历史上超过他的政治家、军事家不在少数，然而，就其在中国百姓中的知名度和影响力而言，则无人能出其右。

一、鞠躬尽瘁的政治操守

诸葛亮在《后出师表》中谈到自己对蜀汉政权的感情与志向时曾

说："臣鞠躬尽力，死而后已"，后世多将"鞠躬尽力"改为"鞠躬尽瘁"。所谓"鞠躬尽瘁"，是指恭敬谨慎、竭尽心力，这四个字确实恰如其分地体现了诸葛亮毕生的理想追求和言行实践。

为了政治理想的实现，他忠于蜀汉，毫无二心。诸葛亮对蜀汉无限忠诚，从二十七岁结识刘备，到五十四岁溘然长逝，他始终没有背离刘备，没有背离蜀汉政权。刘备去世之前，他一心一意做好后勤保障工作。刘备去世之后，诸葛亮开始掌握蜀汉大权，他牢记托孤之重，忠于职守，夙兴夜寐。五月渡泸，深入不毛，七擒孟获，平定南中；发展生产，以法治蜀，举贤任能，政治清明；五出祁山，北伐中原，身心交瘁，积劳成疾，以自己"鞠躬尽瘁，死而后已"的实际行动，践行了他"竭股肱之力，尽忠贞之节"的铮铮誓言，表现出对蜀汉事业的无限忠诚。更加可贵的是，诸葛亮虽然大权在握，却是非常忠于蜀汉政权的。中国历史上，无德无才或年幼无知的君王被权臣取代的不在少数，三国时期就发生过曹氏篡夺刘汉皇权和司马氏取代曹魏皇权的事情。诸葛亮虽然有取代刘禅而自立的实力与威望，但他丝毫不生取代之心，而是鞠躬尽瘁地辅佐刘禅。第五次北伐期间，诸葛亮一病不起，他自知不久于人世，慎重地举荐了蒋琬、费祎两任合格的继任人，临死之际仍在为国事操心，真是做到了"死而后已"。诸葛亮以自己忠诚无私的实际行动，不但赢得了蜀汉朝廷上下的交口赞誉，而且赢得了千余年来无数后人的无限敬仰！

为了政治理想的实现，他百折不挠、锲而不舍。诸葛亮的一生，总是"受任于败军之际，奉命于危难之间"，"兴复汉室"的奋斗历程中充满坎坷，荆州的丢失、夷陵的惨败、北伐的失利，困难层出不穷，失败接踵而来，但他从未动摇、从未退却。他忠诚于自己的理想，为了“北定中原，兴复汉室”，奉献出了自己的全部智慧和力量，从建兴六年（228 年）到建兴十二年（234 年），短短六年间进行了五次北伐，街亭失守、攻城不下、粮运不济，但他从未退缩、从未放弃。由于客观条件的限制，诸葛亮壮志难酬，“出师未捷身先死”，心有不甘，在弥留之际，他遗命将自己安葬在汉中定军山。诸葛亮为什么选择这里作为自己最后的归宿？有人认为，诸葛亮遗命葬于定军山，“最主要的原因，是为了提醒蜀汉君臣不要忽视汉中的重要战略地位，不要忘记北伐的既定国策。”[①] 清朝光绪年间，蜀人李士瑛为武侯墓撰写了一副对联，联文曰：“生为兴刘尊汉室，死犹护蜀葬军山。”[②] 这副对联道出了诸葛亮“死犹护蜀”的心志。诸葛亮一生为兴复汉室竭忠尽智，真是做到了“继之以死”！这则遗命成为他“鞠躬尽瘁，死而后已”承诺的最好注脚，为他伟大的一生打上了一个完美的句号。

为了政治理想的实现，他一心一意、至死不渝。他的一生除了帮助刘备建立蜀汉政权并北伐曹魏外，可以说心无旁骛。同不少士大夫一样，诸葛亮也有过很多爱好，他爱好并精通音乐，羽扇纶巾，抚琴长啸，一副飘逸潇洒的艺术家形象。他爱好并精通绘画、书法，文学创作水平也很高，郭沫若就曾说过，假如让诸葛亮专心从事诗歌创作，其成就绝不会亚于陶渊明。但为了一生追求的大业，他专心致志，其余的兴趣爱好都无暇去充分发展。直到晚年，诸葛亮仍不顾自己疲弱的身体，

① 余明侠：《诸葛亮评传》，南京大学出版社，1996 年版，第 274 页。

② 郭清华：《武侯墓祠匾联集注》，陕西旅游出版社，1999 年版，第 35 页。

坚持北伐，最终因心力交瘁病逝在五丈原前线，用实际行动践行了自己“鞠躬尽力，死而后已”的诺言，诸葛亮的这种专注精神作为他人格的一个重要方面，为后人留下了光辉的榜样。

为了政治理想的实现，他殚精竭虑、兢兢业业。建安十三年（207年），曹操大举南下，刘琮束手投降，刘备仓皇南逃，惨败于当阳长阪，出山不久的诸葛亮第一次“受任于败军之际，奉命于危难之间”，主动请缨出使江东，联结孙权。赤壁一战，孙刘联军大破曹军，奠定了三国鼎立的雏形。取荆州后，诸葛亮“督零陵、桂阳、长沙三郡，调其租赋，以充军实”，入益州后，诸葛亮“常镇守成都，足食足兵”，此后数年，在诸葛亮充足的后勤保障下，蜀汉政权终于得以建立。刘备夷陵惨败，白帝城托孤，当时的蜀汉政权外有强敌环伺，内有数郡反叛，诸葛亮第二次“受任于败军之际，奉命于危难之间”，他闭关息民，发展生产，恢复吴蜀同盟，平定南中叛乱。应该说，诸葛亮真正实现尽其才用是在刘备永安托孤之后，此时的诸葛亮已经四十多岁，他深感时不我待，生恐有负刘备托付，又担心他手下的官吏们不能像他一样尽心竭力、兢兢业业，所以，他不得不以身作则，身体力行，呕心沥血，日夜操劳，处理内政，指导外交，指挥军事，监督百官，全国大小事务件件都要他亲力亲为。他甚至亲自组织兴修水利、桥梁、道路等工程，亲自过问种桑、织锦、煮盐、冶铁等生产，亲自设计连弩、木牛、流马等器械。诸葛亮对待工作责任感极强，为了减少差错，他有时甚至亲自校对各种文书簿册。从228年到234年，诸葛亮亲率军队，六年之间五次北伐，还包括一次抵御曹魏的入侵，几乎年年都有战事。他奔波于陇山蜀水之间，辛劳终日，尽心尽职，长期的劳累严重地损害了他的身体健康，第五次北伐与司马懿对峙期间，司马懿见到蜀汉的使者，不问军事，而是问起了诸葛亮的饮食情况，当得知诸葛亮事务繁杂而饮食很少时，司马懿不禁感叹，诸葛亮恐怕活不太久了。作为一个统帅，大事小事都自己亲自去做，并不合适，但却反映了他勤于公务的忘我精神。

诸葛亮的政治理想虽然未能实现，但他身上体现出一种自强不息、坚忍不拔、百折不挠、生死不渝，为理想信念奋斗的精神，这种为理想信念“鞠躬尽瘁，死而后已”的精神，在历史的长河中历久弥新，哺育了中华民族一代又一代子孙。这种精神在中华民族面临逆境苦难，遭逢生死存亡之际，尤其具有无穷的感召力。这种为国家、为事业、为理想而“鞠躬尽瘁”的精神，直到今天仍然是我们需要学习和继承的优秀文化遗产。

二、修齐治平的家国情怀

蜀汉建兴十二年（234 年），诸葛亮病殁的消息传出后，蜀汉朝野震惊，悲声四起。诸葛亮归葬定军山不久，蜀汉各地纷纷请求朝廷为诸葛亮立庙祭祀，但这与礼制不符，朝廷没有批准。于是，当时有很多百姓在诸葛亮祭日时在道路边私祭，历久不绝。民间祭祀活动越来越多，蜀汉步兵校尉习隆、尚书郎向充上表后主，再次请为诸葛亮立庙祭祀。后主刘禅顺应民意，景耀六年（263 年）下诏为诸葛亮立庙于沔阳，这就是今天陕西省汉中市勉县的武侯祠，也是最早的官立武侯祠。后来，为诸葛亮立庙祭祀之风传到各地，诸葛亮生活过的地方大都修建起武侯祠，保存至今的就有十多座，这在古代名人中是绝无仅有的。尤其值得一提的是，诸葛亮还受到敌国人士的崇高礼敬。公元 263 年，距诸葛亮去世已经三十年了，魏征西将军钟会伐蜀，在诸葛亮墓前祭祀，并命令军士不得在诸葛亮坟墓附近放牧樵采，以示对诸葛亮的崇敬。晋武帝司马炎也很推崇诸葛亮，一次，他向曾任蜀汉尚书令的樊建询问诸葛亮如何治国，樊建朗声应答："闻恶必改，而不矜过；赏罚之信，足感神明！"司马炎听完后，不由得对这位自己祖父的死对头深深敬佩，不禁大声赞道："我要是能得到他的辅佐，哪会像现在这么累呀！"[①]在司马炎眼里，满朝文武竟没有一个能与诸葛亮相比。西晋惠帝永兴元年（304 年），镇南将军刘弘怀着崇敬的心情来到诸葛亮曾经躬耕的隆中，立碑纪念这位先贤，碑文称赞诸葛亮是"先哲""大器""通人""大德"，认为诸葛亮的品德在管仲、乐毅之上，甚至超过了古代的许由、周公。[②]东晋襄阳人习凿齿将诸葛亮称作"达人""伟匠"，认为他的崇高道德甚至可以扭转东汉末年不良的社会风气。[③]

中国古代有"三不朽"的说法，即"太上有立德，其次有立功，其次有立言"，诸葛亮集"立德""立功""立言"于一身，由此便不难理解他在历史上的崇高地位。在一个世人皆追求浮华名利的时代，他能够"淡泊明志，宁静致远"，这是何等的境界！"受任于败军之际，奉命于危难之间"，这是何等的气魄！再加上他深思谨慎的处事态度，鞠躬尽

① 陈寿撰，裴松之注《三国志·诸葛亮传》（卷 35）注引《汉晋春秋》，中华书局，1959 年版，第 933 页。

② 陈寿撰，裴松之注《三国志·诸葛亮传》（卷 35）注引《蜀记》，中华书局，1959 年版，第 936 页。

③ 段熙仲，闻旭初编校：《诸葛亮集·附录》卷二《诸葛武侯宅铭》，中华书局，2014 年版，第 124 页。

瘁的奉献精神，以及他忠君爱国、匡世济民、居功不傲、清正廉洁、克己奉公、任人唯贤、赏罚分明的思想风范，使得诸葛亮成为中华民族传统美德最完美的体现者，成为传统知识分子理想人格的典范。

“立德”方面，诸葛亮是中华民族传统美德最完美的体现者，他廉洁奉公、严于律己、谦虚谨慎、刚毅平和。按中国传统的道德来衡量，诸葛亮称得上完人。

诸葛亮生活俭朴廉洁，出山之前，以躬耕为食，出山之后，虽高官厚禄，仍生活俭朴、廉洁奉公，官俸之外，不营私产。他襟怀坦荡，主动自报家产，在给后主刘禅的一道表文中说，他家“有桑八百株，薄田十五顷”，作为一国的丞相，这份家业实在显得有些寒酸。诸葛亮的俸禄应该不会太低，此外，诸葛亮得到的赏赐也不少。建安十九年（214年）刘备平定益州后，一次性就赏赐给诸葛亮、法正、张飞、关羽金各五百斤、银千斤、钱五千万、锦千匹。诸葛亮用这笔钱的一部分购置了一份产业，一家人就靠此过活。诸葛亮在临死时留下遗命，要求丧事简办，不仅提出就近葬汉中定军山，而且还特别嘱咐薄葬。陈寿赞美诸葛亮是同管仲、萧何不相上下的人物，但如果就自律节俭等方面而言，管仲、萧何根本不能同诸葛亮相提并论。管仲为人贪婪，他曾和好友鲍叔牙一起经商，赚了钱总是多分给自己，少分给鲍叔牙，萧何强行贱买百姓田宅被告到刘邦处。像诸葛亮这样功勋盖世却能始终严格要求自己，实为其他名贤所莫及。

诸葛亮律己甚严，以身作则，足为表率。他对于自己的过错从不文过饰非，而是主张“明罚思过”，如街亭之败，他没有诿过于人，而是主动承担责任，自贬三等。诸葛亮严于治家，对子女的教育很是严格，不仅不给后代以特权，而且要他们“淡泊明志”“宁静致远”“绝情欲”“忍屈伸”。诸葛亮四十六岁前无子，过继兄长诸葛瑾的二儿子诸葛乔作为养子，诸葛亮对其视如己出，但并没有给他搞特殊，让他在丞相府中养尊处优。北伐期间，诸葛亮命已为驸马都尉的诸葛乔参赞军务，负责押运粮草的辛苦工作。诸葛亮写信给其兄诸葛瑾说：“诸葛乔本应该回成都，但各位将军的子弟都参与军务，我认为诸葛乔也应该同甘共苦。现在让他带领五六百士兵，与各位将军的子弟驻扎在山谷中转运粮草。”[①] 诸葛乔因劳累过度，竟然病死在前线，年仅二十五岁。从留存下来的《诫子书》中，可以看到诸葛亮对子女不厌其烦地谆谆教诲，对下一代的成长、成才竭尽了心力，他的后代也没有辜负他的期望，蜀汉亡国前夕，子诸葛瞻、孙诸葛尚都英勇战死，可谓一门忠烈。

诸葛亮智力超群又身居高位，但他从不妄自尊大，始终保持着一颗谦逊之心。早在隆中躬耕期间，他每次向庞德公请教，都谦恭地对庞德公行礼，赢得了庞德公对这位后生晚辈的喜爱。对同窗好友，他也谦虚地向他们请教，虚心地接受他们的批评。诸葛亮后来回忆起襄阳的学友，感慨地说：“当年和崔州平成为朋友，他常常指出我行事的得失；后来又结交了徐元直，他给了我很多启发和教诲。”他担任丞相以后，经常要求下属多多批评他的不足。对于直言敢谏的“忠直之士”，诸葛亮一直大力支持。董和是诸葛亮实行“参署”制度中的一个官吏，他经常同诸葛亮发生争论，甚至为处理一个问题，接连提出十次不同处理意

---

① 段熙仲、闻旭初编校：《诸葛亮集·文集》卷二《与兄瑾言子乔书》，中华书局，2014 年版，第 27 页。

见。诸葛亮极为赞赏董和这种大胆直言的精神，认为这样可以使自己少犯错误。董和死后，诸葛亮在几次给下属的文告中都提到董和，号召大家向他学习，多提意见。身居高位却能始终不忘初心，确实难能可贵。

诸葛亮的美德还表现在智慧、刚毅、谦和、宁静等许多方面，可以说，人们称道的美德在他身上几乎都能找到。这些美德与中国传统美德高度一致，因而得到人们的普遍崇敬。在一个军阀混战、动荡不休的时代，大多数人皆崇尚权谋诈术，诸葛亮却始终能够不忘初心，坚守道德信念，从而为中华民族树立起了万世楷模。

"立功"方面，如果仅就诸葛亮建立和治理蜀汉的政治军事功业而论，他不仅比不上夏、商、周三代的名相，就连西汉的开国功臣萧何、张良、韩信等人他也比不上。但是，在诸葛亮短短五十四年的生命历程中，表现出了一种超越时空的人格精神，这种精神历久弥新，散发着永恒的魅力，赢得历代帝王将相、人民大众无限的景仰。历史只给了诸葛亮一个小国寡民的舞台，但在这个有限的平台上，他依然做出了不朽的业绩。他重视发展农业生产和工商业，维护水利，使得国小民贫的蜀汉出现了"田畴辟，仓廪实，器械利，蓄积饶"的繁荣景象；他举贤任能、任人唯贤，广泛吸收和团结各方面的人才，尽可能发挥他们的才能和作用，在人才的选拔、培养、使用、管理方面，均有许多成功的经验；他的五次北伐虽然整体上失败了，但那是因为受到客观条件的限制，并非他的个人能力不足，即使在这么不利的客观条件的限制下，他仍然创造了足以不朽的功业。

"立言"方面，诸葛亮也颇有建树。"立言"既可指创立学说，也可指著书立说。后世多视诸葛亮为杰出的政治家和军事家，却容易忽略他也是杰出的文学家。一九六四年，郭沫若给襄阳武侯祠题词说：“诸葛亮隐居隆中时，躬耕自食，足与陶渊明先后媲美。然陶令隐逸终身，而武侯则以功业自见，盖时会使然。苟陶令际遇风云，未必不能使桃花源实现于世。如武侯终身隐逸，谅亦不逊于陶令也。”这里所说的不比陶渊明逊色的，就是诸葛亮的文学才华与文学成就。虽说是一种假设，却有着充分的事实根据。诸葛亮一生著述颇丰，西晋武帝泰始十年（274年），陈寿编撰了“蜀相诸葛亮集”，收录诸葛亮的著作“二十四篇，凡十万四千一百一十二字”，是诸葛亮文集最早、最完善的本子。后世辑本以清代张澍的《诸葛忠武侯文集》为最优，该辑本不但内容丰富，而且体例合理，分为《文集》四卷，均为诸葛亮的著作；《附录》二卷，卷一是三国时人的文字，其中有刘备、刘禅给诸葛亮的诏书及刘巴、刘琰、马良、马谡、法正、孟达、曹操、孙权、司马懿等与诸葛亮的书信，内容几乎均由《三国志》中辑出。卷二为陈寿、习凿齿、裴松之、刘知几等后人辑《三国志》《华阳国志》《文选》《艺文类聚》《太平御览》《史通》等典籍中有关诸葛亮的论、赞、碑铭；《故事》五卷，系辑集数十部史册的有关资料，分列诸葛亮的家世、遗事、用人、制作与遗迹五门。中华书局曾对张澍的《诸葛忠武侯文集》进行整理和点校，题为《诸葛亮集》。

诸葛亮随心运用各种文体，落笔不凡，自成章法。代表作有《隆中对》《出师表》《诫子书》等。《隆中对》是陈寿撰著《诸葛亮传》时根据诸葛亮本人的著作记述的，应视为诸葛亮的作品。《隆中对》全文仅二百九十五字，但结构规整，组织严密，剖析精辟，论列透彻，用字洗练，气势沉稳雄健而又质朴无华，其文风兼具两汉的质朴厚重与魏晋的清丽典雅，可谓“汉魏风骨”的代表作，在三国时期的政论文中实不多见。《出师表》言辞恳切，感情真挚，寓浓烈的感情于叙述之中，历代以表传世者极少，唯有诸葛亮的《出师表》，千余年来为后人传诵不绝。南宋杰出的爱国主义诗人陆游多次赞美《出师表》，“《出师》一表通今古，夜半挑灯更细看”，“凛然《比师表》，一字不可删”，“《出师》一表真名世，千载谁堪伯仲间”。《诫子书》则融情、理、文于一体，其情深笃，其理明达，其文晓畅，读来亲切而隽永、痛切而动人，像这样精纯深挚的书简，在三国文坛堪称独步。总之，诸葛亮虽然没有像三曹、七子那样的诗赋作品，但诸葛亮的散文和政论作品却足以与他们的同类作品媲美。

诸葛亮的一生，是立德、立功、立言的一生，是忠诚勤勉、求真务实、公平公正、谦虚谨慎、光明磊落、高风亮节的一生，这些美德是人类文明的结晶，是理想人格的典范，因而能超越时空，万古常青，得到历代统治者持续地赞扬，受到广大民众永远地崇敬。据不完全统计，诸葛亮拥有数量极多的铁杆粉丝，其中包括晋武帝、唐太宗、康熙、乾隆等帝王；朱熹、王夫之、章太炎等学者；李白、杜甫、苏轼、陆游等文学家；岳飞、文天祥等将领。粉丝数量如此之多，在三国历史人物中首屈一指。

三、泽被襄阳的遗迹遗风

公元 194 年前后，因为曹操对徐州的肆意屠杀，家乡陷入战乱，十三四岁的诸葛亮不得不和姐弟一起随叔父诸葛玄离开家乡琅琊外出避难，因诸葛玄和荆州牧刘表有旧交，诸葛亮姐弟四人于是随叔父辗转来到了荆州的首府襄阳，此时的襄阳，正值历史上的一个极度辉煌的时期，这里山清水秀、环境优美，这里富庶安定，没有战火纷争，少年诸葛亮一下子就喜欢上了这里，从此，他们终于结束了颠沛流离的逃难，开始了安定的生活。叔父诸葛玄不幸去世后，十七岁的诸葛亮带领弟弟诸葛均来到襄阳城西的隆中，从此开始了长达十年的躬耕苦读生活。

隆中的十年是诸葛亮快速成长的十年。十年里，他遇到了一批名师，结交了一批挚友，还收获了一份爱情。十年里，他一边读书，一边思考，了解四方信息，观察天下大势。与荆州朝野的姻亲关系，使他得以常入州府，观察刘表治理荆州的方式方法，反思刘表治理荆州的利弊得失，为他以后的政治实践打下了坚实基础。十年里，他一边苦读，一边交游，业余亲自参加农业劳动，对农业生产工具的熟练使用，使他熟练掌握了基本的机械原理，奠定了他以后制作木牛流马、损益连弩的基础。十年里，他一边躬耕，一边等待，等待着自己理想明主的出现。

建安十二年（207 年），四十七岁的刘备在徐庶的推荐下，多次来到隆中诸葛亮居住的草庐，请比自己小二十岁的诸葛亮出山，这就是历史上著名的“三顾茅庐”，诸葛亮从此离开了寓居十年的隆中，随刘备屯驻樊城。第二年（208 年），曹操南下荆州，诸葛亮随刘备南下，从此离开了襄阳。诸葛亮在襄阳的十余年，应该先后在襄阳城、隆中、樊城居住过，可惜年代久远，除了隆中尚可确知外，其在襄阳城、樊城的具体居地已难以详知。

隆中出山后不久，弟弟诸葛均也搬离了故居。第二年，襄阳便被曹操占领。诸葛亮一家离开隆中后，有一户董姓人家曾在草庐居住，后来这家人相继死去，这里从此无复人居，隆中逐渐荒芜。近一百年后的西晋永兴元年（304 年），进驻襄阳的镇南将军刘弘来到隆中凭吊诸葛亮故宅，触景生情，命随行的镇南参军李兴写了一篇祭文（《诸葛亮故宅铭》，又名《祭诸葛丞相文》），[①] 这是有史记载以来隆中立下的第一块纪念诸葛亮的碑文，这篇碑文写于诸葛亮死后七十年，当时的诸葛亮故居只剩残垣断壁。又过了五十多年后的公元 361 年，东晋史学家、襄阳人习凿齿来到隆中，撰写了一篇《诸葛武侯宅铭》。[②] 习凿齿游览隆中，不仅兴致勃勃地观赏了诸葛亮当年躬耕陇亩的遗迹，而且瞻仰了经过后人修葺的诸葛亮故宅，此时的诸葛亮故宅，不再是刘弘、李兴到隆中时看到的废墟一片，而是已经面目一新。南北朝时期，隆中诸葛亮故居及武

---

① 陈寿撰，裴松之注《三国志·诸葛亮传》注引《蜀记》："晋永兴中，镇南将军刘弘至隆中，观亮故宅，立碣表闾，命太傅掾犍为李兴为文曰："天子命我，于沔之阳，听鼓鼙而永思，庶先哲之遗光，登隆山以远望，轼诸葛之故乡。盖神物应机，大器无方，通人靡滞，大德不常。故谷风发而驺虞啸，云雷升而潜鳞骧；挚解褐于三聘，尼得招而褰裳，管豹变于受命，贡感激以回庄，异徐生之摘宝，释卧龙于深藏，伟刘氏之倾盖，嘉吾子之周行。夫有知己之主，则有竭命之良，固所以三分我汉鼎，跨带我边荒，抗衡我北面，驰骋我魏疆者也。英哉吾子，独含天灵。岂神之祇，岂人之精？何思之深，何德之清！异世通梦，恨不同生。推子八陈，不在孙、吴，木牛之奇，则非般模，神弩之功，一何微妙！千井齐甃，又何秘要！昔在颠、夭，有名无迹，孰若吾侪，良筹妙画？臧文既没，以言见称，又未若子，言行并徵。夷吾反坫，乐毅不终，奚比于尔，明哲守冲。临终受寄，让过许由，负扆莅事，民言不流。刑中于郑，教美于鲁，蜀民知耻，河、渭安堵。匪皋则伊，宁彼管、晏，岂徒圣宣，慷慨屡叹！昔尔之隐，卜惟此宅，仁智所处，能无规廓。日居月诸，时殒其夕，谁能不殁，贵有遗格。惟子之勋，移风来世，咏歌与典，懦夫将厉。遐哉邈矣，厥规卓矣，凡若吾子，难可究已。畴昔之乖，万里殊涂；今我来思，觌尔故墟。汉高归魂于丰、沛，太公五世而反周，想罔两以仿佛，冀影响之有余。魂而有灵，岂其识诸！"中华书局，1959 年版，第 936—937 页。

②《诸葛亮集·附录卷二》载晋习凿齿《诸葛武侯宅铭》曰："达人有作，振此颓风。雕薄蔚采，鸱阑惟丰。义范苍生，道格时雍。自昔爰止，于焉龙盘。躬耕西亩，永啸东峦，迹逸中林，神凝岩端。罔窥其奥，谁测斯欢？堂堂伟匠，婉翮阳朝。倾岩搜宝，高罗九霄。庆云集矣，鸾驾三招。"中华书局，2014 年版，第 124 页。

侯祠不断得到维修。唐代，隆中诸葛亮故居的建筑规模有很大发展，到晚唐时，隆中已出现皇帝赐建的纪念诸葛亮的祠庙，唐昭宗光化三年（900年）封诸葛亮为武灵王，并御赐庙堂于隆中，立有《改封诸葛亮为武灵王庙记》碑一块。[①] 宋代，隆中规模又有所扩大，曾巩、王安石、苏轼等许多名人都游览过隆中，记下了他们对诸葛亮的赞颂和所见所闻。宋代著名文学家苏东坡路过襄阳时，曾慕名去隆中凭吊他崇拜的这位先贤，看到诸葛亮生活过的山水及遗物，感慨万千，写下了“诸葛来西国，千年爱未衰”的诗句，洋溢着对这位政治家、军事家的崇高敬意与深切怀念。明朝成化年间（1456—1487年），隆中已经形成了“隆中十景”——草庐亭、躬耕田、三顾堂、小虹桥、六角井、武侯祠、半月溪、老龙洞、梁父岩、抱膝亭。明孝宗弘治二年（1489年），袭封襄阳王的朱见淑看中了隆中的风水，选择隆中作为自己的归山陵地，他毁掉诸葛亮草庐，迁走隆中书院，封山驱民，大造陵寝，使原有的土木建筑特别是两晋至唐宋时期的碑刻破坏殆尽，这是自诸葛亮离开隆中之后千余年里隆中遭到的最大浩劫。明末李自成占领襄阳后，掘了朱见淑的坟墓，为隆中的恢复创造了条件。清康熙、雍正、乾隆、光绪等时期对隆中进行了多次维修、重建或扩建，现存建筑大都为清代遗物。1994年，国务院公布隆中为国家重点风景名胜区。1996年，国务院又公布隆中为国家重点文物保护单位。今天的隆中，已经成为襄阳旅游的一张名片，吸引着世界各地的人们来此瞻仰诸葛亮的圣迹遗风。

---

① 王象之：《舆地纪胜》（卷82）碑记条记载：“唐《改封诸葛亮为武灵王庙记》。唐光化五年封诸葛孔明为武灵王，碑今在隆中。”江苏广陵古籍刻印社影印本，1991年版，第706页。

诸葛亮自兴平元年（194年）随其叔父诸葛玄来到襄阳，至建安十三年（208年）随刘备一起离开襄阳，在襄阳度过了他的少年和青年时代。襄阳虽然不是诸葛亮的出生之地，但他十四岁到二十八岁的青少年时期却是在襄阳度过的，这正是一个人学习知识的黄金时期，也是世界观、人生观形成的关键时期，襄阳所荟萃的大量优秀人才和浓厚的文化氛围，助力诸葛亮完成了从青年学子向战略家的转变，形成了他卓越的政治才能和外交才能，为以后的政治前途打下了深厚的基础。可以说，人文荟萃的山东生育了诸葛亮，而钟灵毓秀的襄阳则培育了诸葛亮，襄阳事实上是诸葛亮的第二故乡。

襄阳人对这位玉成于斯的千古智圣、贤相给予了无比的尊崇。追随刘备入蜀的襄阳俊才豪杰，有庞氏家族的庞统、庞林，杨氏家族的杨仪、杨颙，马氏家族的马良、马谡，向氏家族的向朗、向宠、向充，习氏家族的习祯、习珍、习忠、习隆等，这些蜀汉政权中的荆州派，都团结在诸葛亮周围，共同为了匡扶汉室的理想，建功立业，彪炳史册，其中庞统、杨仪、马良、习祯入《季汉辅臣赞》。一百多年后，习氏家族的后人，东晋史学家习凿齿与诸葛亮一样成长于襄阳这片土地，读着先贤的热血著作，循着前辈的创业步伐，他继承了诸葛亮的政治理想，也当然地成为诸葛亮的隔代“粉丝”。他写《汉晋春秋》，书名就表明了自己的立场，晋的国统直接继承于汉，把中间的曹魏政权定性为篡汉的不合法政权，完全否定掉，以此来捍卫大汉的光辉和伟大。如果说诸葛亮竭尽毕生的政治、军事、谋略来匡扶汉室，那么他一百年后的小“迷弟”则用一支史笔继承了他的事业。在这一点上，他们达到了跨越时代的灵魂相通和共鸣。所以，成都武侯祠门楹上有这么一个联语：“异代相知习凿齿，千秋同祀武乡侯。”身前有先帝刘备的知遇之恩，身后有来自第二故乡的知音之赏，当无遗憾。清代光绪年间，襄阳官方在古隆中为诸葛亮修了一座石牌坊，牌坊的横额是煌煌五字“三代下一人”，夏商周三代之下，仅此一人而已！这五字评价不可谓不高，但诸葛亮确实当得起这个评价。与之相配的楹联选择了杜甫的名句：“伯仲之间见伊吕，指挥若定失萧曹。”杜甫这个诸葛亮的又一著名“粉丝”，在类比诸葛亮时，绕开了他自比的管仲、乐毅，那是因为，诸葛亮不管是道德、胸襟、才能、节操，都已远远高出管、乐，而与三代贤相伊尹、吕尚相媲美，甚至诸葛亮一生为之奋斗的大汉政权的两位开国老臣萧何、曹参，也只能屈居其下。这完美地诠释了“三代下一人”的主题匾额。另一组楹联“三顾频烦天下计，两朝开济老臣心”也来自杜甫，襄阳荣幸地庇护、养育过诸葛亮这一代伟人，作为三顾茅庐的发生之地，果然如董必武先生所书的楹联：“诸葛大名垂宇宙，隆中胜迹永清幽。”

纵观诸葛亮的一生，他不过在襄阳寓居了十几年时间，却给襄阳这座城市留下了丰厚的文化遗产。因缘际会，一座历史名城与一位历史名人结下了不解之缘，一千八百多年来，诸葛亮早已成为襄阳这座历史名城的人文精神、城市形象和文化符号。今天，当我们徜徉于诸葛亮广场，当我们漫步于卧龙大道，当我们吃起孔明菜，当我们放飞孔明灯，诸葛亮那“鞠躬尽瘁，死而后已”的精神跨越千年的时空，不断滋养着襄阳，成为襄阳这座历史文化名城永恒的底色！

附录一

诸葛亮年表（181—234 年）

汉灵帝光和四年（181 年） 诸葛亮 1 岁

诸葛亮出生于琅琊阳都县（今山东省沂南县），此年刘表三十九岁，曹操二十七岁，刘备二十一岁，周瑜六岁，司马懿两岁，其兄诸葛瑾八岁。诸葛亮有两个姐姐，生年不详，大约比他略大几岁，后来均随叔父诸葛玄流寓襄阳，在襄阳出嫁。

汉献帝刘协出生。

光和五年（182 年） 诸葛亮 2 岁

孙权出生。

光和六年（183 年） 诸葛亮 3 岁

巨鹿人张角准备起义。

东吴名将陆逊出生。

诸葛亮生母章氏约卒于此年。

按：诸葛亮生母之姓氏，见清人张澍《诸葛忠武侯文集》之《故事篇》引《诸葛氏谱》：“（诸葛珪）与妻章氏相继卒”，姑从之。据《三国志·诸葛瑾传》注引《吴书》：“瑾少游京师，治《毛诗》《尚书》《左氏春秋》。遭母忧，居丧至孝；事继母恭谨，甚得人子之道。”可知诸葛亮生母死后，其父诸葛珪续娶。诸葛瑾游学京师，约在其十三岁时（《礼记·内则》“十有三年，学《乐》诵《诗》”），当是为母守丧三年之后，故诸葛亮生母卒年系于此。

按：诸葛亮之弟诸葛均约生于此年或上年。据《三国志·诸葛亮传》，“从父玄为袁术所署豫章太守，玄将亮及亮弟均之官”，而留诸葛瑾在家与其继母生活，可知诸葛瑾、诸葛亮、诸葛均应为一母所生。如果诸葛均为继母所生，应由继母抚养。

中平元年（184 年） 诸葛亮 4 岁

黄巾起义爆发，刘备与关羽、张飞等从校尉邹靖击之，刘备因功任安喜县尉。孙权之父孙坚亦参与镇压黄巾军，因功授别部司马。是年十一月，黄巾军主力被击溃，余部仍在青州、徐州、冀州继续作战。

中平二年（185年） 诸葛亮5岁

诸葛亮之父诸葛珪续弦，继室姓氏不详。

中平三年（186年） 诸葛亮6岁

诸葛瑾至京师洛阳学习《毛诗》《尚书》《左氏春秋》，约在此年。

中平四年（187年） 诸葛亮7岁

在父亲教诲下，当已读书识字。

中平五年（188年） 诸葛亮8岁

诸葛亮之父诸葛珪约卒于此年。

按：张澍引《诸葛氏谱》谓，诸葛玄卒时，诸葛瑾年十三，诸葛亮年八岁。其中“玄”当系“珪”之误。“年十三”为“年十六”之误。诸葛亮八岁时，诸葛玄尚未就任豫章太守；诸葛瑾长诸葛亮八岁，是年应为十六。诸葛亮年八岁而父去世，与“早孤”之说相符，故从之。

太常刘焉认为各州刺史权力不大，无法镇压日益势大的起义，应改置集军政大权于一身的州牧，朝议从之，刘焉遂出任益州牧。

中平六年（189年） 诸葛亮9岁

四月，汉灵帝卒，皇子刘辩即位。宦官杀外戚何进，袁绍又带兵入宫尽诛宦官。董卓被召入京师，专擅朝政，废刘辩而立刘协，史称汉献帝。

十二月，曹操起兵讨伐董卓。

汉献帝初平元年（190 年） 诸葛亮 10 岁

关东诸郡联合起兵讨伐董卓，推袁绍为盟主，董卓胁迫献帝西迁长安。

原荆州刺史王睿被孙坚逼迫自杀，朝廷任命刘表为荆州刺史，刘表于是“单马入宜城”，取得襄阳大族蒯氏、蔡氏的支持，刘表委派蒯越等人诱杀各地屯聚自守的宗帅，“袭取其众”，在荆州人士的支持下，刘表很快站稳了脚跟，并逐渐控制了荆州的局势。

初平二年（191 年） 诸葛亮 11 岁

刘备投奔公孙瓒，先为别部司马，后为平原令，又为平原相。

按：据《三国志·先主传》，刘备弃安喜尉之后，“顷之，大将军何进遣都尉丘毅诣丹杨募兵，先主与俱行。至下邳遇贼，力战有功，除为下密丞，复去官。后为高唐尉，迁为令。为贼所破，往奔中郎将公孙瓒，瓒表为别部司马，使与青州刺史田楷以拒冀州牧袁绍。数有战功，试守平原令，后领平原相。”知其任下密丞，当在中平六年（189 年）之前（中平六年何进被杀）；任高唐尉、高唐令，则在中平六年至初平元年间。而袁绍胁迫韩馥取冀州为牧，在初平二年七月（见《三国志·武帝纪》);公孙瓒亦在初平二年因打败了从青、徐二州入渤海的黄巾军三十万众而壮大了自己,以严纲为冀州刺史,田楷为青州刺史,单经为兖州刺史(《三国志·公孙瓒传》)。

袁术派孙坚进攻刘表,刘表部将黄祖射杀孙坚于襄阳岘山,时年十七的孙坚长子孙策面见袁术,请求袁术还其父部下,袁术未予。

初平三年(192年) 诸葛亮12岁

王允、吕布合谋诛杀董卓,董卓部将李傕、郭汜攻破长安,杀王允等。吕布出奔,关中大乱。

曹操败黄巾百万于济北,收编其精锐,号为“青州兵”,曹操自领兖州牧。

初平四年(193年) 诸葛亮13岁

曹操之父曹嵩与其少子曹德等由琅琊到兖州投奔曹操,途经华县、费县之间,为陶谦部将所杀。曹操怒而起兵东征徐州,杀伤百姓甚多。

孙策第二次到袁术处求还其父部曲,袁术予其兵千余人,拜孙策为怀义校尉。

兴平元年(194年) 诸葛亮14岁

曹操为报父仇,是年夏又攻徐州。陶谦求助于公孙瓒,瓒遣青州刺史田楷、平原相刘备助之,不胜。十月,陶谦病卒,众推刘备领徐州牧。

诸葛玄带领诸葛亮姐弟四人投奔旧交荆州牧刘表，诸葛亮之兄诸葛瑾与其继母仍留在阳都老家。诸葛亮居襄阳，当始于此年。

此年前后，诸葛亮之大姐嫁给中庐人蒯祺，小姐嫁给庞德公之子庞山民。

按：诸葛亮的两位姐姐年龄不见记载，据其兄诸葛瑾及诸葛亮的年龄推断，兄弟姐妹排行应为诸葛瑾一、大姐二、二姐三、诸葛亮四、诸葛均五。诸葛瑾长诸葛亮八岁，若大姐年龄大于诸葛瑾，初平四年诸葛玄带领诸葛亮等离家时已二十多岁，应已嫁人，不会随诸葛玄南下。此年诸葛亮十四岁，其大姐、二姐约在十五至二十一岁之间，皆到出嫁年龄。此时，诸葛亮之叔父诸葛玄作为长辈，当为她们操持婚事。

益州牧刘焉卒，其子刘璋继任益州牧。

兴平二年（195 年） 诸葛亮 15 岁

诸葛亮在襄阳与徐庶、崔州平等人开始交往。

李傕、郭汜相斗，汉献帝被劫持至弘农。

献帝以曹操为兖州牧，孙策袭破扬州刺史刘繇，开始据有江东。

建安元年（196 年） 诸葛亮 16 岁

袁术攻刘备以争徐州。吕布袭下邳，刘备败走，归曹操。曹操表荐刘备为豫州牧。

七月，曹操迎献帝于洛阳，迁都于许。

建安二年（197 年） 诸葛亮 17 岁

诸葛亮叔父诸葛玄卒。

是年，袁术称帝于寿春。

建安三年（198 年） 诸葛亮 18 岁

诸葛亮、诸葛均寓居隆中。

曹操擒杀吕布。刘备随曹操还许，曹操表荐刘备为左将军，孙策为讨逆将军，封吴侯。

建安四年（199 年） 诸葛亮 19 岁

刘备杀徐州刺史车胄，占据徐州，脱离曹操。

建安五年（200 年） 诸葛亮 20 岁

诸葛亮与黄承彦之女结为伉俪。

按：《襄阳耆旧记》记载，黄承彦对诸葛亮说："闻君择妇，身有丑女，黄头黑色，而才堪相配。"诸葛亮同意娶黄女为妻。说明当时诸葛玄已卒，否则，按当时习惯，黄承彦不会直接向诸葛亮提亲。诸葛玄卒，诸葛亮、诸葛均为诸葛玄守孝应为三年，因诸葛玄虽为诸葛亮、诸葛均之叔，但承担着父亲的责任，诸葛亮、诸葛均当按为父守孝原则处理，是年期满。诸葛亮、诸葛均两位姐姐均已出嫁，家务无人料理。基于上述理由，姑且将诸葛亮之结婚系于此年。

曹操击刘备，刘备兵败，北归袁绍。

曹操败袁绍于官渡。

孙策为许贡门客刺杀，其弟孙权继统其众。

诸葛亮之兄诸葛瑾与继母离开阳都以避战乱，经孙权姐夫弘咨推荐，入孙权幕府。

建安六年（201 年） 诸葛亮 21 岁

诸葛亮游学交友。

刘备离开袁绍，南投刘表，刘表使刘备屯驻新野。

建安七年（202 年） 诸葛亮 22 岁

诸葛亮游学交友。

袁绍死。

刘备败曹操将夏侯惇于博望。

建安八年（203 年） 诸葛亮 23 岁

诸葛亮游学交友。

诸葛亮之兄诸葛瑾的长子诸葛恪出生。

孙权击刘表江夏太守黄祖。

建安九年（204 年） 诸葛亮 24 岁

诸葛亮游学交友。

诸葛亮之兄诸葛瑾的次子诸葛乔出生。

曹操击袁尚，袁尚奔中山。

建安十年（205 年） 诸葛亮 25 岁

诸葛亮游学交友。

曹操击袁谭，袁谭被杀，曹操统一北方。

建安十一年（206 年） 诸葛亮 26 岁

诸葛亮游学交友。

刘备拜访司马徽，司马徽向他推荐了诸葛亮和庞统。

按：刘备次年三顾茅庐，故司马徽推荐诸葛亮可能即在本年。

建安十二年（207 年） 诸葛亮 27 岁

刘备于隆中见诸葛亮，诸葛亮向刘备提出了战略性意见，后人称之为《隆中对》，随即随刘备出山。不久，提出“令游户自实”而借机扩军的建议，使刘备扩充了兵力。

刘备嫡子刘禅生于荆州襄阳。

刘表长子刘琦向诸葛亮求自安之术，诸葛亮暗示其求出外任避难。

建安十三年（208 年） 诸葛亮 28 岁

春，孙权进攻黄祖，斩之。刘琦出任江夏太守。

曹操罢三公，自为丞相。

七月，曹操出兵南击刘表。

八月，刘表卒，少子刘琮嗣位。

九月，曹操军至新野，刘琮遣使投降。

刘备屯兵于樊城，曹操兵至宛城，刘备方知。刘备率众南走江陵，路过襄阳，诸葛亮劝刘备袭击刘琮，占据荆州，刘备不从。荆州士民归者甚众。曹操亲率精骑五千追击刘备，遇于当阳之长阪，刘备败走，与关羽等至夏口。徐庶亲母被曹军俘获，徐庶离开刘备归于曹操。鲁肃在当阳见刘备、诸葛亮，偕诸葛亮至柴桑，说服孙权联兵抗曹。孙权派周瑜等率兵三万，与刘备共拒曹操。

十二月，孙刘联军败曹操于赤壁，曹操北归。刘备收江南四郡，任诸葛亮为军师中郎将，驻临烝，督零陵、桂阳、长沙三郡，调其赋税，以充军实。

是年，益州牧刘璋遣张松拜见曹操，曹操傲慢无礼，张松于是劝刘璋与曹操交绝，而结好刘备，刘璋从之。

建安十四年（209 年） 诸葛亮 29 岁

刘备表刘琦为荆州牧。刘琦卒后，刘备自领荆州牧。周瑜分南岸地给刘备，刘备立营于油江口，改油江口为公安。孙权将其妹嫁给刘备。

诸葛亮写信给零陵人刘巴，劝其归附刘备，刘巴不从。

建安十五年（210 年） 诸葛亮 30 岁

刘备亲自赴京口面见孙权，求都督荆州，诸葛亮劝其不可冒险，刘备没有听从。周瑜上书孙权，建议软禁刘备，孙权不听。孙权依周瑜计策，拟遣孙瑜率军和刘备一起讨伐刘璋、张鲁，遭到刘备的坚决反对。

刘备以庞统为军师中郎将。

周瑜卒，鲁肃代之。

建安十六年（211 年） 诸葛亮 31 岁

曹操破马超、韩遂，平定关中。刘璋派遣法正出使刘备，迎刘备入益州，使击张鲁。刘备留诸葛亮、关羽、张飞、赵云等镇守荆州，自与庞统等率众数万入川，据葭萌，厚树恩德。

孙权派人接其妹回吴，孙夫人欲携刘禅同走，诸葛亮使赵云、张飞截回刘禅。

建安十七年（212 年） 诸葛亮 32 岁

诸葛亮镇守荆州。

刘璋杀张松，刘备与刘璋翻脸，斩白水关守将杨怀、高沛，进据涪城。

建安十八年（213 年） 诸葛亮 33 岁

刘璋遣将抗拒刘备，或败或降。刘备自率兵与庞统攻雒城，派诸将平定诸县。调诸葛亮率张飞、赵云等溯江而上，分定郡县，留关羽守荆州。

按：诸葛亮入川时间，《资治通鉴》系于建安十九年，误。《先主传》载："先主军益强，分遣诸将平下属县，诸葛亮、张飞、赵云等将兵溯流定白帝、江阳。"《诸葛亮传》载："先主自葭萌还攻璋，亮与张飞、赵云等率众溯江，分定郡县。"可见是刘备自围雒城，为迅速扩大战果，尽早占领益州，方让诸葛亮入川。尤可据者，《法正传》载："及军围雒城，正笺与璋曰：'雒下虽有万兵，皆坏阵之卒，破军之将，若欲争一旦之战，则兵将势力，实不相当。各欲远期计粮者，今此营守已固，谷米已积，而明将军土地日削，百姓日困，敌对遂多，所供远旷。愚意计之，谓必先竭，将不复以持久也。空尔相守，犹不相堪，今张益德数万之众，已定巴东，入犍为界，分平资中、德阳，三道并侵，将何以御之？"法正的劝降信，是刘备围雒城之初所写，而其时已言张飞定巴东事，故系于是年。

孙权改秣陵为建业。

曹操自为魏公，加"九锡"。

曹操攻孙权，在濡须口受阻。

建安十九年（214 年） 诸葛亮 34 岁

庞统在进攻雒城的战斗中中箭身亡。

夏，刘备、诸葛亮合围成都，刘璋出降。刘备自领益州牧，诸葛亮为军师将军、益州太守，署左将军府事。

曹操杀献帝伏皇后及其二子。

建安二十年（215 年） 诸葛亮 35 岁

孙权遣诸葛亮之兄诸葛瑾入益州，求还荆州。诸葛亮与诸葛瑾俱公会相见，退无私面。诸葛瑾携次子诸葛乔过继给诸葛亮为嫡子。

按：诸葛亮求诸葛瑾次子乔为嗣及诸葛乔来益州的时间，史籍缺载。揆诸事理，系于是年较为恰当。因为孙权遣诸葛瑾入川的目的是索还荆州，携诸葛乔前去可加深双方感情，且诸葛亮时年已三十五岁而无子，需要子嗣之心甚切。此年诸葛乔已十二岁，可随父远行。

刘备不从孙权所请，孙权派兵攻关羽；关羽求救，刘备率兵救援。曹操征张鲁，刘备与孙权议和，以湘水为界分荆州而治之。

建安二十一年（216 年） 诸葛亮 36 岁

诸葛亮协助刘备治理益州。

曹操晋爵为魏王。

建安二十二年（217年） 诸葛亮37岁

鲁肃卒。

诸葛亮治理益州。

建安二十三年（218年） 诸葛亮38岁

刘备进兵汉中，诸葛亮镇守成都，“足食足兵”。

曹操率众拒刘备。

建安二十四年（219年） 诸葛亮39岁

刘备大将黄忠斩魏将夏侯渊，取汉中地。

群臣上表推举刘备为汉中王。

七月，关羽围曹仁于樊城，斩庞德，擒于禁，于禁投降关羽，曹操议迁都以避其锋。

孙权向曹操称臣，愿讨关羽自效，遣吕蒙等袭关羽。关羽败走，为吴将潘璋等所获，关羽与其子关平同时遇害，荆州原属刘备之地悉为孙权所有。

建安二十五年（220年） 诸葛亮40岁

曹操卒。

曹丕废汉自立，改元黄初。封献帝为山阳公，东汉灭亡。

蜀将孟达降魏，魏任其为新城太守。刘备养子刘封因不救关羽，诸葛亮劝刘备将其赐死。

蜀汉谋臣法正、大将黄忠卒。

蜀汉章武元年（221 年） 诸葛亮 41 岁

诸葛亮进言劝刘备即帝位。四月，刘备于成都称帝，国号曰汉，改元章武。以诸葛亮为丞相录尚书事，假节。

五月，立刘禅为太子。

六月，张飞被部下所杀，其司隶校尉一职由诸葛亮兼领。

七月，刘备伐吴，诸葛亮辅佐太子刘禅镇守成都。

孙权遣使称臣于魏，魏封其为吴王。孙权遣大将陆逊统兵拒刘备之师。

章武二年（222 年） 诸葛亮 42 岁

诸葛亮佐刘禅镇守成都。

六月，陆逊败刘备于猇亭。刘备还鱼复，改鱼复曰永安。吴遣郑泉请和，刘备许之，刘备派宗玮报聘。吴称黄武元年。

司徒许靖、尚书令刘巴、骠骑将军领凉州牧马超卒。

南中地区高定、雍闿等闻刘备兵败，先后反叛。

章武三年、后主建兴元年（223 年） 诸葛亮 43 岁

二月，诸葛亮自成都至永安。

四月，刘备托孤于诸葛亮，卒于永安，年六十三。

五月，刘禅即帝位，改元建兴。封诸葛亮为武乡侯。

冬，诸葛亮遣邓芝使吴，吴告绝于魏。

曹魏大臣华歆、王朗、陈群等分别写信给诸葛亮，劝其举国称藩，亮不答，作《正议》以示群下。

建兴二年（224年） 诸葛亮44岁

诸葛亮领益州牧，开府治事。务农殖谷，闭关息民。

按：诸葛亮领益州牧时间，因《诸葛亮传》有“建兴元年，封亮武乡侯，开府治事。顷之，又领益州牧”之语，遂有误将诸葛亮领益州牧的时间定在建兴元年者。《杜微传》载：“建兴二年，丞相亮领益州牧，选迎皆妙简旧德。”《华阳国志》载：“二年，丞相亮开府，领益州牧。”当以“二年”为是。

是年，吴遣张温报聘，诸葛亮复遣邓芝使吴。

建兴三年（225年） 诸葛亮45岁

三月，诸葛亮率大军征南中，其秋平定，将南中五郡分为七郡。

十二月，凯旋成都。

建兴四年（226年） 诸葛亮46岁

曹丕卒，曹叡即位，史称魏明帝，次年改元太和。

诸葛亮治兵讲武，准备北伐。作《与孟达书》策反孟达。

建兴五年（227 年） 诸葛亮 47 岁

三月，诸葛亮率军出汉中，准备北伐，临行上《出师表》，刘禅颁《伐魏诏》。

诸葛乔随军至汉中，与诸将子弟传运粮草。

诸葛亮之子诸葛瞻出生。

诸葛亮暗中策反孟达，孟达响应。

诸葛亮发《称姚伷教》《黜来敏教》。

建兴六年（228 年） 诸葛亮 48 岁

正月，孟达叛魏归蜀之事被司马懿侦知，由宛城潜师入新城，城破，孟达被杀。

春，诸葛亮首次伐魏。使赵云、邓芝为疑军，据箕谷；诸葛亮自率大军出祁山，魏之南安、天水、安定三郡叛魏响应。马谡守街亭，违背节度，为张郃所破，赵云等亦败。诸葛亮归汉中，斩马谡以谢众，上表请自贬三等，以右将军行丞相事，发《劝将士勤攻己阙教》。

冬，因孙权伐魏取得胜利，关中空虚，诸葛亮二次伐魏，攻陈仓未下，粮尽退军，斩魏将王双。

诸葛乔积劳成疾，卒于此年，年仅二十五岁。

建兴七年（229 年） 诸葛亮 49 岁

春，诸葛亮第三次北伐，遣陈式攻武都、阴平二郡，诸葛亮自击郭淮，郭淮退走，遂克二郡。刘禅下诏恢复诸葛亮丞相职务，李严劝诸葛亮受九锡，诸葛亮作《答李严书》。

四月，孙权称帝，蜀汉群臣多主张与吴绝交。诸葛亮权衡利弊，认为应承认孙权之帝位，以利于伐魏。

六月，遣陈震往贺，孙权与之歃坛为盟，交分天下。吴改元黄龙。

冬，诸葛亮徙府营于南山下原上，筑汉城、乐城。

赵云卒。

建兴八年（230 年） 诸葛亮 50 岁

七月，曹真、司马懿等分三路伐蜀，大雨道绝，魏军退还。

是年，诸葛亮遣魏延等入羌中，败魏将郭淮等。

建兴九年（231 年） 诸葛亮 51 岁

诸葛亮第四次伐魏，以木牛运输军资，进攻祁山，司马懿率军拒之。诸葛亮粮尽退军，张郃率军追赶，被诸葛亮伏兵射杀。

八月，诸葛亮上《弹李严表》，惩处李严。

建兴十年（232 年） 诸葛亮 52 岁

诸葛亮整训军队，休士劝农于黄沙，制作木牛流马，积蓄力量，准备再次北伐。

建兴十一年（233 年） 诸葛亮 53 岁

诸葛亮运粮集于斜谷口，治斜谷邸阁。

建兴十二年（234 年） 诸葛亮 54 岁

春，诸葛亮第五次伐魏，由斜谷出，以流马运。屯兵渭水南岸之五丈原，又分兵屯田，以为久驻之基，司马懿坚守不出，相持百余日。

八月，诸葛亮卒于军中，遗命葬于汉中定军山。

附录二

《三国志·诸葛亮传》

（晋）陈寿撰　（宋）裴松之注

诸葛亮，字孔明，琅邪阳都人也。汉司隶校尉诸葛丰后也。父珪，字君贡，汉末为太山郡丞。亮早孤，从父玄为袁术所署豫章太守，玄将亮及亮弟均之官。会汉朝更选朱皓代玄，玄素与荆州牧刘表有旧，往依之。《献帝春秋》曰：初，豫章太守周术病卒，刘表上诸葛玄为豫章太守，治南昌。汉朝闻周术死，遣朱皓代玄。皓从扬州太守刘繇求兵击玄，玄退屯西城，皓入南昌。建安二年正月，西城民反，杀玄，送首诣繇。此书所云，与本传不同。玄卒，亮躬耕陇亩，好为《梁父吟》。《汉晋春秋》曰：亮家于南阳之邓县，在襄阳城西二十里，号曰隆中。身长八尺，每自比于管仲、乐毅，时人莫之许也。惟博陵崔州平、颍川徐庶元直与亮友善，谓为信然。按《崔氏谱》：州平，太尉烈子，均之弟也。《魏略》曰：亮在荆州，以建安初与颍川石广元、徐元直、汝南孟公威等俱游学，三人务于精熟，而亮独观其大略。每晨夜从容，常抱膝长啸，而谓三人曰："卿三人仕进可至刺史、郡守也。”三人问其所至，亮但笑而不言。后公威思乡里，欲北归，亮谓之曰：“中国饶士大夫，遨游何必故乡邪！”臣松之以为《魏略》此言，谓诸葛亮为公威计者可也，若谓兼为己言，可谓未达其心矣。老氏称知人者智，自知者明，凡在贤达之流，固必兼而有焉。以诸葛亮之鉴识，岂不能自审其分乎？夫其高吟俟时，情见乎言，志气所存，既已定于其始矣。若使游步中华，骋其龙光，岂夫多士所能沈翳哉！委质魏氏，展其器能，诚非陈长文、司马仲达所能颉颃，而况于余哉！苟不患功业不就，道之不行，虽志恢宇宙而终不北向者，盖以权御已移，汉祚将倾，方将翊赞宗杰，以兴微继绝克复为己任故也。岂其区区利在边鄙而已乎！此相如所谓“鹍鹏已翔于辽廓，而罗者犹视于薮泽”者矣。公威名建，在魏亦贵达。

时先主屯新野。徐庶见先主，先主器之，谓先主曰：“诸葛孔明者，卧龙也，将军岂愿见之乎？”《襄阳记》曰：刘备访世事于司马德操。德操曰：“儒生俗士，岂识时务？识时务者在乎俊杰。此间自有伏龙、凤雏。”备问为谁，曰：“诸葛孔明、庞士元也。”先主曰：“君与俱来。”庶曰：“此人可就见，不可屈致也。将军宜枉驾顾之。”由是先主遂诣亮，凡三往，乃见。因屏人曰：“汉室倾颓，奸臣窃命，主上蒙尘。孤不度德量力，欲信大义于天下，而智术浅短，遂用猖（獗），至于今日。然志犹未已，君谓计将安出？”亮答曰：“自董卓已来，豪杰并起，跨州连郡者不可胜数。曹操比于袁绍，则名微而众寡，然操遂能克绍，以弱为强者，非惟天时，抑亦人谋也。今操已拥百万之众，挟天子而令诸侯，此诚不可与争锋。孙权据有江东，已历三世，国险而民附，贤能为之用，此可以为援而不可图也。荆州北据汉、沔，利尽南海，东连吴、会，西通巴、蜀，此用武之国，而其主不能守，此殆天所以资将军，将军岂有意乎？益州险塞，沃野千里，天府之土，高祖因之以成帝业。刘璋暗弱，张鲁在北，民殷国富而不知存恤，智能之士思得明君。将军既帝室之胄，信义著于四海，总揽英雄，思贤如渴，若跨有荆、益，保其岩阻，西和诸戎，南抚夷越，外结好孙权，内修政理；天下有变，则命一上将将荆州之军以向宛、洛，将军身率益州之众出于秦川，百姓孰敢不箪食壶浆以迎将军者乎？诚如是，则霸业可成，汉室可兴矣。”先主曰：“善！”于是与亮情好日密。关羽、张飞等不悦，先主解之曰：“孤之有孔明，犹鱼之有水也。愿诸君勿复言。”羽、飞乃止。《魏略》曰：刘备屯于樊城。是时曹公方定河北，亮知荆州次当受敌，而刘表性缓，不晓军事。亮乃北行见备，备与亮非旧，又以其年少，以诸生意待之。坐集既毕，众宾皆去，而亮独留，备亦不问其所欲言。备性好结毦，时适有人以髦牛尾与备者，备因手自结之。亮乃进曰：“明将军当复有远志，但结毦而已邪！”备知亮非常人也，乃投毦而答曰：“是何言与！我聊以忘忧耳。”亮遂言曰：“将军度刘镇南孰与曹公邪？”备曰：“不及。”亮又曰：“将军自度何如也？”备曰：“亦不如。”曰：“今皆不及，而将军之众不过数千人，以此待敌，得无非计乎！”备曰：“我亦愁之，当若之何？”亮曰：“今荆州非少人也，而著籍者寡，平居发调，则人心不悦；可语镇南，令国中凡有游户，皆使自实，因录以益众可也。”备从其计，故众遂强。备由此知亮有英略，乃以上客礼之。《九州春秋》所言亦如之。臣松之以为亮表云“先帝不以臣卑鄙，猥自枉屈，三顾臣于草庐之中，谘臣以当世之事”，则非亮先诣备，明矣。虽闻见异辞，各生彼此，然乖背至是，亦良为可怪。

刘表长子琦，亦深器亮。表受后妻之言，爱少子琮，不悦于琦。琦每欲与亮谋自安之术，亮辄拒塞，未与处画。琦乃将亮游观后园，共上高楼，饮宴之间，令人去梯，因谓亮曰：“今日上不至天，下不至地，言出子口，入于吾耳，可以言未？”亮答曰：“君不见申生在内而危，重耳在外而安乎？”琦意感悟，阴规出计。会黄祖死，得出，遂为江夏太守。俄而表卒，琮闻曹公来征，遣使请降。先主在樊闻之，率其众南行，亮与徐庶并从，为曹公所追破，获庶母。庶辞先主而指其心曰：“本欲与将军共图王霸之业者，以此方寸之地也。今已失老母，方寸乱矣，无益于事，请从此别。”遂诣曹公。《魏略》曰：庶先名福，本单家子，少好任侠击剑。中平末，尝为人报仇，白垩突面，被发而走，为吏所得，问其姓字，闭口不言。吏乃于车上立柱维磔之，击鼓以令于市鄽，莫敢识者，而其党伍共篡解之，得脱。于是感激，弃其刀戟，更疏巾单衣，折节学问。始诣精舍，诸生闻其前作贼，不肯与共止。福乃卑躬早起，常独扫除，动静先意，听习经业，义理精熟。遂与同郡石韬相亲爱。初平中，中州兵起，乃与韬南客荆州，到，又与诸葛亮特相善。及荆州内附，孔明与刘备相随去，福与韬俱来北。至黄初中，韬仕历郡守、典农校尉，福至右中郎将、御史中丞。逮大和中，诸葛亮出陇右，闻元直、广元仕才如此，叹曰：“魏殊多士邪！何彼二人不见用乎？”庶后数年病卒，有碑在彭城，今犹存焉。

先主至于夏口，亮曰：“事急矣，请奉命求救于孙将军。”时权拥军在柴桑，观望成败，亮说权曰：“海内大乱，将军起兵据有江东，刘豫州亦收众汉南，与曹操并争天下。今操芟夷大难，略已平矣，遂破荆州，威震四海。英雄无所用武，故豫州遁逃至此。将军量力而处之：若能以吴、越之众与中国抗衡，不如早与之绝；若不能当，何不案兵束甲，北面而事之！今将军外托服从之名，而内怀犹豫之计，事急而不断，祸至无日矣！”权曰：“苟如君言，刘豫州何不遂事之乎？”亮曰：“田横，齐之壮士耳，犹守义不辱，况刘豫州王室之胄，英才盖世，众士慕仰，若水之归海，若事之不济，此乃天也，安能复为之下乎！”权勃然曰：“吾不能举全吴之地，十万之众，受制于人。吾计决矣！非刘豫州莫可以当曹操者，然豫州新败之后，安能抗此难乎？”亮曰：“豫州军虽败于长阪，今战士还者及关羽水军精甲万人，刘琦合江夏战士亦不下万人。曹操之众，远来疲敝，闻追豫州，轻骑一日一夜行三百余里，此所谓‘强弩之末，势不能穿鲁缟’者也。故兵法忌之，曰‘必蹶上将军’。且北方之人，不习水战；又荆州之民附操者，逼兵势耳，非心服也。今将军诚能命猛将统兵数万，与豫州协规同力，破操军必矣。操军破，必北还，如此则荆、吴之势强，鼎足之形成矣。成败之机，在于今日。”权大悦，即遣周瑜、程普、鲁肃等水军三万，随亮诣先主，并力拒曹公。袁子曰：张子布荐亮于孙权，亮不肯留。人问其故，曰：“孙将军可谓人主，然观其度，能贤亮而不能尽亮，吾是以不留。”臣松之以为袁孝尼著文立论，甚重诸葛之为人，至如此言则失之殊远。观亮君臣相遇，可谓希世一时，终始以分，谁能间之？宁有中违断金，甫怀择主，设使权尽其量，便当翻然去就乎？葛生行己，岂其然哉！关羽为曹公所获，遇之甚厚，可谓能尽其用矣，犹义不背本，曾谓孔明之不若云长乎！曹公败于赤壁，引军归邺。先主遂收江南，以亮为军师中郎将，使督零陵、桂阳、长沙三郡，调其赋税，以充军实。《零陵先贤传》云：亮时住临烝。

建安十六年，益州牧刘璋遣法正迎先主，使击张鲁。亮与关羽镇荆州。先主自葭萌还攻璋，亮与张飞、赵云等率众溯江，分定郡县，与先主共围成都。成都平，以亮为军师将军，署左将军府事。先主外出，亮常镇守成都，足食足兵。二十六年，群下劝先主称尊号，先主未许，亮说曰："昔吴汉、耿弇等初劝世祖即帝位，世祖辞让，前后数四，耿纯进言曰：'天下英雄喁喁，冀有所望。如不从议者，士大夫各归求主，无为从公也。'世祖感纯言深至，遂然诺之。今曹氏篡汉，天下无主，大王刘氏苗族，绍世而起，今即帝位，乃其宜也。士大夫随大王久勤苦者，亦欲望尺寸之功如纯言耳。"先主于是即帝位，策亮为丞相曰："朕遭家不造，奉承大统，兢兢业业，不敢康宁，思靖百姓，惧未能绥。於戏！丞相亮其悉朕意，无怠辅朕之阙，助宣重光，以照明天下，君其勖哉！"亮以丞相录尚书事，假节。张飞卒后，领司隶校尉。《蜀记》曰：晋初扶风王骏镇关中，司马高平刘宝、长史荥阳桓隰诸官属士大夫共论诸葛亮，于时谭者多讥亮托身非所，劳困蜀民，力小谋大，不能度德量力。金城郭冲以为亮权智英略，有逾管、晏，功业未济，论者惑焉，条亮五事隐没不闻于世者，宝等亦不能复难。扶风王慨然善冲之言。臣松之以为亮之异美，诚所原闻，然冲之所说，实皆可疑，谨随事难之如左：其一事曰：亮刑法峻急，刻剥百姓，自君子小人咸怀怨叹，法正谏曰："昔高祖入关，约法三章，秦民知德，今君假借威力，跨据一州，初有其国，未垂惠抚；且客主之义，宜相降下，愿缓刑弛禁，以慰其望。"亮答曰："君知其一，未知其二。秦以无道，政苛民怨，匹夫大呼，天下土崩，高祖因之，可以弘济。刘璋暗弱，自焉以来有累世之恩，文法羁縻，互相承奉，德政不举，威刑不肃。蜀土人士，专权自恣，君臣之道，渐以陵替；宠之以位，位极则贱，顺之以恩，恩竭则慢。所以致弊，实由于此。吾今威之以法，法行则知恩，限之以爵，爵加则知荣；荣恩并济，上下有节。为治之要，于斯而著。”难曰：案法正在刘主前死，今称法正谏，则刘主在也。诸葛职为股肱，事归元首，刘主之世，亮又未领益州，庆赏刑政，不出于己。寻冲所述亮答，专自有其能，有违人臣自处之宜。以亮谦顺之体，殆必不然。又云亮刑法峻急，刻剥百姓，未闻善政以刻剥为称。其二事曰：曹公遣刺客见刘备，方得交接，开论伐魏形势，甚合备计。稍欲亲近，刺者尚未得便会，既而亮入，魏客神色失措。亮因而察之，亦知非常人。须臾，客如厕，备谓亮曰：“向得奇士，足以助君补益。”亮问所在，备曰：“起者其人也。”亮徐叹曰：“观客色动而神惧，视低而忤数，奸形外漏，邪心内藏，必曹氏刺客也。”追之，已越墙而走。难曰：凡为刺客，皆暴虎冯河，死而无悔者也。刘主有知人之鉴，而惑于此客，则此客必一时之奇士也。又语诸葛云“足以助君补益”，则亦诸葛之流亚也。凡如诸葛之俦，鲜有为人作刺客者矣，时主亦当惜其器用，必不投之死地也。且此人不死，要应显达为魏，竟是谁乎？何其寂蔑而无闻！

章武三年春，先主于永安病笃，召亮于成都，属以后事，谓亮曰：“君才十倍曹丕，必能安国，终定大事。若嗣子可辅，辅之；如其不才，君可自取。”亮涕泣曰：“臣敢竭股肱之力，效忠贞之节，继之以死！”先主又为诏敕后主曰：“汝与丞相从事，事之如父。”孙盛曰：夫杖道扶义，体存信顺，然后能匡主济功，终定大业。语曰弈者举釭不定犹不胜其偶，况量君之才否而二三其节，可以摧服强邻囊括四海者乎？备之命亮，乱孰甚焉！世或有谓备欲以固委付之诚，且以一蜀人之志。君子曰，不然；苟所寄忠贤，则不须若斯之诲，如非其人，不宜启篡逆之涂。是以古之顾命，必贻话言；诡伪之辞，非托孤之谓。幸值刘禅闇弱，无猜险之性，诸葛威略，足以检卫异端，故使异同之心无由自起耳。不然，殆生疑隙不逞之衅。谓之为权，不亦惑哉！建兴元年，封亮武乡侯，开府治事。顷之，又领益州牧。政事无巨细，咸决于亮。南中诸郡，并皆叛乱，亮以新遭大丧，故未便加兵，且遣使聘吴，因结和亲，遂为与国。亮集曰：是岁，魏司徒华歆、司空王朗、尚书令陈群、太史令许芝、谒者仆射诸葛璋各有书与亮，陈天命人事，欲使举国称藩。亮遂不报书，作《正议》曰："昔在项羽，起不由德，虽处华夏，秉帝者之势，卒就汤镬，为后永戒。魏不审鉴，今次之矣；免身为幸，戒在子孙。而二三子各以耆艾之齿，承伪指而进书，有若崇、竦称莽之功，亦将偪于元祸苟免者邪！昔世祖之创迹旧基，奋羸卒数千，摧莽强旅四十余万于昆阳之郊。夫据道讨淫，不在众寡。及至孟德，以其谲胜之力，举数十万之师，救张郃于阳平，势穷虑悔，仅能自脱，辱其锋锐之众，遂丧汉中之地，深知神器不可妄获，旋还未至，感毒而死。子桓淫逸，继之以篡。纵使二三子多逞苏、张诡靡之说，奉进驩兜滔天之辞，欲以诬毁唐帝，讽解禹、稷，所谓徒丧文藻烦劳翰墨者矣。夫大人君子之所不为也。又军诫曰：'万人必死，横行天下。'昔轩辕氏整卒数万，制四方，定海内，况以数十万之众，据正道而临有罪，可得干拟者哉！"

三年春，亮率众南征，诏赐亮金鈇钺一具，曲盖一，前后羽葆鼓吹各一部，虎贲六十人。事在亮集。其秋悉平。军资所出，国以富饶，《汉晋春秋》曰：亮至南中，所在战捷。闻孟获者，为夷、汉所服，募生致之。既得，使观於营陈之间，问曰："此军何如？"获对曰："向者不知虚实，故败。今蒙赐观看营陈，若只如此，即定易胜耳。"亮笑，纵使更战，七纵七擒，而亮犹遣获。获止不去，曰："公，天威也，南人不复反矣。"遂至滇池。南中平，皆即其渠率而用之。或以谏亮，亮曰："若留外人，则当留兵，兵留则无所食，一不易也；加夷新伤破，父兄死丧，留外人而无兵者，必成祸患，二不易也；又夷累有废杀之罪，自嫌衅重，若留外人，终不相信，三不易也；今吾欲使不留兵，不运粮，而纲纪粗定，夷、汉粗安故耳。”乃治戎讲武，以俟大举。五年，率诸军北驻汉中，临发，上疏曰：

先帝创业未半而中道崩殂，今天下三分，益州疲敝，此诚危急存亡之秋也。然侍卫之臣不懈于内，忠志之士忘身于外者，盖追先帝之殊遇，欲报之于陛下也。诚宜开张圣听，以光先帝遗德，恢弘志士之气，不宜妄自菲薄，引喻失义，以塞忠谏之路也。宫中府中，俱为一体，陟罚臧否，不宜异同。若有作奸犯科及为忠善者，宜付有司论其刑赏，以昭陛下平明之理，不宜偏私，使内外异法也。侍中、侍郎郭攸之、费祎、董允等，此皆良实，志虑忠纯，是以先帝简拔以遗陛下。愚以为宫中之事，事无大小，悉以咨之，然后施行，必能裨补阙漏，有所广益。将军向宠，性行淑均，晓畅军事，试用于昔日，先帝称之曰能，是以众议举宠为督。愚以为营中之事，悉以咨之，必能使行陈和睦，优劣得所。亲贤臣，远小人，此先汉所以兴隆也；亲小人，远贤臣，此后汉所以倾颓也。先帝在时，每与臣论此事，未尝不叹息痛恨于桓、灵也。侍中、尚书、长史、参军，此悉贞良死节之臣，原陛下亲之信之，则汉室之隆，可计日而待也。

臣本布衣，躬耕于南阳，苟全性命于乱世，不求闻达于诸侯。先帝不以臣卑鄙，猥自枉屈，三顾臣于草庐之中，咨臣以当世之事，由是感激，遂许先帝以驱驰。后值倾覆，受任于败军之际，奉命于危难之间，尔来二十有一年矣。臣松之案：刘备以建安十三年败，遣亮使吴，亮以建兴五年抗表北伐，自倾覆至此整二十年。然则备始与亮相遇，在败军之前一年时也。先帝知臣谨慎，故临崩寄臣以大事也。受命以来，夙夜忧叹，恐托付不效，以伤先帝之明，故五月渡泸，深入不毛。《汉书·地理志》曰：泸惟水出牂牁郡句町县。今南方已定，兵甲已足，当奖率三军，北定中原，庶竭驽钝，攘除奸凶，兴复汉室，还于旧都。此臣所以报先帝，而忠陛下之职分也。至于斟酌损益，进尽忠言，则攸之、祎、允之任也。愿陛下托臣以讨贼兴复之效；不效，则治臣之罪，以告先帝之灵。若无兴德之言，则责攸之、祎、允等之慢，以彰其咎。陛下亦宜自谋，以谘诹善道，察纳雅言，深追先帝遗诏。臣不胜受恩感激，今当远离，临表涕零，不知所言。

遂行，屯于沔阳。郭冲三事曰：亮屯于阳平，遣魏延诸军并兵东下，亮惟留万人守城。晋宣帝率二十万众拒亮，而与延军错道，径至前，当亮六十里所，侦候白宣帝说亮在城中兵少力弱。亮亦知宣帝垂至，已与相偪，欲前赴延军，相去又远，回迹反追，势不相及，将士失色，莫知其计。亮意气自若，敕军中皆卧旗息鼓，不得妄出菴幔，又令大开四城门，埽地却洒。宣帝常谓亮持重，而猥见势弱，疑其有伏兵，於是引军北趣山。明日食时，亮谓参佐拊手大笑曰："司马懿必谓吾怯，将有强伏，循山走矣。"候逻还白，如亮所言。宣帝后知，深以为恨。难曰：案阳平在汉中。亮初屯阳平，宣帝尚为荆州都督，镇宛城，至曹真死后，始与亮於关中相抗御耳。魏尝遣宣帝自宛由西城伐蜀，值霖雨，不果。此之前后，无复有于阳平交兵事。就如冲言，宣帝既举二十万众，已知亮兵少力弱，若疑其有伏兵，正可设防持重，何至便走乎？案《魏延传》云："延每随亮出，辄欲请精兵万人，与亮异道会于潼关，亮制而不许；延常谓亮为怯，叹己才用之不尽也。”亮尚不以延为万人别统，岂得如冲言，顿使将重兵在前，而以轻弱自守乎？且冲与扶风王言，显彰宣帝之短，对子毁父，理所不容，而云“扶风王慨然善冲之言”，故知此书举引皆虚。

六年春，扬声由斜谷道取郿，使赵云、邓芝为疑军，据箕谷，魏大将军曹真举众拒之。亮身率诸军攻祁山，戎陈整齐，赏罚肃而号令明，南安、天水、安定三郡叛魏应亮，关中响震。《魏略》曰：始，国家以蜀中惟有刘备。备既死，数岁寂然无声，是以略无备预；而卒闻亮出，朝野恐惧，陇右、祁山尤甚，故三郡同时应亮。魏明帝西镇长安，命张郃拒亮，亮使马谡督诸军在前，与郃战于街亭。谡违亮节度，举动失宜，大为郃所破。亮拔西县千余家，还于汉中，郭冲四事曰：亮出祁山，陇西、南安二郡应时降，围天水，拔冀城，虏姜维，驱略士女数千人还蜀。人皆贺亮，亮颜色愀然有戚容，谢曰：“普天之下，莫非汉民，国家威力未举，使百姓困于豺狼之吻。一夫有死，皆亮之罪，以此相贺，能不为愧。”于是蜀人咸知亮有吞魏之志，非惟拓境而已。难曰：亮有吞魏之志久矣，不始于此众人方知也，且于时师出无成，伤缺而反者众，三郡归降而不能有。姜维，天水之匹夫耳，获之则于魏何损？拔西县千家，不补街亭所丧，以何为功，而蜀人相贺乎？戮谡以谢众。上疏曰：“臣以弱才，叨窃非据，亲秉旄钺以厉三军，不能训章明法，临事而惧，至有街亭违命之阙，箕谷不戒之失，咎皆在臣授任无方。臣明不知人，恤事多暗，春秋责帅，臣职是当。请自贬三等，以督厥咎。”于是以亮为右将军，行丞相事，所总统如前。《汉晋春秋》曰：或劝亮更发兵者，亮曰：“大军在祁山、箕谷，皆多于贼，而不能破贼为贼所破者，则此病不在兵少也，在一人耳。今欲减兵省将，明罚思过，校变通之道于将来；若不能然者，虽兵多何益！自今已后，诸有忠虑于国，但勤攻吾之阙，则事可定，贼可死，功可蹻足而待矣。”于是考微劳，甄烈壮，引咎责躬，布所失于天下，厉兵讲武，以为后图，戎士简练，民忘其败矣。亮闻孙权破曹休，魏兵东下，关中虚弱。十一月，上言曰：“先帝虑汉、贼不两立，王业不偏安，故托臣以讨贼也。以先帝之明，量臣之才，故知臣伐贼才弱敌强也；然不伐贼，王业亦亡，惟坐待亡，孰与伐之？是故托臣而弗疑也。臣受命之日，寝不安席，食不甘味，思惟北征，宜先入南，故五月渡泸，深入不毛，并日而食。臣非不自惜也，顾王业不得偏全于蜀都，故冒危难以奉先帝之遗意也，而议者谓为非计。今贼适疲于西，又务于东，兵法乘劳，此进趋之时也。谨陈其事如左：高帝明并日月，谋臣渊深，然涉险被创，危然后安。今陛下未及高帝，谋臣不如良、平，而欲以长计取胜，坐定天下，此臣之未解一也。刘繇、王朗各据州郡，论安言计，动引圣人，群疑满腹，众难塞胸，今岁不战，明年不征，使孙策坐大，遂并江东，此臣之未解二也。曹操智计殊绝于人，其用兵也，仿佛孙、吴，然困于南阳，险于乌巢，危于祁连，逼于黎阳，几败北山，殆死潼关，然后伪定一时耳，况臣才弱，而欲以不危而定之，此臣之未解三也。曹操五攻昌霸不下，四越巢湖不成，任用李服而李服图之，委夏侯而夏侯败亡，先帝每称操为能，犹有此失，况臣驽下，何能必胜？此臣之未解四也。自臣到汉中，中间期年耳，然丧赵云、阳群、马玉、阎芝、丁立、白寿、刘郃、邓铜等及曲长屯将七十余人，突将、无前、賨叟、青羌、散骑、武骑一千余人，此皆数十年之内所纠合四方之精锐，非一州之所有，若复数年，则损三分之二也，当何以图敌？此臣之未解五也。今民穷兵疲，而事不可息，事不可息，则住与行劳费正等，而不及今图之，欲以一州之地与贼持久，此臣之未解六也。夫难平者，事也。昔先帝败军于楚，当此时，曹操拊手，谓天下以定。然后先帝东连吴、越，西取巴、蜀，举兵北征，夏侯授首，此操之失计而汉事将成也。然后吴更违盟，关羽毁败，秭归蹉跌，曹丕称帝。凡事如是，难可逆见。臣鞠躬尽力，死而后已，至于成败利钝，非臣之明所能逆睹也。”于是有散关之役。此表，亮集所无，出张俨《默记》。

冬，亮复出散关，围陈仓，曹真拒之，亮粮尽而还。魏将王双率骑追亮，亮与战，破之，斩双。七年，亮遣陈式攻武都、阴平。魏雍州刺史郭淮率众欲击式，亮自出至建威，淮退还，遂平二郡。诏策亮曰：“街亭之役，咎由马谡，而君引愆，深自贬抑，重违君意，听顺所守。前年燿师，馘斩王双；今岁爰征，郭淮遁走；降集氐、羌，兴复二郡，威镇凶暴，功勋显然。方今天下骚扰，元恶未枭，君受大任，幹国之重，而久自挹损，非所以光扬洪烈矣。今复君丞相，君其勿辞。”《汉晋春秋》曰：是岁，孙权称尊号，其群臣以并尊二帝来告。议者咸以为交之无益，而名体弗顺，宜显明正义，绝其盟好。亮曰：“权有僭逆之心久矣，国家所以略其衅情者，求掎角之援也。今若加显绝，雠我必深，便当移兵东伐，与之角力，须并其土，乃议中原。彼贤才尚多，将相缉穆，未可一朝定也。顿兵相持，坐而须老，使北贼得计，非算之上者。昔孝文卑辞匈奴，先帝优与吴盟，皆应权通变，弘思远益，非匹夫之为忿者也。今议者咸以权利在鼎足，不能并力，且志望以满，无上岸之情，推此，皆似是而非也。何者？其智力不侔，故限江自保；权之不能越江，犹魏贼之不能渡汉，非力有余而利不取也。若大军致讨，彼高当分裂其地以为后规，下当略民广境，示武于内，非端坐者也。若就其不动而睦于我，我之北伐，无东顾之忧，河南之众不得尽西，此之为利，亦已深矣。权僭之罪，未宜明也。”乃遣卫尉陈震庆权正号。

九年，亮复出祁山，以木牛运，《汉晋春秋》曰：亮围祁山，招鲜卑轲比能，比能等至故北地石城以应亮。于是魏大司马曹真有疾，司马宣王自荆州入朝，魏明帝曰：“西方事重，非君莫可付者。”乃使西屯长安，督张郃、费曜、戴陵、郭淮等。宣王使曜、陵留精兵四千守上邽，余众悉出，西救祁山。郃欲分兵驻雍、郿，宣王曰：“料前军能独当之者，将军言是也；若不能当而分为前后，此楚之三军所以为黥布禽也。”遂进。亮分兵留攻，自逆宣王于上邽。郭淮、费曜等徼亮，亮破之，因大芟刈其麦，与宣王遇于上邽之东，敛兵依险，军不得交，亮引而还。宣王寻亮至于卤城。张郃曰：“彼远来逆我，请战不得，谓我利在不战，欲以长计制之也。且祁山知大军以在近，人情自固，可止屯于此，分为奇兵，示出其后，不宜进前而不敢逼，坐失民望也。今亮悬军食少，亦行去矣。”宣王不从，故寻亮。既至，又登山掘营，不肯战。贾栩、魏平数请战，因曰：“公畏蜀如虎，奈天下笑何！”宣王病之。诸将咸请战。五月辛巳，乃使张郃攻无当监何平于南围，自案中道向亮。亮使魏延、高翔、吴班赴拒，大破之，获甲首三千级，玄铠五千领，角弩三千一百张，宣王还保营。粮尽退军，与魏将张郃交战，射杀郃。郭冲五事曰：魏明帝自征蜀，幸长安，遣宣王督张郃诸军，雍、凉劲卒三十余万，潜军密进，规向剑阁。亮时在祁山，旌旗利器，守在险要，十二更下，在者八万。时魏军始陈，幡兵适交，参佐咸以贼众强盛，非力不制，宜权停下兵一月，以并声势。亮曰：“吾统武行师，以大信为本，得原失信，古人所惜；去者束装以待期，妻子鹤望而计日，虽临征难，义所不废。”皆催遣令去。于是去者感悦，愿留一战，住者愤踊，思致死命。相谓曰：“诸葛公之恩，死犹不报也。”临战之日，莫不拔刃争先，以一当十，杀张郃，却宣王，一战大克，此信之由也。难曰：臣松之案：亮前出祁山，魏明帝身至长安耳，此年不复自来。且亮大军在关、陇，魏人何由得越亮径向剑阁？亮既在战场，本无久住之规，而方休兵还蜀，皆非经通之言。孙盛、习凿齿搜求异同，罔有所遗，而并不载冲言，知其乖刺多矣。十二年春，亮悉大众由斜谷出，以流马运，据武功五丈原，与司马宣王对于渭南。亮每患粮不继，使己志不申，是以分兵屯田，为久驻之基。耕者杂于渭滨居民之间，而百姓安堵，军无私焉。《汉晋春秋》曰：亮自至，数挑战。宣王亦表固请战。使卫尉辛毗持节以制之。姜维谓亮曰："辛佐治仗节而到，贼不复出矣。"亮曰："彼本无战情，所以固请战者，以示武于其众耳。将在军，君命有所不受，苟能制吾，岂千里而请战邪！"《魏氏春秋》曰：亮使至，问其寝食及其事之烦简，不问戎事。使对曰："诸葛公夙兴夜寐，罚二十以上，皆亲揽焉；所啖食不至数升。"宣王曰："亮将死矣。"相持百余日。其年八月，亮疾病，卒于军，时年五十四。《魏书》曰：亮粮尽势穷，忧恚呕血，一夕烧营遁走，入谷，道发病卒。《汉晋春秋》曰：亮卒于郭氏坞。《晋阳秋》曰：有星赤而芒角，自东北西南流，投于亮营，三投再还，往大还小。俄而亮卒。臣松之以为亮在渭滨，魏人蹑迹，胜负之形，未可测量，而云呕血，盖因亮自亡而自夸大也。夫以孔明之略，岂为仲达呕血乎？及至刘琨丧师，与晋元帝笺亦云"亮军败呕血"，此则引虚记以为言也。其云入谷而卒，缘蜀人入谷发丧故也。及军退，宣王案行其营垒处所，曰："天下奇才也！"《汉晋春秋》曰：杨仪等整军而出，百姓奔告宣王，宣王追焉。姜维令仪反旗鸣鼓，若将向宣王者，宣王乃退，不敢逼。于是仪结阵而去，入谷然后发丧。宣王之退也，百姓为之谚曰："死诸葛走生仲达。"或以告宣王，宣王曰："吾能料生，不便料死也。”

亮遗命葬汉中定军山，因山为坟，冢足容棺，敛以时服，不须器物。诏策曰：“惟君体资文武，明叡笃诚，受遗托孤，匡辅朕躬，继绝兴微，志存靖乱；爰整六师，无岁不征，神武赫然，威镇八荒，将建殊功于季汉，参伊、周之巨勋。如何不吊，事临垂克，遘疾陨丧！朕用伤悼，肝心若裂。夫崇德序功，纪行命谥，所以光昭将来，刊载不朽。今使使持节左中郎将杜琼，赠君丞相武乡侯印绶，谥君为忠武侯。魂而有灵，嘉兹宠荣。呜呼哀哉！呜呼哀哉！”

初，亮自表后主曰：“成都有桑八百株，薄田十五顷，子弟衣食，自有余饶。至于臣在外任，无别调度，随身衣食，悉仰于官，不别治生，以长尺寸。若臣死之日，不使内有余帛，外有赢财，以负陛下。”及卒，如其所言。

亮性长于巧思，损益连弩，木牛流马，皆出其意；推演兵法，作八陈图，咸得其要云。《魏氏春秋》曰：亮作八务、七戒、六恐、五惧，皆有条章，以训厉臣子。又损益连弩，谓之元戎，以铁为矢，矢长八寸，一弩十矢俱发。亮集载《作木牛流马法》曰：“木牛者，方腹曲头，一脚四足，头入领中，舌著于腹。载多而行少，宜可大用，不可小使；特行者数十里，群行者二十里也。曲者为牛头，双者为牛脚，横者为牛领，转者为牛足，覆者为牛背，方者为牛腹，垂者为牛舌，曲者为牛肋，刻者为牛齿，立者为牛角，细者为牛鞅，摄者为牛鞦轴。牛仰双辕，人行六尺，牛行四步。载一岁粮，日行二十里，而人不大劳。流马尺寸之数，肋长三尺五寸，广三寸，厚二寸二分，左右同。前轴孔分墨去头四寸，径中二寸。前脚孔分墨二寸，去前轴孔四寸五分，广一寸。前杠孔去前脚孔分墨二寸七分，孔长二寸，广一寸。后轴孔去前杠分墨一尺五分，大小与前同。后脚孔分墨去后轴孔三寸五分，大小与前同。后杠孔去后脚孔分墨二寸七分，后载剋去后杠孔分墨四寸五分。前杠长一尺八寸，广二寸，厚一寸五分。后杠与等版方囊二枚，厚八分，长二尺七寸，高一尺六寸五分，广一尺六寸，每枚受米二斛三斗。从上杠孔去肋下七寸，前后同。上杠孔去下杠孔分墨一尺三寸，孔长一寸五分，广七分，八孔同。前后四脚，广二寸，厚一寸五分。形制如象，靬长四寸，径面四寸三分。孔径中三脚杠，长二尺一寸，广一寸五分，厚一寸四分，同杠耳。"亮言教书奏多可观，别为一集。

景耀六年春，诏为亮立庙于沔阳。《襄阳记》曰：亮初亡，所在各求为立庙，朝议以礼秩不听，百姓遂因时节私祭之于道陌上。言事者或以为可听立庙于成都者，后主不从。步兵校尉习隆、中书郎向充等共上表曰："臣闻周人怀召伯之德，甘棠为之不伐；越王思范蠡之功，铸金以存其像。自汉兴以来，小善小德而图形立庙者多矣。况亮德范遐迩，勋盖季世，王室之不坏，实斯人是赖，而蒸尝止于私门，庙像阙而莫立，使百姓巷祭，戎夷野祀，非所以存德念功，述追在昔者也。今若尽顺民心，则渎而无典，建之京师，又偪宗庙，此圣怀所以惟疑也。臣愚以为宜因近其墓，立之于沔阳，使所亲属以时赐祭，凡其臣故吏欲奉祠者，皆限至庙。断其私祀，以崇正礼。"于是始从之。秋，魏镇西将军钟会征蜀，至汉川，祭亮之庙，令军士不得于亮墓所左右刍牧樵采。亮弟均，官至长水校尉。亮子瞻，嗣爵。《襄阳记》曰：黄承彦者，高爽开列，为沔南名士，谓诸葛孔明曰："闻君择妇；身有丑女，黄头黑色，而才堪相配。"孔明许，即载送之。时人以为笑乐，乡里为之谚曰："莫作孔明择妇，正得阿承丑女。"

诸葛氏集目录　开府作牧第一　权制第二　南征第三　北出第四

计算第五　训厉第六　综覈上第七　综覈下第八　杂言上第九　杂言下第十　贵和第十一　兵要第十二　传运第十三　与孙权书第十四　与诸葛瑾书第十五　与孟达书第十六　废李平第十七　法检上第十八　法检下第十九　科令上第二十　科令下第二十一　军令上第二十二　军令中第二十三　军令下第二十四

右二十四篇，凡十万四千一百一十二字。

臣寿等言：臣前在著作郎，侍中领中书监济北侯臣荀勖、中书令关内侯臣和峤奏，使臣定故蜀丞相诸葛亮故事。亮毗佐危国，负阻不宾，然犹存录其言，耻善有遗，诚是大晋光明至德，泽被无疆，自古以来，未之有伦也。辄删除复重，随类相从，凡为二十四篇，篇名如右。

亮少有逸群之才，英霸之器，身长八尺，容貌甚伟，时人异焉。遭汉末扰乱，随叔父玄避难荆州，躬耕于野，不求闻达。时左将军刘备以亮有殊量，乃三顾亮于草庐之中；亮深谓备雄姿杰出，遂解带写诚，厚相结纳。及魏武帝南征荆州，刘琮举州委质，而备失势众寡，无立锥之地。亮时年二十七，乃建奇策，身使孙权，求援吴会。权既宿服仰备，又睹亮奇雅，甚敬重之，即遣兵三万人以助备。备得用与武帝交战，大破其军，乘胜克捷，江南悉平。后备又西取益州。益州既定，以亮为军师将军。备称尊号，拜亮为丞相，录尚书事。及备殂没，嗣子幼弱，事无巨细，亮皆专之。于是外连东吴，内平南越，立法施度，整理戎旅，工械技巧，物究其极，科教严明，赏罚必信，无恶不惩，无善不显，至于吏不容奸，人怀自厉，道不拾遗，强不侵弱，风化肃然也。

当此之时，亮之素志，进欲龙骧虎视，苞括四海，退欲跨陵边疆，震荡宇内。又自以为无身之日，则未有能蹈涉中原、抗衡上国者，是以用兵不戢，屡耀其武。然亮才，于治戎为长，奇谋为短，理民之干，优于将略。而所与对敌，或值人杰，加众寡不侔，攻守异体，故虽连年动众，未能有克。昔萧何荐韩信，管仲举王子城父，皆忖己之长，未能兼有故也。亮之器能政理，抑亦管、萧之亚匹也，而时之名将无城父、韩信，故使功业陵迟，大义不及邪？盖天命有归，不可以智力争也。

青龙二年春，亮帅众出武功，分兵屯田，为久驻之基。其秋病卒，黎庶追思，以为口实。至今梁、益之民，咨述亮者，言犹在耳，虽甘棠之咏召公，郑人之歌子产，无以远譬也。孟轲有云："以逸道使民，虽劳不怨；以生道杀人，虽死不忿。"信矣！论者或怪亮文采不艳，而过于丁宁周至。臣愚以为咎繇大贤也、周公圣人也，考之《尚书》，咎繇之谟略而雅，周公之诰烦而悉。何则？咎繇与舜、禹共谈，周公与群下矢誓故也。亮所与言，尽众人凡士，故其文指不得及远也。然其声教遗言，皆经事综物，公诚之心，形于文墨，足以知其人之意理，而有补于当世。

伏惟陛下迈踪古圣，荡然无忌，故虽敌国诽谤之言，咸肆其辞而无所革讳，所以明大通之道也。谨录写上诣著作。臣寿诚惶诚恐，顿首顿首，死罪死罪。泰始十年二月一日癸巳，平阳侯相臣陈寿上。

乔字伯松，亮兄瑾之第二子也，本字仲慎。与兄元逊俱有名于时，论者以为乔才不及兄，而性业过之。初，亮未有子，求乔为嗣，瑾启孙权遣乔来西，亮以乔为己適子，故易其字焉。拜为驸马都尉，随亮至汉中。亮与兄瑾书曰："乔本当还成都，今诸将子弟皆得传运，思惟宜同荣辱。今使乔督五六百兵，与诸子弟传于谷中。"书在亮集。年二十五，建兴（元）年卒。子攀，官至行护军翊武将军，亦早卒。诸葛恪见诛于吴，子孙皆尽，而亮自有胄裔，故攀还复为瑾后。

瞻字思远。建兴十二年，亮出武功，与兄瑾书曰："瞻今已八岁，聪慧可爱，嫌其早成，恐不为重器耳。"年十七，尚公主，拜骑都尉。其明年为羽林中郎将，屡迁射声校尉、侍中、尚书仆射，加军师将军。瞻工书画，强识念，蜀人追思亮，咸爱其才敏。每朝廷有一善政佳事，虽非瞻所建倡，百姓皆传相告曰："葛侯之所为也。"是以美声溢誉，有过其实。景耀四年，为行都护卫将军，与辅国大将军南乡侯董厥并平尚书事。六年冬，魏征西将军邓艾伐蜀，自阴平由景谷道旁入。瞻督诸军至涪停住，前锋破，退还，住绵竹。艾遣书诱瞻曰："若降者必表为琅邪王。"瞻怒，斩艾使。遂战，大败，临陈死，时年三十七。众皆离散，艾长驱至成都。瞻长子尚，与瞻俱没。干宝曰：瞻虽智不足以扶危，勇不足以拒敌，而能外不负国，内不改父之志，忠孝存焉。《华阳国志》曰：尚叹曰："父子荷国重恩，不早斩黄皓，以致倾败，用生何为！"乃驰赴魏军而死。次子京及攀子显等，咸熙元年内移河东。案《诸葛氏谱》云：京字行宗。《晋泰始起居注》载诏曰："诸葛亮在蜀，尽其心力，其子瞻临难而死义，天下之善一也。"其孙京，随才署吏，后为郿令。尚书仆射山涛启事曰："郿令诸葛京，祖父亮，遇汉乱分隔，父子在蜀，虽不达天命，要为尽心所事。京治郿自复有称，臣以为宜以补东宫舍人，以明事人之理，副梁、益之论。"京位至江州刺史。

董厥者，丞相亮时为府令史，亮称之曰："董令史，良士也。吾每与之言，思慎宜适。"徙为主簿。亮卒后，稍迁至尚书仆射，代陈祗为尚书令，迁大将军，平台事，而义阳樊建代焉。案《晋百官表》：董厥字龚袭，亦义阳人。建字长元。延熙（二）十四年，以校尉使吴，值孙权病笃，不自见建。权问诸葛恪曰："樊建何如宗预也？"恪对曰："才识不及预，而雅性过之。"后为侍中，守尚书令。自瞻、厥、建统事，姜维常征伐在外，宦人黄皓窃弄机柄，咸共将护，无能匡矫，孙盛《异同记》曰：瞻、厥等以维好战无功，国内疲敝，宜表后主，召还为益州刺史，夺其兵权；蜀长老犹有瞻表以阎宇代维故事。晋永和三年，蜀史常璩说蜀长老云："陈寿尝为瞻吏，为瞻所辱，故因此事归恶黄皓，而云瞻不能匡矫也。"然建特不与皓和好往来。蜀破之明年春，厥、建俱诣京都，同为相国参军，其秋并兼散骑常侍，使蜀慰劳。《汉晋春秋》曰：樊建为给事中，晋武帝问诸葛亮之治国，建对曰："闻恶必改，而不矜过，赏罚之信，足感神明。"帝曰："善哉！使我得此人以自辅，岂有今日之劳乎！"建稽首曰："臣窃闻天下之论，皆谓邓艾见枉，陛下知而不理，此岂冯唐之所谓'虽得颇、牧而不能用'者乎！"帝笑曰："吾方欲明之，卿言起我意。"于是发诏治艾焉。

评曰：诸葛亮之为相国也，抚百姓，示仪轨，约官职，从权制，开诚心，布公道；尽忠益时者虽雠必赏，犯法怠慢者虽亲必罚，服罪输情者虽重必释，游辞巧饰者虽轻必戮；善无微而不赏，恶无纤而不贬；庶事精练，物理其本，循名责实，虚伪不齿；终于邦域之内，咸畏而爱之，刑政虽峻而无怨者，以其用心平而劝戒明也。可谓识治之良才，管、萧之亚匹矣。然连年动众，未能成功，盖应变将略，非其所长欤！

袁子曰：或问诸葛亮何如人也，袁子曰：张飞、关羽与刘备俱起，爪牙腹心之臣，而武人也。晚得诸葛亮，因以为佐相，而群臣悦服，刘备足信、亮足重故也。及其受六尺之孤，摄一国之政，事凡庸之君，专权而不失礼，行君事而国人不疑，如此即以为君臣百姓之心欣戴之矣。行法严而国人悦服，用民尽其力而下不怨。及其兵出入如宾，行不寇，刍荛者不猎，如在国中。其用兵也，止如山，进退如风，兵出之日，天下震动，而人心不忧。亮死至今数十年，国人歌思，如周人之思召公也，孔子曰“雍也可使南面”，诸葛亮有焉。又问诸葛亮始出陇右，南安、天水、安定三郡人反应之，若亮速进，则三郡非中国之有也，而亮徐行不进；既而官兵上陇，三郡复，亮无尺寸之功，失此机，何也？袁子曰：蜀兵轻锐，良将少，亮始出，未知中国强弱，是以疑而尝之；且大会者不求近功，所以不进也。曰：何以知其疑也？袁子曰：初出迟重，屯营重复，后转降未进兵欲战，亮勇而能斗，三郡反而不速应，此其疑徵也。曰：何以知其勇而能斗也？袁子曰：亮之在街亭也，前军大破，亮屯去数里，不救；官兵相接，又徐行，此其勇也。亮之行军，安静而坚重；安静则易动，坚重则可以进退。亮法令明，赏罚信，士卒用命，赴险而不顾，此所以能斗也。曰：亮率数万之众，其所兴造，若数十万之功，是其奇者也。所至营垒、井灶、圊溷、藩篱、障塞皆应绳墨，一月之行，去之如始至，劳费而徒为饰好，何也？袁子曰：蜀人轻脱，亮故坚用之。曰：何以知其然也？袁子曰：亮治实而不治名，志大而所欲远，非求近速者也。曰：亮好治官府、次舍、桥梁、道路，此非急务，何也？袁子曰：小国贤才少，故欲其尊严也。亮之治蜀，田畴辟，仓廪实，器械利，蓄积饶，朝会不华，路无醉人。夫本立故末治，有余力而后及小事，此所以劝其功也。曰：子之论诸葛亮，则有证也。以亮之才而少其功，何也？袁子曰：亮，持本者也，其于应变，则非所长也，故不敢用其短。曰：然则吾子美之，何也？袁子曰：此固贤者之远矣，安可以备体责也。夫能知所短而不用，此贤者之大也；知所短则知所长矣。夫前识与言而不中，亮之所不用也，此吾之所谓可也。

吴大鸿胪张俨作《默记》，其《述佐篇》论亮与司马宣王书曰：汉朝倾覆，天下崩坏，豪杰之士，竞希神器。魏氏跨中土，刘氏据益州，并称兵海内，为世霸主。诸葛、司马二相，遭值际会，托身明主，或收功于蜀汉，或册名于伊、洛。丕、备既没，后嗣继统，各受保阿之任，辅翼幼主，不负然诺之诚，亦一国之宗臣，霸王之贤佐也。历前世以观近事，二相优劣，可得而详也。孔明起巴、蜀之地，蹈一州之土，方之大国，其战士人民，盖有九分之一也，而以贡贽大吴，抗对北敌，至使耕战有伍，刑法整齐，提步卒数万，长驱祁山，慨然有饮马河、洛之志。仲达据天下十倍之地，仗兼并之众，据牢城，拥精锐，无擒敌之意，务自保全而已，使彼孔明自来自去。若此人不亡，终其志意，连年运思，刻日兴谋，则凉、雍不解甲，中国不释鞍，胜负之势，亦已决矣。昔子产治郑，诸侯不敢加兵，蜀相其近之矣。方之司马，不亦优乎！或曰，兵者凶器，战者危事也，有国者不务保安境内，绥静百姓，而好开辟土地，征伐天下，未为得计也。诸葛丞相诚有匡佐之才，然处孤绝之地，战士不满五万，自可闭关守险，君臣无事。空劳师旅，无岁不征，未能进咫尺之地，开帝王之基，而使国内受其荒残，西土苦其役调。魏司马懿才用兵众，未易可轻，量敌而进，兵家所慎；若丞相必有以策之，则未见坦然之勋，若无策以裁之，则非明哲之谓，海内归向之意也，余窃疑焉，请闻其说。答曰：盖闻汤以七十里、文王以百里之地而有天下，皆用征伐而定之。揖让而登王位者，惟舜、禹而已。今蜀、魏为敌战之国，势不俱王，自操、备时，强弱悬殊，而备犹出兵阳平，擒夏侯渊。羽围襄阳，将降曹仁，生获于禁，当时北边大小忧惧，孟德身出南阳，乐进、徐晃等为救，围不即解，故蒋子通言彼时有徙许渡河之计，会国家袭取南郡，羽乃解军。玄德与操，智力多少，士众众寡，用兵行军之道，不可同年而语，犹能暂以取胜，是时又无大吴掎角之势也。今仲达之才，减于孔明，当时之势，异于曩日，玄德尚与抗衡，孔明何以不可出军而图敌邪？昔乐毅以弱燕之众，兼从五国之兵，长驱强齐，下七十余城。今蜀汉之卒，不少燕军，君臣之接，信于乐毅，加以国家为唇齿之援，东西相应，首尾如蛇，形势重大，不比于五国之兵也，何惮于彼而不可哉？夫兵以奇胜，制敌以智，土地广狭，人马多少，未可偏恃也。余观彼治国之体，当时既肃整，遗教在后，及其辞意恳切，陈进取之图，忠谋謇謇，义形于主，虽古之管、晏，何以加之乎？

《蜀记》曰：晋永兴中，镇南将军刘弘至隆中，观亮故宅，立碣表闾，命太傅掾犍为李兴为文曰："天子命我，于沔之阳，听鼓鼙而永思，庶先哲之遗光，登隆山以远望，轼诸葛之故乡。盖神物应机，大器无方，通人靡滞，大德不常。故谷风发而驺虞啸，云雷升而潜鳞骧；挚解褐于三聘，尼得招而褰裳，管豹变于受命，贡感激以回庄，异徐生之摘宝，释卧龙于深藏，伟刘氏之倾盖，嘉吾子之周行。夫有知己之主，则有竭命之良，固所以三分我汉鼎，跨带我边荒，抗衡我北面，驰骋我魏疆者也。英哉吾子，独含天灵。岂神之祇，岂人之精？何思之深，何德之清！异世通梦，恨不同生。推子八阵，不在孙、吴，木牛之奇，则非般模，神弩之功，一何微妙！千井齐甃，又何秘要！昔在颠、夭，有名无迹，孰若吾侪，良筹妙画？臧文既没，以言见称，又未若子，言行并徵。夷吾反坫，乐毅不终，奚比于尔，明哲守冲。临终受寄，让过许由，负扆莅事，民言不流。刑中于郑，教美于鲁，蜀民知耻，河、渭安堵。匪皋则伊，宁彼管、晏，岂徒圣宣，慷慨屡叹！昔尔之隐，卜惟此宅，仁智所处，能无规廓。日居月诸，时殒其夕，谁能不殁，贵有遗格。惟子之勋，移风来世，咏歌与典，懦夫将厉。遐哉邈矣，厥规卓矣，凡若吾子，难可究已。畴昔之乖，万里殊涂；今我来思，觌尔故墟。汉高归魂于丰、沛，太公五世而反周，想罔两以仿佛，冀影响之有余。魂而有灵，岂其识诸！”

王隐《晋书》云：李兴，密之子，一名安。

参考文献

司马迁:《史记》，中华书局，1959 年版。

班固:《汉书》，中华书局，1964 年版。

范晔:《后汉书》，中华书局，1965 年版。

陈寿撰，裴松之注:《三国志》，中华书局，1964 年版。

司马光:《资治通鉴》，中华书局，1956 年版。

房玄龄:《晋书》，中华书局，1974 年版。

萧子显:《南齐书》，中华书局，1983 年版。

郦道元注，杨守敬、熊会贞疏 :《水经注疏》，江苏古籍出版社，1989 年版。

郦道元注，陈桥驿校:《水经注校证》，中华书局，2007 年版。

司马彪:《续汉书》，中华书局，1965 年版。

习凿齿撰，舒焚校注:《襄阳耆旧记校注》，荆楚书社，1986 年版。

诸葛亮著，段熙仲、闻旭初编校:《诸葛亮集》，中华书局，2014年版。

顾祖禹:《读史方舆纪要》，中华书局，2005年版。

王象之:《舆地纪胜》，江苏广陵古籍刻印社影印本，1991年版。

徐震堮:《世说新语校笺》，中华书局，1984年版。

陈曦译注:《孙子兵法》，中华书局，2018年版。

吕不韦著，陈奇猷校释:《吕氏春秋新校释》，上海古籍出版社，2002年版。

刘向:《战国策》，上海古籍出版社，1985年版。

刘向撰，赵善诒疏证:《说苑疏证》，华东师范大学出版社，1985年版。

吴则虞:《晏子春秋集释》，《新编诸子集成》，中华书局，1962年版。

萧统编，李贤注:《文选》，上海古籍出版社，1986年版。

程树德撰:《论语集释》，《新编诸子集成》，中华书局，1990年版。

黎翔凤撰:《管子校注》，《新编诸子集成》，中华书局，2004年版。

傅亚庶:《三曹诗文全集译注》，吉林文史出版社，1997年版。

唐长孺:《山居存稿续编》，中华书局，2011年版。

余明侠:《诸葛亮评传》，南京大学出版社，1996年版。

郭清华:《武侯墓祠匾联集注》，陕西旅游出版社，1999年版。

朱大渭，梁满仓:《诸葛亮大传》，中华书局，2007年版。

柳春藩:《正说诸葛亮》，中国青年出版社，2008年版。

叶植:《襄阳城变迁考辨》，《江汉考古》，2018年第4期。

叶植:《〈襄阳耆旧记〉史料价值献疑》，《南京晓庄学院学报》，

2015 年第 1 期。

叶植：《〈襄阳耆旧记〉所载习珍忠烈事迹献疑》，载《诸葛亮与三国文化》(四)，四川科学技术出版社，2011 年版。

叶植:《刘表墓补正》,《华夏考古》，2014 年第 1 期。

叶植：《略论汉末襄阳冠盖里》，载《中国魏晋南北朝史学会第十届年会暨国际学术研讨会论文集》，北岳文艺出版社，2012 年版。

襄阳市博物馆：《湖北襄阳城内三国时期的多室墓清理报告》,《江汉考古》，1995 年第 3 期。

襄阳市文物考古研究所:《襄樊考古文集》，科学出版社,2007 年版。

梁满仓：《诸葛玄死于西城考》,《湖北文理学院学报》，2013 年第 9 期。

梁满仓:《论诸葛亮的精神生命》,《襄樊学院学报》,2001 年第 6 期。

梁满仓：《诸葛亮执法的四个特点》,《临沂大学学报》，2016 年第 1 期。

丁邦友、魏晓明：《人才资源与三国鼎立》,《广东社会科学》，1996 年第 5 期。

陈跃钧:《江陵楚墓出土双矢并射连发弩研究》,《文物》，1990 年第 5 期。

沈仲常:《蜀汉铜弩机》,《文物》，1976 年第 4 期。

耿振东：《诸葛亮治蜀对〈管子〉的借鉴》,《成都大学学报》，2009 年第 1 期。

余鹏飞：《“诸葛亮成才之路”浅议》,《湖北文理学院学报》，2013 年第 12 期。

余鹏飞:《刘表荆州政绩浅议》,《襄樊学院学报》, 2000 年第 1 期。

王奎、余鹏飞:《浅论刘表与诸葛亮》,《襄樊学院学报》, 2009 年第 1 期。

夏日新:《襄沔大族与三国政权》,《荆楚学刊》, 2014 年第 3 期。

夏日新:《诸葛亮与汉末荆州政权》,《江汉论坛》, 1999 年第 12 期。

黄惠贤:《襄阳"冠盖里"考释》,《襄樊学院学报》,2000 年第 6 期。

鲁锦寰:《汉末荆州学派与三国政治》,《中州学刊》,1982 年第 4 期。

刘玉堂、陈绍辉 :《刘表与汉末荆州学术文化》,《江汉论坛》, 2001 年第 4 期。

张作耀:《论刘备》,《文史哲》, 2002 年第 2 期。

王大建 :《诸葛亮择主刘备原因探析》,《青岛海洋大学学报》, 1996 年第 2 期。

张大可:《三国鼎立形成的历史原因》,《青海社会科学》, 1988 年第 3 期。

张思恩 :《诸葛亮的人才思想和用人实践》,《西北大学学报》, 1987 年第 4 期。

李海鹏 :《论琅邪诸葛氏家族的家风及影响》,《临沂大学学报》, 2014 年第 3 期。

田余庆:《〈隆中对〉再认识》,《历史研究》, 1989 年第 5 期。

沈伯俊 :《高风亮节, 百代楷模——论诸葛亮的人格魅力》,《中华文化论坛》, 2017 年第 12 期。

张旭华:《汉末襄阳名士清议》,《襄樊学院学报》, 2008 年第 10 期。

王刚、刘清 :《诸葛亮早年心志及行迹的历史考察》,《史学月刊》,

2017 年第 11 期。

宗瑞仙、吴庆：《论诸葛亮读书“观其大略”》,《中国石油大学学报》, 2011 年第 1 期。

邱文山:《稷下学宫与汉代经学》,《山东理工大学学报》, 2008 年第 4 期。

张崇琛：《琅邪文化与诸葛亮人格的形成》,《潍坊学院学报》, 2005 年第 5 期。

李兴斌:《诸葛亮与〈孙子兵法〉》,《孙子研究》, 2017 年第 1 期。

张应二:《诸葛亮军事活动研究》, 吉林大学博士论文, 2006 年。

李兆成:《关于诸葛亮的八阵图》,《西南师范学院学报》, 1982 年第 2 期。

谭良啸:《木牛流马考辨》,《甘肃社会科学》, 1984 年第 2 期。

谭良啸、谢辉：《试论诸葛亮的交朋结友》,《湖北文理学院学报》, 2017 年第 12 期。

余久春：《试论诸葛亮散文的文学价值》,《北京邮电大学学报（社会科学版）》, 2002 年第 4 期。

唐士文:《诸葛亮著作简评》,《临沂师专学报》, 1991 年第 4 期。

刘光利：《对诸葛亮“鞠躬尽瘁”精神的再认识》,《文史杂志》, 2010 年第 5 期。

谭良啸、张祎：《解读诸葛亮遗言遗命遗表——领悟“鞠躬尽瘁，死而后已”》,《湖北文理学院学报》, 2017 年第 1 期。

周国林：《诸葛亮的人格风采》,《华中师范大学学报》, 1996 年第 5 期。

丁宝斋:《隆中史话》,《湖北文史资料》，1997 年第 3 期。

丁宝斋:《诸葛亮与汉末襄阳大姓》,《文史哲》，1999 年第 6 期。

杜明才，余鹏飞 :《诸葛亮的经济思想和政策》,《襄樊学院学报》，2008 年第 12 期。

后　记

"中国历史上有无数个名人，但没有谁能像诸葛亮这样引起人们长久不衰的怀念。"这是作家梁衡游览武侯祠之后的感叹，诚哉斯言！近两千年来，诸葛亮的智慧才能和道德品格，一直为人们所称道。就个体生命而言，诸葛亮仅仅活了五十四岁，但就精神生命而言，他却实现了永生。在中国老百姓的心目中，诸葛亮的知名度和影响力堪称古今第一人。由于后世小说、戏曲的渲染，诸葛亮更是成为智慧的象征，被尊称为"智圣"。那么，诸葛亮的智慧从哪里来？他的智慧是天生的吗？他的智慧体现在哪些方面？这些问题都是读者们十分感兴趣的问题。

诸葛亮的人生大致可以以二十七岁为界，分为出山前后两部分，出山前的二十七年又大致可分为两部分，十三、四岁之前生活在山东老家，十三、四岁之后则是在襄阳隆中度过的，山东老家对诸葛亮的智慧有哪些影响？在襄阳生活的十余年对诸葛亮又意味着什么？要探讨诸葛亮智慧的来源，山东与襄阳是两个绕不开的地方，值得我们关注。诸葛亮为什么要离开家乡？又是在怎样的机缘下来到襄阳？当时的襄阳是一个什么样的情况？作为寓居了十余年的地方，诸葛亮人生的五分之一时间在襄阳度过，寓居襄阳的十余年对他的人生有哪些影响？诸葛亮又给襄阳这座城市留下了什么？这些问题都是襄阳人十分关心的问题。笔者不才，定居襄阳十年来，不时思考这些问题，偶有一些心得，适值襄阳市政协邀约我写作《千古智圣诸葛亮》一书，我虽感才疏学浅，仍欣然领命，结合已有的研究成果和自己的心得体会，试图对以上问题给出自己的解答。

易中天先生曾经指出，三国人物有三种形象——史学家主张的历史形象、艺术家主张的文学形象、老百姓心目中的民间形象。就诸葛亮来说，其历史形象记载在《三国志》《后汉书》等史籍中，是一个有血有肉、有爱有恨的人的形象；其文学形象和民间形象，指的是《三国演义》和老百姓心目中的诸葛亮，是一位神机妙算、呼风唤雨的“神”的形象。在历史长河的流淌声中，诸葛亮作为人的形象逐渐模糊，但作为神的形象却日趋完善，诸葛亮逐渐被神化了，但这不是真实的诸葛亮，作为一个有血有肉的人，诸葛亮也曾迷茫、也曾彷徨、也曾苦闷、也曾无奈、也曾悔恨、也曾喟叹……千年之下的我们，希望还原诸葛亮一个真实的人的形象，因此，本书描述的是诸葛亮的历史形象，是在可靠的历史资料和后人的研究成果基础上写成的，所引史料皆有出处，力求尽量符合历史真实。为了更加通俗易懂，大部分引用的史料都做了适当的翻译或注释，因此，这是一本普及性读物，并非学术著作。书末附录部分的诸葛亮年表、《三国志·诸葛亮传》也是为了方便读者而设置的。

遥想十年之前，笔者初到襄阳，曾在一个秋日的下午专程造访了襄阳城西的古隆中，只为拜谒一个伟大的灵魂，屈指算来，上距诸葛亮出山离去，已经一千余年过去了，往事越千年，斯人已逝，而山水依然，思之不禁怆然。也许真的是冥冥之中自有天意，不想十年之后，笔者有幸为诸葛亮作传，有机会与这个伟大的灵魂对话，深感荣幸。在写作过程中，由于学殖不足，笔者曾多方求教，其中湖北文理学院叶植教授指导尤多，从文本体例到具体疑难，叶教授都不厌其烦、悉心指导，这才有了这本小书的面世。襄阳古城管委会方莉老师提出了许多宝贵的修改意见，爱妻王艳华承担了繁琐的校对工作，在此一并表示诚挚的谢意！

囿于学养，谬误定多，祈愿读者诸君批评指正！

甘忠银

2020 年于襄阳

编后记

襄阳人文历史丛书——《千古智圣诸葛亮》《田园诗魂孟浩然》《书画奇才米芾》带着浓浓的墨香，与广大读者见面了。

襄阳历史悠久、文化底蕴深厚。为用活历史资源，擦亮历史名片，助力文化襄阳建设，2017 年 11 月，市政协召集襄阳社科、文史、高校等方面专家学者，聚焦襄阳人文历史中最具代表性的“智圣诸葛亮、诗襄阳孟浩然、书襄阳米芾”开展专题研讨，制定“一圣两襄阳”课题研究工作方案，并成立工作专班，指导开展工作。

2018 年 2 月，专题研究编撰工作正式启动。在市政协组织协调下，委托湖北文理学院襄阳历史文化研究院、湖北文理学院唐诗与襄阳研究所、市书画家联谊会及相关专家学者组成三个团队，确定编撰工作方向，制定专题研究大纲和方案。三年来，市政协多次组织召开会议，听取进展情况汇报，探讨解决丛书研究编撰中遇到的困难和问题。各团队充分吸收历史和当代研究成果，经深入挖掘，潜心钻研，精益求精，由甘忠银执笔撰写的《千古智圣诸葛亮》、曹远超执笔撰写的《田园诗魂孟浩然》、吴新兵执笔撰写的《书画奇才米芾》终于面世，呈现在读者面前。这套丛书定位清晰，特色鲜明，论述详实，雅俗共赏。丛书立足为时代服务，为读者服务，致力凸显襄阳地方特色文化。在丛书编撰中，注重突出重点，把握好宏观布局与微观构思关系、人物主次关系、环境与时空关系、襄阳与外地关系、学术性与可读性关系；以史实为依据，对三位重要历史人物的人生轨迹进行综合分析、合理推演，深入挖掘人物个性魅力，充分展示了三位重要历史人物在智慧文化、诗歌文化、书画文化等方面所取得的成就和人物思想品格带给世人的启迪。

丛书研究编撰工作得到襄阳市社科联、襄阳市民间文艺家协会等单位的大力支持，张灵超为本丛书撰写序言。在此，一并表示衷心感谢！

囿于编撰者水平，丛书虽数易其稿，尚有待商榷之处，恳请读者指正。

编　者

2020 年 12 月

图书在版编目（CIP）数据

千古智圣诸葛亮 / 襄阳市政协文化文史和学习委员会编 .
-- 北京 : 中国文史出版社 , 2020.12
ISBN 978-7-5205-2759-0
Ⅰ . ①千… Ⅱ . ①襄… Ⅲ . ①诸葛亮（181-234）—人物研究 Ⅳ . ① K827=362
中国版本图书馆 CIP 数据核字（2020）第 249233 号

责任编辑：梁 洁　　装帧设计：杨飞羊

出版发行：中国文史出版社
社　址：北京市海淀区西八里庄路 69 号　邮编：100142
电　话：010-81136606 81136602 81136603（发行部）
传　真：010-81136655
印　装：廊坊市海涛印刷有限公司
经　销：全国新华书店
开　本：710mm × 1000mm　1/16
印　张：16.75　插页：8
字　数：180 千字
版　次：2022 年 1 月北京第 1 版
印　次：2022 年 1 月第 1 次印刷
定　价：59.00 元
